DIÁRIOS II

SUSAN SONTAG

Diário II
(1964-80)

Organização e prefácio
David Rieff

Tradução
Rubens Figueiredo

COMPANHIA DAS LETRAS

Copyright © 2012 by Espólio de Susan Sontag
Copyright do prefácio © 2012 by David Rieff
Todos os direitos reservados.

Grafia atualizada segundo o Acordo Ortográfico da Língua Portuguesa de 1990, que entrou em vigor no Brasil em 2009.

Título original
As consciousness is harnessed to flesh

Preparação
Leny Cordeiro

Revisão
Angela das Neves
Marise Leal

Deslizes da escrita e outros pequenos erros foram corrigidos silenciosamente, em prol da clareza.

Dados Internacionais de Catalogação na Publicação (CIP)
(Câmara Brasileira do Livro, SP, Brasil)

Sontag, Susan, 1933-2004
 Diários II : (1964-80) / Susan Sontag ; organização e prefácio David Rieff ; tradução Rubens Figueiredo. — São Paulo : Companhia das Letras, 2016.

 Título original: As consciousness is harnessed to flesh
 ISBN 978-85-359-2796-2

 1. Escritores americanos – Século 20 – Diários 2. Sontag, Susan, 1933-2004 – Anotações, rascunhos etc. I. Rieff, David II. Título.
16-06334   CDD-818.5409

Índice para catálogo sistemático:
1. Escritoras norte-americanas : Diários   818.5409

[2016]
Todos os direitos desta edição reservados à
EDITORA SCHWARCZ S.A.
Rua Bandeira Paulista, 702, cj. 32
04532-002 — São Paulo — SP
Telefone: (11) 3707-3500
Fax: (11) 3707-3501
www.companhiadasletras.com.br
www.blogdacompanhia.com.br
facebook.com/companhiadasletras
instagram.com/companhiadasletras
twitter.com/cialetras

Sumário

Prefácio de David Rieff, 7

Diários II, 15

Prefácio

Nos primeiros anos da década de 1990, minha mãe se entreteve de maneira fortuita com a ideia de escrever uma autobiografia. Como se tratava de uma pessoa que preferia sempre escrever diretamente o mínimo possível sobre si mesma, aquilo me surpreendeu. "Escrever a respeito de mim mesma, acima de tudo", disse ela certa vez a um entrevistador da *Boston Review*, "parece-me antes um caminho indireto para tratar daquilo sobre o que desejo escrever [...]. Nunca estive convencida de que meus gostos, meus êxitos e insucessos tenham algum caráter exemplar."

Minha mãe disse isso em 1975, quando ainda estava submetida a um cruel regime de quimioterapia que os médicos contavam que fosse lhe garantir um longo período de alívio, mas na verdade, pelo menos um deles me falou na ocasião, não acreditavam nisso, muito menos que fosse curar o câncer de mama metastático, fase 4, diagnosticado no ano anterior (ainda era o tempo em que os familiares dos doentes recebiam mais informações do que os próprios pacientes). De modo característico, quando pôde escrever novamente, ela decidiu redigir uma série de ensaios para *The New*

York Review of Books, mais tarde publicados em forma de livro com o título *Sobre fotografia*. Ela não só se encontra inteiramente ausente dessa obra, em qualquer sentido autobiográfico, como mal aparece em *Doença como metáfora*, volume que por certo jamais teria escrito não fosse sua experiência pessoal da estigmatização que advinha do câncer naquele tempo e, embora atenuado, sobrevive ainda hoje, em geral na forma de autoestigmatização. Só consigo pensar em quatro ocasiões em que ela se mostrou francamente autobiográfica como escritora. A primeira, em seu conto "Projeto de uma viagem à China", publicado em 1973 às vésperas de sua primeira visita ao país. Em larga medida, o conto constitui uma meditação sobre sua própria infância e sobre seu pai, um homem de negócios que passou na China a maior parte da vida adulta, tristemente breve, e que morreu lá quando minha mãe (que jamais acompanhava os pais à concessão britânica hoje chamada de Tianjin, pois ficava em Nova York e em Nova Jersey, sob os cuidados de parentes e de sua babá) tinha quatro anos. A segunda é o conto "Passeio sem guia", publicado na *New Yorker* em 1977. A terceira é "Peregrinação", publicado em 1987, também na *New Yorker*. São as memórias de uma visita que fez, quando adolescente, em Los Angeles, em 1947, a Thomas Mann, na época exilado em Pacific Palisades. Mas "Peregrinação" é, antes de tudo, um exercício de admiração pelo escritor que minha mãe então gostava mais que de qualquer outro; de forma característica, o autorretrato aparece num breve segundo. Como ela escreveu, foi o encontro de "uma criança envergonhada, fervorosa e inebriada de literatura, com um deus no exílio". Por último, há passagens autobiográficas no fim do terceiro romance de minha mãe, *O amante do vulcão*, publicado em 1992, em que ela fala diretamente, e de um modo que nunca fez nem nas obras publicadas nem nas entrevistas, sobre ser mulher, além de alguns relances de recordações de infância em seu último romance, *Na América*, publicado em 2000.

"Minha vida é meu capital, o capital de minha imaginação", disse ela ao mesmo entrevistador da *Boston Review*, acrescentando que gostava de "colonizá-la". Foi um modo de se exprimir curioso e nada típico de minha mãe, que mantinha profundo desinteresse por dinheiro e que nunca usou uma metáfora financeira em conversas particulares, até onde posso lembrar. No entanto, me parece também uma descrição inteiramente precisa de sua maneira de ser escritora. Também foi por isso que fiquei tão surpreso que ela tivesse ao menos cogitado escrever uma autobiografia, o que para ela, prosseguindo nas analogias capitalistas, não significaria viver dos frutos, das rendas do capital de alguém, mas sim afundar-se nele — o máximo da insensatez, seja o capital em questão dinheiro, seja material para romances, contos e ensaios.

No fim, a ideia não deu em nada. Minha mãe escreveu *O amante do vulcão* e, ao fazê-lo, sentiu que tinha voltado a ser uma romancista, o que fora sua ambição mesmo quando escrevia seus melhores ensaios. O sucesso do livro trouxe uma confiança que ela própria admitia lhe faltar desde que seu segundo romance, *Death Kit*, foi publicado, em 1967, e recebeu resenhas bastante dúbias, que a decepcionaram amargamente. E após *O amante do vulcão* veio o longo comprometimento de minha mãe com a Bósnia e com a Sarajevo sitiada — no final, uma paixão devastadora para ela. Depois disso, voltou à ficção, sem fazer mais nenhuma referência, até onde sei, a algum livro de memórias.

Em meus momentos mais extravagantes, às vezes penso que os diários de minha mãe, dos quais este é o segundo de três volumes, são não apenas a autobiografia que ela nunca chegou a escrever (caso o tivesse feito, imagino algo literário e episódico ao extremo, um primo de *Consciência à flor da pele*, de John Updike, livro que ela admirava imensamente), mas também o grande romance autobiográfico que ela nunca se deu ao trabalho de escrever. Persistindo na fantasia, seguindo os passos de sua trajetória convencional, o primeiro volume dos diários seria o *Bildungsroman*, o romance de formação — seu *Buddenbrook*, para citar a grande obra de Mann, ou, num plano literário inferior, seu *Martin Eden*, romance de Jack London que minha mãe leu quando adolescente e do qual falou com carinho até o fim da vida. Este presente volume, que optei por intitular *As Consciousness is Harnessed to Flesh* [*A consciência atrelada à carne*, título original], expressão colhida numa das entradas do diário, seria o romance da vida adulta vigorosa e de sucesso. Sobre o terceiro e último volume, por ora não falarei.

O problema dessa explicação é que minha mãe, segundo sua própria confissão orgulhosa e entusiasta, foi durante a vida inteira uma aluna. Claro, no primeiro volume, a muito jovem Susan Sontag estava, de modo perfeitamente consciente, criando, ou melhor, recriando a si mesma como a pessoa que desejava ser, distante do mundo em que havia nascido e crescido. Este volume não envolve a partida física do Arizona e da Los Angeles de sua infância rumo à Universidade de Chicago, Paris, Nova York e à realização (enfaticamente não à felicidade, que é algo de todo distinto e, receio, nunca foi uma fonte da qual minha mãe se mostrou capaz de beber a fundo). Mas o grande sucesso como escritora que minha mãe relata neste volume, a companhia de escritores, artistas e intelectuais de todos os matizes e convicções — de Lionel Trilling a Paul Bowles, de Jasper Johns a Joseph Brodsky, de Peter Brook e György Konrád — e a capacidade de viajar para toda parte, quase que ao sabor de sua vontade, o que fora seu sonho mais acalentado na infância, não diminuíram em nada a aluna que ela era. De fato, fizeram dela mais ainda uma aluna.

Para mim, uma das coisas mais impressionantes neste volume é a maneira como minha mãe se movimenta entre mundos distintos. Algo disso tem a ver com sua profunda ambivalência e com as contradições em seu pensamento, que para mim, longe de diminuí-lo, a rigor o tornam ainda mais profundo, mais interessante e, em última instância, muito resistente à... bem, à interpretação. Porém, um elemento mais importante, creio, é que, embora minha mãe não fosse exatamente conhecida por suportar tolos com alegria (e sua definição de tolo era, para dizer o mínimo, ecumênica), com as pessoas que realmente admirava ela se tornava não a professora que tanto gostava de ser boa parte do tempo, mas sim a aluna. É por isso que, para mim, as partes mais fortes deste volume são seus exercícios de admiração — de muita gente, mas talvez de modo mais tocante, e de maneiras muito variadas, de Jasper Johns e Joseph Brodsky. Ler essas passagens, de fato, permite compreender melhor os ensaios de minha mãe — penso em especial naqueles sobre Walter Benjamin, Roland Barthes e Elias Canetti —, que foram em si mesmos, e antes de tudo, gestos de homenagem.

Gosto de pensar que este volume pode também ser chamado, com justiça, de um *Bildungsroman* político, precisamente no sentido de uma formação pessoal, sua chegada à maturidade. Nas partes iniciais do livro, minha mãe está, ao mesmo tempo, indignada e arrasada com as tolices da guerra americana no Vietnã, contra a qual se tornou uma ativista de destaque. Acho que até ela, em retrospecto, teria estremecido diante de certas afirmações que fez em suas visitas a Hanói durante os bombardeios dos Estados Unidos. Eu as mantive sem hesitação, como mantive, aliás, muitas outras entradas sobre diversos temas que me causam preocupação por ela, ou causam dor a mim mesmo. No que concerne ao Vietnã, só vou acrescentar que os horrores da guerra que a levaram a uma posição extremada foram tudo menos frutos de sua imaginação. Ela pode ter sido pouco sensata, mas a guerra foi realmente a monstruosidade indescritível que ela pensava ser, na época.

Minha mãe nunca desmentiu sua oposição à guerra. Mas de fato se arrependeu e, ao contrário de muitos de seus pares (serei discreto aqui, mas o leitor perspicaz saberá a quais escritores americanos da geração de minha mãe eu me refiro), se retratou publicamente de sua crença nas possibilidades emancipadoras do comunismo, não só em suas encarnações soviética, chinesa ou cubana, mas como um sistema. Não posso dizer com certeza se ela teria passado por tal mudança, de mente e coração, não fosse o profundo relacionamento com Joseph Brodsky — talvez a única relação sentimental de iguais que ela teve em toda a vida. A importância de Brodsky para ela, a despeito do afastamento dos dois no último período da vida dele, não pode ser exagerada, tanto no aspecto estético quanto no político ou humano. Em seu leito de morte no Memorial Hospital em Nova York, no penúltimo dia de sua vida, enquanto ofegava em busca de ar, em busca de vida, e enquanto as manchetes estavam repletas de tsunamis asiáticos, ela só falou de duas pessoas — sua mãe e Joseph Brodsky. Para parafrasear Byron, o coração dele foi o tribunal dela.

O coração de minha mãe foi partido muitas vezes, e boa parte deste volume é a elaboração da perda romântica. Em certo sentido, significa que o livro dá uma impressão falsa da vida de minha mãe, pois ela tendia a escrever mais em seus diários quando estava infeliz, sobretudo quando estava amargamente infeliz, e menos quando estava bem. No entanto, embora as proporções possam não estar corretas, creio que sua infelicidade no amor era parte dela tanto quanto o profundo sentimento de realização que sua escrita lhe proporcionava, bem como a paixão que ela levava para sua vida como aluna perpétua, sobretudo quando não estava escrevendo, uma espécie de leitora ideal da grande literatura e apreciadora ideal da grande arte, uma espectadora ideal do grande teatro, cinema e música. E assim, fiéis a ela mesma, ou seja, à vida dela tal como a vivia, os diários passam da perda à erudição e depois retornam. Que essa não fosse a vida que eu desejaria para ela não faz nenhuma diferença.

* * *

Minha organização deste volume dos diários de minha mãe foi imensamente aprimorada pela generosa boa vontade de Robert Walsh ao rever os originais. Ao fazê-lo, encontrou grande número de erros e lacunas no rascunho.

A responsabilidade pelos erros remanescentes, claro, é só minha e de mais ninguém.

David Rieff

DIÁRIOS II

1964

5/5/64

A mão direita = a mão que é agressiva, a mão que masturba. Portanto, preferir a mão esquerda!... Romantizar, sentimentalizar!

•

Sou a Linha Maginot de Irene [*a dramaturga cubano-americana María Irene Fornés — amante de SS por um tempo, em Paris, em 1957, e depois sua companheira em Nova York entre 1959 e 1963*].

A própria "vida" dela depende de me rejeitar, de manter distância de mim.

Tudo foi depositado sobre mim. Eu sou o bode expiatório.

[*Esta entrada é enfatizada por um traço vertical na margem:*]

Enquanto ela está ocupada em me manter à distância, não tem de encarar a si mesma, seus próprios problemas.

Não consigo convencê-la — persuadi-la — com a razão — de que não é assim.

Tampouco ela podia me convencer — quando vivíamos juntas — a não precisar dela, se apegar a ela, depender dela.

•

Agora, não há nada para mim nisso — nenhuma alegria, só sofrimento. Por que ainda insisto?

Porque não compreendo. Não aceito *mesmo* a mudança ocorrida em Irene. Acho que posso fazê-la voltar atrás — explicando, demonstrando que sou boa para ela.

Mas para ela é indispensável me rejeitar — assim como tem sido indispensável para mim me apegar a ela.

•

"O que não me mata me torna mais forte." [*paráfrase de Goethe*]

Não existe nenhum amor, nenhuma caridade, nenhuma ternura por mim em Irene. Para mim, comigo, ela se torna cruel e rasa.

O laço simbólico foi rompido. Ela o jogou fora.

Agora, ela só apresenta "contas". Inez, Joan, Carlos!

Eu feri seu ego, diz ela. Eu e Alfred [*o escritor americano Alfred Chester*].

(O ego inflado, frágil.)

E nenhum arrependimento, nenhum pedido de desculpa, nenhuma mudança no que era verdadeiramente nocivo em meu comportamento irá apaziguá-la, ou curá-la.

Lembre como ela recebeu a "revelação" no New Yorker [*um cinema em Manhattan que exibia filmes estrangeiros e antigos, aonde SS ia várias vezes por semana na década de 1960*], duas semanas atrás!

"Sou um muro de pedra", diz ela. "Uma rocha." É verdade.

Não existe nela nenhuma sensibilidade, nenhum perdão. Para mim, só dureza. Surdez. Silêncio. Mesmo um grunhido de concordância a "violenta".

Rejeitar-me é a concha que Irene constrói em torno de si mesma. O "muro" protetor.

•

— Por que não amamentei David:

Mamãe não me amamentou. (Eu me vinguei fazendo o mesmo com David — está certo, faço isso com meu próprio filho.)

Meu nascimento foi difícil, causei muita dor à M[amãe]; ela não me amamentou; ficou de cama por um mês depois do parto.

David era grande (como eu) — muita dor. Eu queria ser nocauteada, não saber de nada; *nunca me ocorreu* amamentá-lo; fiquei de cama por um mês depois do parto.

•

...

Amar = a sensação de ser, numa forma intensa
Como oxigênio puro (em contraste com o ar)

•

Henry James —
Tudo se baseava numa estilização particular da consciência.
Eu & Mundo (dinheiro) — nenhuma consciência do corpo,
entre muitas maneiras de estar-no-mundo que ele omite.

•

Biografia de Edith Wharton. Sensibilidade banal coroada, periodicamente, por conclusão forte inteligente. Mas a inteligência dela não transforma os fatos — isto é, desvela sua complexidade. Apenas sobrevém no relato banal dos fatos.

•

...

5/8/64

Ansiedade ontológica, "*Weltangst*". O vazio do mundo — ou o desmoronamento, esfacelamento. Pessoas são bonecos infláveis de ar. Tenho medo.

"A dádiva" significa para mim: não vou comprar isso para mim mesma (é bonito, um luxo, não necessário), mas compro para você. Negação do eu.

Existem pessoas no mundo.

Um aperto no peito, lágrimas, um grito que dá a sensação de que seria infinito se eu o soltasse.

Tenho de ir embora por um ano.

6/8/64

Dizer um sentimento, uma impressão, é diminuí-la — pôr para fora.

Mas às vezes sentimentos são fortes demais: paixões, obsessões. Como amor romântico. Ou dor. Então é preciso falar, senão a pessoa estoura.

•

O desejo de consolo. E, igualmente, de ser consolada. (A ânsia de perguntar se ainda sou amada; e a ânsia de dizer: amo você, com a vaga sensação de que a outra pessoa se esqueceu disso desde a última vez que falei.)

"*Quelle connerie*" [*Que idiotice*]

•

Eu valorizava competência profissional + força, penso (desde os quatro anos?) que isso era, pelo menos, mais alcançável do que ser atraente "apenas como pessoa".

•

Não consigo me desvencilhar de minha obsessão por I[rene] — meu sofrimento, meu desespero, meu amor — com outro amor. Não sou, agora, capaz de amar ninguém. Estou sendo "fiel".

Mas a obsessão tem de ser drenada, de algum modo. Tenho de forçar uma parte dessa energia a tomar outra direção.

Se eu pudesse começar outro romance...

•

Da mamãe, aprendi: "amo você" significa "não amo mais ninguém". A mulher medonha estava sempre desafiando meus sentimentos, me dizendo que eu a fazia infeliz, que eu era "fria".

Como se filhos devessem aos pais amor + satisfação! Não devem. Embora os pais devam tais coisas aos filhos — exatamente como o cuidado físico.

•

Da mamãe: "Amo você. Olhe. Estou infeliz".

Ela me dava a sensação: Felicidade é infidelidade.

Ela ocultava sua felicidade, me desafiava a fazê-la feliz — se eu fosse capaz.

Terapia é descondicionamento [*a terapeuta de SS, na época, Diana*] (Kemeny)

•

O cabelo verde — cinzento — de Mary McCarthy — a roupa estampada azul + vermelha de moda popular. Fofoca de clube de mulheres. Ela é [*seu romance*] *O grupo*. Ela é boa com o marido.

•

Medo de o outro ir embora: medo do abandono

Medo de *eu* ir embora: medo da retaliação por parte do outro (*também* do abandono — mas como vingança da rejeição de ter ido embora).

8/8/64

Tenho um alcance maior como ser humano do que como escritora. (Com certos escritores, ocorre o oposto.) Só uma fração de mim é passível de ser transformada em arte.

•

Um milagre é só um acidente, com ciladas caprichosas.

Mudança — vida — vem por meio de acidentes.

•

Minha fidelidade ao passado — meu traço mais perigoso, aquele que me custou mais.

•

Autorrespeito. Isso me tornaria adorável. E é o segredo do sexo bom.

•

As melhores coisas em sw [*a filósofa Simone Weil*] são sobre a atenção. Contra ambos, a vontade + o imperativo categórico.

•

Nunca se pode pedir a alguém que mude um sentimento.

•

18/8/64 Londres

"Diversidade de Uniformidades cria a completa Beleza." — Sir Christopher Wren

Buster Keaton: Inocente com uma lobotomia frontal

[*Descrição do romancista americano James Jones:*] Ombros que saem das orelhas

Ectoplasma é fluido seminal (deslocado) — médiuns do século XIX são sintoma aberrante do despertar da sexualidade feminina "moderna"
cf. *Os bostonianos* [*de Henry James*], livro de Padmore

"A psicologia e a fisiologia do 'instante'"

Mary McCarthy é capaz de fazer tudo com seu sorriso; até sorrir.

•

Uma mulher com um dano cerebral que — mesmo quando já bastante recuperada — não consegue acompanhar um filme.

Os Beatles, sua quaternidade.

Moluscos úmidos de meninas de doze anos.

Dexamyls [*uma forma de anfetamina de que SS se tornou dependente para escrever em meados da década de 1960 e que usou até o início da década de 1980, ainda que em doses decrescentes*] são chamadas, na Inglaterra, "Purple Hearts" (são púrpura, e não verdes [*como nos Estados Unidos*]) — a garotada toma vinte de uma só vez, com Coca-Cola... Depois (hora do almoço) enfiar-se numa "caverna" (ninguém com mais de 21 anos pode entrar) e [*dançar o*] Watusi

•

Hemingway escreveu uma paródia de *Winesburg, Ohio*, de Sherwood Anderson; é seu segundo romance, *As torrentes da primavera* (1926), imediatamente anterior a *O sol também se levanta*.

•

Arnold Geulincx (1624-69), o filósofo belga — seguidor de Descartes — [Samuel] Beckett, quando estudante, leu esse autor — [Geulincx] sustenta que um homem razoável nunca é livre, exceto dentro da própria mente — não desperdiça energia tentando controlar o corpo no mundo exterior.

•

Adjetivos:

Pontilhado	(Pontuado?)
Simiesco	Magenta
Impudente	Astuto
Berrante	Glotal
Lacônico	Enervado
Estupefato	Cerúleo
Granuloso	Robusto
Quebradiço	Vívido
Séptico	Débil
Lascivo	Ogival
Aporético	
Sucinto	Dentuço
Espumoso	Fluente ,

...

19/8/64

Conto: "O sistema infinito de Casais"

...

•

Gíria *cockney*: rimar mais mover o rei para o lado
Breasts [seios] = Bristol (*city* [cidade] > *titty* [peitos])
Teeths [dentes] = Hampstead (*heath* [calefação] > *teeth*
[dentes])

Verbos:

Retalhar	Esgueirar-se
Lascar	Escambar
Sacudir	Adulterar
Esguichar	Embotar
Disparar	Esmurrar
Abalar	Choramingar

...

•

Horrível sentir o tegumento (pele) perfurado

Enrijecida...

•

[*o escritor americano William S.*] Burroughs:
Linguagem = controle
"Ataques terroristas à linguagem (método do corte)"
cf. [*O escritor experimental francês Raymond*] Roussel —
Comment J'ai Écrit...

Fuga para o espaço (ficção científica) versus História

[*The*] *Soft Machine*
Nova Express
Almoço nu
Dead Fingers Talk

•

"*Bumtrinkets*" — pedacinhos de fezes grudados nos pelos do
ânus (cf. Cicely Bumtrinket em *Shoemaker's Holiday,* de [*Thomas*]
Dekker [*dramaturgo do século XVII*])
O mesmo que "titica"

•

Substantivos:

Brio	Arcabouço
Parâmetro	Rixa
Neologismo	Cisterna
Entranhas	Caçoada
Tegumento	Tempo
Chapéu Fedora de abas ajustáveis	Furor
Mingau	Imbróglio

...

"*Une incertitude de jeunesse*" [uma incerteza de juventude]
(de *Baal*) [primeira peça de Bertolt Brecht]

•

Ensaio de ficção científica

1. Filmes melhores que livros — por quê?
2. Conteúdo

Imagem do cientista como satanista (*Fausto* [*de Goethe*], Poe,
[Nathaniel] Hawthorne)

• tratamento do cientista como alguém que libera forças que,
se não forem controladas para sempre, poderão destruir o
próprio homem
• cf. antiga imagem de cientista (Próspero etc.) como um
mágico doido, com o controle apenas parcial das forças em
que ele se mete.

Ficção científica como alegoria moderna:
Atitude moderna em relação à loucura (ser "possuído")
Atitude moderna em relação à morte (incineração, extinção)

•

Rico fundo de metáforas (Jonathan [*Miller, escritor e diretor
inglês*]) de:

1. Computadores

29

2. Hidráulica
3. Fotografia; óptica
4. Fisiologia dos crustáceos
5. Arquitetura
6. Xadrez + estratégia militar

[*Exemplos do emprego dessas metáforas por Miller:*]
"Como o arranque de uma motocicleta — agora eu vou sozinho."
"Metros de prosa."
"O ataque suicida final de Pickett contra..."
"Cromado de charme."

•

Jonathan: a interseção entre psiquiatria e estética

...

•

Astros pop britânicos

Lonnie Donegan
Chris Barber
...
Cliff Richard + seus Shadows
Cilla [Black]
Helen Shapiro
...
Mersey [*Beat*]:
Beatles

Dave Clark 5
The Rolling Stones
The Beasts
The Pretty Things
The Birds
...
Dusty Springfield

•

...

Sequência de uma enxaqueca:

Perda de perspectiva (achatamento) > "fenômenos de fortificação" (linhas brancas — zoom lateral; unilateralidade) > náusea e vômito > hemicrania aguda
(manter-se no lugar é sempre parte da dor aguda)

•

OLFATO é a mais vasta área sensorial do cérebro e também a mais primitiva
Muito poderoso, mas não articulado — não pode fazer nada (apenas *nomear*)
Só ênfase, sem sintaxe
O olfato nos dá um conhecimento sensorial limpo e expurgado de todo pensamento (ao contrário da audição e da visão)

Osmologia, em oposição a *logologia*

•

[*A escritora francesa Nathalie*] Sarraute —
Tropismes (primeiro livro) — algo como "poemas em prosa" —
Sarraute os chama assim.
Primeiro escrito em 1932.
Volume foi publicado em 1939 (Denoël), republicado por Édi-
tions de Minuit em 1957, com mais seis, escritos entre 1939 + 1941

Essa é a forma dela! — sua textura é antirromanesca, embora
tenha optado por escrever "romances" + lançou uma crítica importante do romance com base em seu método.

•

Sperlonga — praia perto de Roma

•

...

Na velhice, as artérias cerebrais entopem — diminuição gradual do fornecimento de sangue para o cérebro

20/8/64

...

Influência da fotografia na pintura:

1. Descentramento: o tema principal está num canto
   ([*o diretor italiano Michelangelo*] Antonioni,
   [*o fotógrafo suíço-americano*] Robert Frank).

2. Figuras em movimento: [*o fotógrafo inglês do século XIX Eadweard*] Muybridge. Anteriormente, todas as figuras se encontram ou em descanso (em repouso) ou no fim de um movimento (por exemplo, o máximo que um membro pode esticar)

Comparar figuras que dançam em Brueghel com *Cavalos em Longchamps*, de Degas.

3. Compreensão do foco: o olho não pode ver o foco, pois ele o faz de modo automático, é uma função da atenção.

Toda pintura anterior à fotografia está em foco plano. Quando o olho do pintor viajava de um plano para outro, todos entravam em foco.

•

A qualidade do negativo [do filme] é importante — granulado ou não; negativo velho ou novo ([Stanley] Kubrick usou negativos de filme de jornais cinematográficos não utilizados da Segunda Guerra para filmar as sequências da Sala de Guerra em *Dr. Strangelove*)

•

Caneta-tinteiro Mont Blanc (Fr.)
Letra itálica (conseguir um livro a respeito)
Ler Poe sobre "Magnetismo" e "O demônio da perversão".

•

[*Isto está destacado:*] Grande técnica do descentramento na poesia e na ficção moderna

•

Palavras têm sua própria solidez. A palavra na página pode não revelar (pode esconder) a flacidez da mente que a concebeu. > Todos os pensamentos são aprimoramentos — ganham mais clareza, definição, autoridade, ao serem impressos —, ou seja, destacados da pessoa que tem os pensamentos.

Uma fraude em potencial — pelo menos potencial — em toda escrita.

Como foi revelador conhecer [Richard] Eberhart, [Paul] Tillich, Dwight Macdonald, Mary McCarthy!

Jonathan [Miller]: "Levo as ideias de Trilling menos a sério desde o dia em que o conheci".

•

Sensibilidade é o húmus do intelecto.
Não existe sintaxe para a sensibilidade — por conseguinte, ela é ignorada.

•

Ler crítica obstrui os dutos através dos quais alcançamos ideias novas: colesterol cultural.

A ignorância de alguém é um tesouro que deve ser desperdiçado ([Paul] Valéry)

•

Tipo de corpo [*SS está descrevendo a si mesma*]:

• Alto
• Pressão sanguínea baixa
• Necessidade de muito sono
• Súbita vontade de ingerir açúcar puro (mas não gosta de sobremesas — não têm uma concentração muito alta)
• Intolerância à bebida alcoólica
• Fuma intensamente
• Tendência à anemia
• Vontade grande de ingerir proteínas
• Asma
• Enxaquecas
• Estômago muito bom — nenhuma azia, constipação etc.
• Cólicas menstruais desprezíveis
• Cansa facilmente por ficar de pé
• Gosta de altura
• Gosta de ver pessoas deformadas (voyeurístico)
• Rói unhas
• Range os dentes
• Miopia, astigmatismo
• Friorento (muito sensível ao frio, gosta de verões quentes)
• Não muito sensível a ruídos (nível elevado de foco auditivo seletivo)

Pílulas que tomamos para diminuir a hipertensão são depressivas

Álcool é um depressivo

22/8/64 Paris

●

A dor incrível retorna de novo e de novo e de novo.

23/8/64

Terminei o conto "Um destino americano", por enquanto. Agora vejo que ele foi extraído do veio que produziu *O benfeitor* [*primeiro romance de SS*] — é uma espécie de conto de Frau Anders em miniatura, mais drasticamente cômico.

[*Na margem:*] Meu conto de pop art

Vantagens
• Terceira pessoa em vez da primeira
• América de fantasia em vez de França de fantasia (porque estou em Paris?!)
• Uso de gíria — verbos de ação

24/8/64

A grande arte tem uma monotonia bela — Stendhal, Bach. (Mas não Shakespeare.)

A sensação de inevitabilidade de um estilo — a sensação de que o artista não tem alternativas, de tão plenamente centrado que está *em* seu estilo.

Comparar [Gustave] Flaubert e [James] Joyce ("*voulu*", construído, intricado) com [Choderlos de] Laclos e [Raymond] Radiguet.

A arte suprema parece secretada e não construída.

.

Camp: ironia, distância; ambivalência (?)

Pop art: só é possível numa sociedade rica, em que se pode ser livre para desfrutar o consumo irônico. Assim, *existe* pop art na Inglaterra — mas não na Espanha, onde o consumo ainda é sério demais. (Na Espanha, pintar é um realismo de protesto social ou abstrato.)

.

Arcabouço — na escultura

.

Marrocos [*filme hollywoodiano de Josef von Sternberg de 1930 com Marlene Dietrich e Gary Cooper*]:

Dietrich: limpa, sólida — movimentos nunca frouxos ou flutuantes ou triviais — esparsos
Von S.: profuso

[*Na margem:*] Eles se iluminam mutuamente por meio de suas diferenças

.

"*Fagotage*" (m.) — estrago; modo ridículo de vestir >

"*Fagoter*" (verbo) — vestir (pessoa) de modo ridículo > Será daí que vem "*faggot*" [homossexual]?

•

Filmes vistos desde 11 de agosto:
A turba (King Vidor) — Cinémathèque
Bande à part (*O bando à parte*, [Jean-Luc] Godard) — Gaumont Rive Gauche
Une Femme est une femme (*Uma mulher é uma mulher*, Godard) — Cinémathèque
La Grande Muraille (*A Grande Muralha*, jap[onês]?) — Normandie
Maciste contre le Cyclope (*Maciste na terra dos ciclopes*, it[aliano]?) — Ciné Gobelins

•

Primeiro filme do [*diretor de cinema francês George*] Franju, *Os guardiões* [*La Tête contre les murs*], sobre um asilo de loucos — diretor horrível, burro, odioso
([*paralelo*] com *Les Yeux sans visage* [*o filme seguinte de Franju*])

Horror gótico em filmes
A instituição — cf. [filme de 1920, da época de Weimar, de Robert Wiene, *O gabinete do dr.*] *Caligari* etc.

28/8/64

"A mais bela e primária das virtudes da Natureza é o movimento, que a agita em todas as ocasiões, mas tal movimento é simplesmente a consequência perpétua de crimes, é conservada mediante crimes, somente."

[Marquês] de Sade

Humanismo = moralizar o mundo, portanto rejeitar o reconhecimento dos "crimes" de que fala Sade.

•

O que uma pessoa *é* é a ideia de si mesma. Se a pessoa pensa que é amável, é; bela, talentosa etc.

29/8/64

P. [*o sociólogo americano Philip Rieff, com quem SS foi casada entre 1950 e 1959*] —

Todos os outros não são reais — figuras muito distantes, pequenas. Eu teria de nadar mil milhas para chegar à margem do relacionamento, o outro lado onde as outras pessoas podiam estar, e eu estava cansada demais.

A rede daquele relacionamento quase infinitamente estendida; sua trama cerrada

Foi isso que me conteve —

Não (pelo menos em nenhum lugar tão forte quanto I. [Irene Fornés])

A sensação da singularidade de P., seu valor, sua preciosidade —

H. [*Harriet Sohmers Zwerling, que foi amante de SS quando ela era estudante na Universidade da Califórnia, Berkeley, e depois amante de Irene Fornés e também de SS, em Paris, em 1956 e 1957*] — relacionamento muito negligente, frouxo — portanto possibilidade de amizade, muito mais tarde.

•

Se alguém soubesse que ia viver duzentos anos, se sentiria cansada aos 35?

Será que estar cansado representa uma cumplicidade espontânea com a morte — um início de rendição àquilo que se julga ser a hora certa, na metade do caminho?

Ou será que é isso mesmo, de forma objetiva, de tal modo que a pessoa se sentiria realmente cansada aos 35 e passaria os restantes 165 anos "*se traînant*"? [*se arrastando sem rumo*]

•

Se pudéssemos amputar uma parte de nossa consciência...

O que para Annette [*a pesquisadora de cinema americana Annette Michelson, que SS conheceu em Paris em 1957*] parecia narcisismo há seis anos: eu ainda estava tão adormecida, tão fora de foco. Tão morta, ou melhor, não nascida.

•

Jamais vou superar propriamente essa dor. (O efeito curativo da passagem do tempo etc.) Estou congelada, paralisada, as engrenagens estão emperradas. Isso só vai regredir, diminuir, se eu conseguir de algum modo transpor a emoção — como da dor para a raiva, do desespero para a afirmação. Tenho de me tornar ativa.

Enquanto eu continuar a me experimentar como já feita (e não me fazendo), essa dor intolerável não vai me abandonar —

•

Motivo persistente em minha escrita:
X fala, pergunta, cobra — mas, se não responde, dá as costas. X tenta fazer o melhor que pode.

[*Uma anotação sem data está inserida:*] Vou estar bem às sete *desta manhã*

•

M. [mamãe] não respondia quando eu era criança. O pior castigo — e a frustração suprema. Ela estava sempre "fora" — mesmo quando não estava zangada. (A bebida, um sintoma disso.) Mas continuei tentando.

Agora, a mesma coisa com I[rene]. Ainda mais aflitiva, por causa dos quatro anos em que ela *respondeu*. Portanto, sei que ela pode.

Aqueles quatro anos! Que grande extensão de tempo — seu peso, sua densidade quase palpável — me obceca. "Como ela pode…" etc.

Fico muito presa ao "era" das pessoas…

…

30/8/64

Yves —
Frágil
Hipocondríaco, magro, precisa de dez horas de sono por
noite — vive tomando pílulas

Das províncias — Nantes, Poitiers
Petit bourgeois
Pai — tinha uma pequena fábrica de roupas, faz uniformes
para o Exército
Mãe — vendedora de antiguidades

Cabelo vermelho, pele branca, feições regulares

Trabalha para o Exército, com foguetes — grande centro em
banlieue

"*Je sais que je vais vieillir trop tôt et...*" [*Eu sei que vou envelhe-
cer muito cedo e...*]

Paranoico —
Dinheiro roubado do banco (amigo do pai) + vendedor de
galeria de arte excêntrica (amigo de Annette)

"Denise" — Régine a chama assim — tem vinte anos, está
trabalhando numa companhia aérea em Paris neste verão.
Na primeira vez, ela estava com Annette: "Se alguém pudesse
me ver agora". Nos últimos três anos. — Annette: "*Elle n'est pas ma
reine à moi*" [*Ela não é minha rainha*]

•

Da parataxe (associação livre de orações) para a hipotaxe (indicações mais precisas de relações lógicas + subordinação)

•

...

Peça:
Médico
O mundo é um corpo

•

Escrever é uma porta estreita. Algumas fantasias, como grandes peças de mobília, não vão passar.

•

Na religião antiga todo comportamento importante era conf[orme] um protótipo divino.

Homem > arena de forças, campo de batalha
Deuses = nomes de coisas importantes

A) Homero sobre a vontade (cf. Snell [*o classicista alemão Bruno Snell, autor de* A cultura grega e as origens do pensamento europeu])
B) Tragédia
   Uma análise *causal*
   A vontade de um deus > a ação humana

Nenhuma concepção de papéis

Ideia moderna de individualidade < > representar papéis (isto é, consciência de si)

Comparar *Hamlet* e *Édipo*

3/9/64

Como é belo *Mulher satânica* [*filme de Von Sternberg, de 1935*]! É um dos filmes mais *radicais* que já vi. Dietrich é completamente objeto — quase laqueada. Embalsamada. Pesquisa sobre o caráter absoluto do *décor*: o estilo oblitera a personalidade... Dietrich é "montada" dentro de seus figurinos, seus chapéus enormes — atrás dos confetes, das fitas, dos pombos, das grades, da chuva... *Décor* é "*surcharge*" [sobrecarga], ao mesmo tempo lindo e paródico —

Comparar com Visconti [*o diretor italiano Luchino Visconti*] (*Sedução da carne, O leopardo*) + é claro, *Criatura flamejante do Lower East Side* [*feito em 1963 pelo cineasta experimental americano Jack Smith. SS tinha escrito um ensaio sobre o filme, que seria publicado em sua primeira coletânea de ensaios, Contra a interpretação* (1966).]

•

"Sermão proferido em White-Hall", de [John] Donne — 29 de fevereiro de 1627

•

Meus erros:

- Censurar os outros pelos meus próprios defeitos*
- Transformar amizades em casos de amor
- Pedir que o amor inclua (e exclua) tudo

* mas talvez isso se torne mais febril e óbvio — alcance um clímax, quando a coisa dentro de mim está deteriorando, regredindo, desmoronando — como: minha indignação com a suscetibilidade física de Susan [Taube] [*a melhor amiga de SS nos tempos de Cambridge, Massachusetts*] e Eva [Berliner Kollisch] [*amiga de SS e Taube*].

N. B. Meu ostensivo apetite — necessidade real — de comer alimentos exóticos e "nojentos" = necessidade de exprimir minha recusa da suscetibilidade. Uma refutação.

...

8/9/64

"Fugi, mas tive de deixar meus braços e minhas pernas para trás..."

Não olhar para trás significa cercar com um cordão de isolamento toda sorte de coisas no presente que estão cheias demais de lembranças que não podem ser suprimidas. Desinfetar minha vida de ————, dessa dor quase mortal, eu me vejo recuando disso, daquilo e daquilo outro. A maior perda é o sexo. Isso e tantas outras coisas me fazem lembrar de ————.

Não posso me dar ao luxo de conceder ao presente nenhuma profundidade ou lastro, porque isso significa (para mim) o passa-

do, e o passado significa tudo o que foi compartilhado com
——————.

Sinto-me — quando não estou sofrendo — tão seca quanto
pó, como um balão de hélio que foi solto —
    Proibi a mim mesma de pensar, de sentir, porque pensar e
sentir —

Como posso continuar assim?
E como posso não continuar assim?

•

"Meu bem ——————
"Lamento não ter escrito. A vida é dura e é difícil falar quando estamos rangendo os dentes..."

•

Cor nos filmes
Portal do inferno [*filme de Teinosuke Kinugasa, de 1953*]
Sedução da carne
Muriel [*filme de Alain Resnais, de 1963*]

Duas paletas: uma baseada na cor da pele, a outra não (cidade, plástico, neon)

O orgasmo — sequência repetida, superexposta, em *Marienbad* [*filme de Resnais, de 1961,* O ano passado em Marienbad]

Relação entre paródia + autoparódia no *camp*

Escultura de Ipoustéguy [*o artista francês do século XX Jean-Robert Ipoustéguy*] — a figura heroica, cabeça grande, braços abertos, pelos pubianos como uma insígnia — o pênis livre), em bronze, mas rachada, fissurada...

•

"Não quero saber do seu passado. Tenho a sensação de que pesaria demais." "Mas não estamos em equilíbrio." "Mas estamos, sim."

•

Posição do marxismo vis-à-vis à cultura

— [Theodor] Adorno, *Filosofia da nova música*
[Arnold] Schoenberg = progresso
[Igor] Stravínski = fascismo (que A. identifica com apenas um período, o neoclássico)
[*Na margem:*] N. B. paralelos [entre] Stravínski + [Pablo] Picasso — atacando o passado [em seus] estilos diferentes — nenhum compromisso com o progresso

— [Georg] Lukács
[Thomas] Mann = realismo = sentido de história = marxismo
[Franz] Kafka = alegoria = desistorização = fascismo

— [Walter] Benjamin
Cinema = anulação de tradição = fascismo

(Usar isto como introdução ao ensaio sobre Lukács)

•

Ler os dois romances de Le Clézio [*o romancista francês contemporâneo Jean-Marie Gustave Le Clézio*]

"*J'ai besoin de beaucoup de tendresse.*" [*Preciso de muita ternura.*]

"*Écrire veut dire aller jusqu'au bout. J'ai renoncé à ça dans ma vie, mais dans ce que j'écris, je dois prendre un risque.*" [*Escrever significa ir até o fim. Renunciei a isso na minha vida, mas naquilo que escrevo devo correr um risco.*]

"*C'est trop et c'est juste assez pour moi*" (Jean Cocteau) [É demais e é exatamente o bastante para mim]. Lema do exemplar de janeiro de 1963 do *Cahiers du Cinéma*, sobre cinema americano.

...

Linhagem de *Le Bavard* [*de Louis-René des Forêts*]: Poe [Jorge Luis] Borges diz: [G. K.] Chesterton, [Robert Louis] Stevenson + primeiros filmes de Sternberg

10/9/64

Escrever ensaios sobre

• A narração em primeira pessoa, a narrativa
• Von Sternberg

48

- [o romance de Herman Melville] *Pierre* [*ou, As ambiguidades*]
- Estilo + silêncio de Gertrude Stein etc.

•

Toda grande arte contém em seu centro a contemplação, uma contemplação dinâmica.

Camp é uma das espécies de behaviorismo na arte — de modo tão extremo que não tem nenhuma norma para refletir.

•

A estética moderna é atrofiada por sua dependência em relação ao conceito de "beleza". Como se a arte fosse "sobre" a beleza — assim como a ciência é "sobre" a verdade!

•

[*O artista americano contemporâneo R. B.*] Kitaj: "descoberto + objeto assistido"

•

...

Para artigo sobre Sarraute, ler primeiro ensaio de [Pierre] Boulez (publicado por "Domaine Musicale") "Sobre hedonismo".

Para [*o ensaio de SS sobre o antropólogo francês contemporâneo Claude*] Lévi-Strauss, ler ensaio de [Paul] Ricoeur na *Esprit*

...

A obra de Stockhausen [o *compositor alemão contemporâneo Karlheinz Stockhausen*] abole a noção de *composição* — propõe

1) Toda estrutura rítmica pode ser organicamente adaptada a qualquer tempo musical; 2) ciclo ilimitado de permutas.

Boulez rejeita (1) + (2)

...

23/9/64 Nova York

Ênfase inspiratória

Inalar > mais embaixo (achatar diafragma) > suprime sensação — pélvica, isto é, sexual

Portanto, o segredo de um sentimento é aprender a respirar *para fora*

•

Química espiritual...
Efeito irradia em outras zonas...
Cortar o diálogo em painéis e fazer uma grande tela...

3/10/64

Criatura flamejante do Lower East Side é sexual, sexualmente estimulante (não só uma paródia do sexo) no mesmo sentido em que o sexo é também tolo, grotesco, desengonçado, feio.

Um homem pensa antes de agir. Outro homem pensa depois de agir. Ambos são da opinião de que o outro pensa demais.

Um assassinato: como uma lâmpada de flash (fotografia panorâmica) explodindo numa floresta escura, iluminando toda a vida obscura e assustada da mata. (Dallas — novembro de 1963)

•

Tema: o segundo nascimento do eu

Através do "projeto" louco

Encobrir o passado — exílio — abortar o eu

•

Princípio da redundância
(por exemplo, sinais de trânsito)
vermelho < > verde
subir < > descer
pare < > siga

Conseguir comunicação mais precisa

O inglês é muito preciso porque é muito redundante… > cf. [*o poeta e crítico literário inglês do século XX William*] Empson, sobre palavras complexas: palavras têm ressonâncias, halos, vibrações. Obra literária é carregada delas. Por exemplo, "tolo", "honesto"

Versus um telegrama

A redundância é necessária para transmitir informação —
mas qual é a relação com a beleza, o não utilitário

Sobre determinada equação, os matemáticos dizem, "é bela"
porque é muito simples, portanto *não* redundante.

Nexo entre estilo (elegância) e redundância [—] por exemplo, filmes de Von Sternberg

Nexo entre redundância e "a réplica".

•

Mulheres são "politicamente transparentes" no século XIX.

•

Temos todos os elementos — precisamos apenas aparafusar
tudo, depois fixar a ogiva, depois disparar.

•

Infiltrar
Curva catenária

É possível desfrutar muita coisa na vida moderna, desde que
superemos a náusea da réplica.

Moralistas como [*o escritor americano do século XX que tratou
do urbanismo Lewis*] Mumford versus estetas como [*o arquiteto
americano contemporâneo*] Philip Johnson.

Seriedade — a forma mais elevada é igual à ironia.

1/11/64

Eu tinha *medo* de minha mãe, medo físico. Não tinha medo da sua raiva, medo de que ela reduzisse a escassa nutrição emocional que me fornecia, mas medo dela. Medo de Rosie [*a babá de SS, Rose McNutty*] também.

Mamãe batia no meu rosto — por retrucar, por contradizê-la.

Sempre arranjei desculpas para ela. Nunca permiti minha raiva, minha indignação.

•

Se não consigo acusar o mundo, tenho de acusar a mim mesma.

Estou aprendendo a acusar o mundo.

•

Como escritora, tolero o erro, o desempenho fraco, o fracasso. Então, e se eu errar alguma vez, se um conto ou ensaio não ficar bom? Às vezes as coisas *vão* bem, o trabalho *é* bom. E isso basta.

É justamente essa atitude que eu não tenho em relação ao sexo. Não tolero o erro, o fracasso — portanto, fico ansiosa desde o início e, portanto, tenho mais probabilidade de fracassar. Porque não tenho a confiança de que numa parte das vezes (sem que eu force nada) vai ser bom.

•

Quem dera eu me sentisse em relação ao sexo da mesma forma como me sinto em relação a escrever! Que sou o veículo, o meio, o instrumento de uma força para além de mim mesma.

Experimento a escrita como algo que me é dado — às vezes, quase, como um ditado. Deixo vir, tento não interferir. Eu a respeito, porque sou eu e, no entanto, é mais do que eu. É pessoal e transpessoal, ao mesmo tempo.

Eu não gostaria de me sentir assim em relação ao sexo, também. Como se a "natureza" ou a "vida" me usassem. E confio nisso e me deixo ser usada.

Uma atitude de rendição a si mesma, à vida. Prece. Deixe que aconteça, seja lá o que for. Eu me rendo a isso.

Prece: paz e volúpia.

Nisso, nenhum lugar para a vergonha e para a ansiedade quanto à maneira como o pequeno e velho eu é avaliado à luz de algum padrão objetivo de desempenho.

É preciso ser devotado ao sexo. Assim, não nos atrevemos a ser ansiosos. A ansiedade nunca irá se revelar pelo que ela é — baixeza espiritual, mesquinharia, mente pequena.

•

P: Você sempre tem sucesso?
R: Sim, trinta por cento das vezes.
P: Então nem sempre tem sucesso.
R: Tenho, sim. Ter sucesso trinta por cento das vezes é sempre.

•

Aristocrático	Comédia
Cínico	Cínico
(George Sanders, Vincent Price)	(Zero Mostel, Sydney Greenstreet, Charles Laughton)
Em estilo de personalidade rompe a lei moral, mas observa a lei estética	Rompe a moral e a lei estética
Elegante	Peida na nossa cara, sempre nos manipulando, apalpando nossas entranhas
Temos medo dele — medos são tidos como canhestros, grosseiros, de classe baixa (esse é seu poder)	Acreditamos que ele conhece o segredo da diversão — não queremos ser maçantes para ele
Admite que ele é mau	Ele nos magoa — depois nos faz rir. Desavergonhado, mas nega sua própria maldade. Age como uma criança adorável e malvada.

•

Conferir:

Artigo de Lévi-Strauss sobre o Natal, na *The New Society* (rev[ista])

[Marcel] Proust, "Sobre o estilo de Flaubert", em *Os prazeres e os dias*, org[*anizado pelo crítico literário americano F. W.*] Dupee (Anchor [Books])

Hermes — nova rev[ista] francesa sobre misticismo ([Mircea] Eliade, [Alan] Watts, [Henry] Corbin etc.)

[*O escritor francês contemporâneo Michel*] Butor, *As quatro estações, New World Writing* (Rothko — Mondrians fáceis)

[*SS marcou com um X na margem:*] Qualquer trad[ução] em inglês de Louis-René des Forêts ([*publicado por John*] Calder em Londres)

•

Ficção científica —
Mitologia popular para a imaginação *negativa* contemporânea sobre o impessoal

Criaturas do outro mundo = a coisa, aquilo que toma posse

•

Ensaio: estilo, silêncio, repetição.

•

Kurt Goldstein, *Linguagem e distúrbios da linguagem* (Grune
& Stratton, 1960) —

afasia   ler

•

Sentimentos nobres/ sentimentos ignóbeis
Dignidade
Respeito
Fidelidade a si mesmo

•

...

Comparação entre [Paul] Klee + Valéry
Teoria + arte

•

[*O escultor construtivista russo-americano Naum*] Gabo: espaço negativo

"Construir" algo é entalhar o espaço no próprio espaço (des-
velar o espaço).

[Gabo:] "Negamos o volume como expressão do espaço...
rejeitamos a massa sólida como elemento de plasticidade." (1920)

Gabo: É preciso ver a escultura de vários lados — é tridimensional.

57

Inovações: uso de materiais novos — plástico, celuloide, arame + fazer escultura se mexer (ou para vê-la/ ou porque o movimento *é* o tema) > por exemplo, *Construção cinética* (1920)

Aproximar a escultura da arquitetura.

•

[Marcel] Duchamp: *Readymades* não como arte, mas como questão filosófica

•

Estilo:

Estilo circular ([Gertrude] Stein) > ler livro de Donald Sutherland [*crítico, dramaturgo e libretista americano que, em 1951, escreveu* Gertrude Stein: A Biography of Her Work]

Cf. [Jean-Paul] Sartre sobre "o estilo branco" de [Albert] Camus em *L'Étranger* [*O estrangeiro*]

...

•

W[illiam] James admitia que "mentalidade mórbida" — ou melhor, a definia — como algo que abarcava "um espectro de experiência" mais vasto do que a mentalidade sadia

— o "valor" naquilo que é mau ou maluco

•

A "música mobília" de [Erik] Satie — de fundo, que não é
para escutar com toda a atenção

Filmes de Andy Warhol

•

Ler o livro de Hillis
Miller [*o crítico literário americano contemporâneo J. Hillis*
Miller]

Arte é uma forma de consciência

•

...

Uma diferença entre *nomear* um sentimento ("eu me sinto
horrível") e *expressá-lo* ("Ahh...") está na reação que recebemos:
"Por quê?" ou "O que houve?". Ao nomear um sentimento *a fim de*
dar vazão a ele — prática muito incentivada pela psicanálise —,
transformamos nosso consolador num corraciocinador.

•

Emprego de sinais num rolo de filme (o "líder") como parte
do conteúdo do filme: *A Movie*, de Bruce Conner (como expor a
estrutura de um prédio, ou — Brecht — o mecanismo do cenário)

Montagem paralela (*cross-cutting*) entre citação de filme antigo + evento no filme:

Godard, *Vivre sa vie* [com] Renée Falconetti + Anna Karina

[*O cineasta experimental americano Kenneth*] Anger, *Scorpio Rising* [*em que ele usa a técnica de montagem paralela com material de Cecil B.*] DeMille, *Rei dos reis* + orgia de motoqueiros (trilha musical: "Going to a Party" [*na verdade, "Party Lights"*])

L'Age d'or [*A idade do ouro, do diretor espanhol Luis*] Buñuel [*com seu*] uso de Cristo para ilustrar o episódio de Sade

•

Paul Ricoeur, "Structure et herméneutique", na *Esprit*, nov. 1963

três outros ensaios sobre Lévi-Strauss no mesmo número da revista, mais entrevista

•

...

Século XVIII a grande fase do *camp* — disseminado por toda a cultura

[Alexander] Pope — passagem espúria em "Epístola para o dr. Arbuthnot": "... E ele próprio uma vil Antítese".

[William] Congreve — simetria (como bilhar): paixão A, paixão B

Molière?

...

Drama do século XVIII: nenhum desenvolvimento — o personagem inteiro já está *pronto* — sentimentos imediatos resumidos num epigrama — amor nasce ou morre

...

•

Características da pintura de art nouveau + desenhos: Composição simétrica, curvas atenuadas, uso esparso da cor, corpos *esguios*. Restaurante de Le Rouget — décor art nouveau perto da Gare Montparnasse

•

...

Pornografia

Sade, Andrea de Nerciat, Restif de la Bretonne >>> triunvirato dos libertinos franceses do século XVIII

Conde de Rochester [John Wilmot], John Cleland >>> Inglês (N.B. [Laurence] Sterne, John Wilkes + Robert Burns todos pertenceram a sociedades secretas eróticas. Wilkes, os Monges de Medmenham, Burns, as Musas da Caledônia)

Século XVIII — nenhuma culpa; ateísmo; mais filosófico, polêmico
Século XIX — culpa, horror

Andrea de Nerciat — carreira de oficial no Exército francês (pai era italiano); chegou a coronel:
Duas grandes obras filosóficas:

[*O romance de Radiguet*] *Le Diable au corps* (três volumes) — alterna narrativa + diálogo; começa com condessa (prostituta) + marquesa (a heroína — como a Duchesse de Guermantes [*personagem de Proust*] — bela, mundana, rica; todos buscam seus favores)
Caso entre as duas — + condessa conta histórias.
Sexo nunca condenado, sempre prazeroso
Muita sátira social

[*O romance de Andrea de Nerciat*] *Les Aphrodites* (três v.) — uma sociedade secreta sexual; conta histórias.

Também um romance, *Monrose*; e *Félicia* (livro mais conhecido — erótico, mas corajoso, não pornográfico)

•

...

Morte = estar completamente dentro da própria cabeça
Vida = o mundo

...

4/11/64

Proust, numa carta:

"O que é mais esnobe, desde Hervieu, Hermant etc., tem sido representado de fora com tanta frequência que eu quis tentar mostrá-lo dentro da pessoa, como um maravilhoso tipo de imaginação..."

Como *camp*

•

Criticamos nos outros aquilo que reorganizamos + desprezamos em nós mesmos. Por exemplo, um artista revoltado pela ambição dos outros.

•

Embaixo da depressão, encontrei minha ansiedade.

•

História do cinema

Esta é a primeira geração de diretores que estão sempre conscientes da história do cinema; agora o cinema está entrando na era da autoconsciência

Nostalgia

[*O escritor alemão e pesquisador de cinema Siegfried*] Kracauer: filmes — antiarte; antiautor

•

...

Feminilidade = fraqueza (ou ser forte por meio da fraqueza)

Nenhuma imagem de mulher forte que seja apenas forte + assuma as consequências

...

17/11/64

Conceber todos os relacionamentos como entre um senhor e um escravo...

Em todo caso, qual dos dois eu seria? Encontrei mais gratificação como escrava; era mais alimentada. Porém — senhor ou escravo, somos igualmente sem liberdade. Não podemos fugir, nos afastar do personagem.

Um relacionamento de iguais não está preso a "papéis".

•

Onde eu detectava inveja, eu me abstinha de criticar — para que meus motivos não fossem impuros e meu juízo, menos do que imparcial. Eu era benevolente. Só era maldosa com relação a estranhos, pessoas que eram indiferentes.

Isso parece nobre.

Mas, com isso, resgatei da minha antipatia, da minha agressão, meus "superiores", aqueles que eu admirava. A crítica só era reservada para aqueles "abaixo" de mim, que eu não respeitava... Usei meu poder de crítica para confirmar o statu quo.

Wayne Andrews, [*Architecture, Ambition and Americans: A Social History of*] *American Architecture*
John Cage, *Silence*
Sir Oliver Lodge, *Raymond*
Daisy Ashford, *Os jovens visitantes*

22/11/64

Ler Max Beerbohm, "Savonarola Brown", *Cardinal Pirelli* [*Concerning the Eccentricities of Cardinal Pirelli, romance de 1926 de Ronald Firbank*], Diários de Nijínski

Pensamento suavemente desfocado (como nas quatro palestras) cuja virtude é a vivacidade, ser improvisado, ser contemporâneo à situação em que é proferido; ———— versus pensamento com foco fechado (escrita) que é mais preciso, complexo, sem repetições, mas tem de ser preparado de antemão — como uma estátua grega com os olhos vazios

•

Digamos que eu tenha um sentimento péssimo (Z) que quero combater — um sentimento que dá origem a algo que faço ou digo repetidamente e que eu preferia não fazer ou dizer.

Se eu apenas *suprimir* o comportamento (se isso for possível), eu recarrego o sentimento logo atrás dele.

Receita para matar o sentimento: *representá-lo* de forma exagerada.

O desgosto que sentimos então é muito mais memorável e terapêutico.

•

"depende do lugar de onde sou expulsa…"

ler [*o historiador austríaco-britânico Ernst*] Gombrich, *Wilhelm Meister* [*segundo romance de Goethe,* Os anos de aprendizado de Wilhelm Meister, *publicado em 1795*]

•

Ferido, com cicatriz *na cara*

Mulher marcada [*filme de Hollywood de 1937 dirigido por Lloyd Bacon e Michael Curtiz, estrelado por Bette Davis, Humphrey Bogart e Lola Lane*]

Bette Davis — M.

• Fumando no início (sinal de independência do chefe — Johnny Vanning/ sopra fumaça na cara dele).

•

Nietzsche: "não há fatos, só interpretações".

Arte nunca é fotografia.

•

Teoria mimética da arte: arte < > realidade

Platão: mede arte pelo critério da *verdade*

Aristóteles: efeito emocional de mentir.

•

Fatos sociais > "fato"

Fatos psicológicos > "imaginação"

Muitas relações diferentes entre arte + fato

1) de repertório
2) irônicas — pop arte [—] *129 Die*, de Andy Warhol; capa do *Daily Mirror* [*jornal tabloide de Nova York de propriedade da Hearst, que fechou em 1963*]
3) menosprezar realidade: ficção da *New Yorker*; algumas passagens em *O grupo*

•

Problema como escritora:
Nunca pensar num modelo
Não pensar em unidades de arte como fatos

"sem fato"

•

Erwin Straus, "A postura ereta", *Journal of Abnormal Psychology*, 1942

•

...

Ressurreições (na literatura):

Osamu Dazai, *Não humano, Pôr do sol*

O manuscrito de Saragoça [de Jan Potocki]

The Toys of Princes [de Ghislain de Diesbach]

Memórias póstumas de Brás Cubas [de Machado de Assis]

Ferdydurke [de Witold Gombrowicz]

Armance [de Stendhal]

Pan [de Knut Hamsun]

•

"Mais um dia alegre"

"Arrumando confusão"
...
Na correspondência entre [Antonin] Artaud e [Jacques] Rivière, pp. 45-52 de [Maurice] Blanchot, *Le Livre à venir*.
...
Ler [Thomas] Carlyle, *Sartor Resartus* sobre o dândi — "o corpo de dândi"

"*J'ai le cafard*" [*estou triste*]

3/12/64

Escultura nova e interessante rejeita o pedestal ([*o escultor americano George*] Sugarman etc.)

Requinte, refinamento: *Camp*, com base no exagero desse valor, torna isso central; não é. Vigor, vitalidade é no mínimo tão importante. Mas é importante. Cf. Jasper Johns

Ensaio sobre *camp* um exemplo da questão mais ampla — a imp[ortância] da — da ideia de — sensibilidade. Falar sobre *Camp* um modo de apresentar essa tese.

Arte moderna relacionada com a revolução das artes gráficas no século XX. Somos a primeira geração na história humana a viver cercada de artefatos impressos (histórias em quadrinhos, cartazes, jornais) — uma segunda natureza.

[*O historiador da arte americano Meyer*] Schapiro um dos primeiros a se interessar por [Jackson] Pollock, [Willem] De Kooning (final da década de 1940)

Encontrar ensaio de Schapiro sobre arte moderna na *The Listener*, 1956

•

Ideias de Warhol: imagem única (monotonizada); o impessoal

"O que é isso?" antes de "Para que serve?"

•

André Breton, um connaisseur da liberdade

•

DUCHAMP

•

Meyer Schapiro

"A natureza da arte abstrata", *Marxist Quarterly*, v. 1, n. 1 (1937), réplica de Delmore Schwartz, uma réplica de Schapiro a isso, op. cit., v. 1, n. 2 (abr.-jun. 1937)

"Estilo" (v. Kroeber) [*ensaio de Schapiro em* Anthropology Today, *de Alfred Louis Kroeber*]

Sobre Arte Moderna, *The Listener*, 1956

"Metafísica para os filmes", *Marxist Quarterly*, v. 1, n. 3 (out.--dez. 1937) — ataque a Mortimer Adler

• "Sobre a atitude estética na arte românica", em *Art & Thought* [de K. Bharatha Iyer]...

•

...

Priest and Worker: The Autobiography of Henri Perrin
Traduzido para o inglês e com introdução de Bernard Wall

...

•

[*Há um quadrado em volta disto:*] Estilo

Estilo como um modo de mudança na arte.
A consciência do estilo igual à consciência da historicidade
da obra de arte
Velocidade dos estilos na pintura contemporânea

Contra "estilo", esteticismo — cf. [*o amigo do início da carreira de SS na década de 1960, o crítico francês Roland*] Barthes, "Les
Maladies du costume de théâtre" — *Essais critiques*

...

•

Obra de arte

Um experimento, uma pesquisa (resolver um "problema")
versus forma de representar

...

•

L'Avventura [filme de Michelangelo Antonioni]

Difícil acreditar [que foi feito] há apenas quatro anos...

Só no final sabemos que Claudia é pobre

...

As cenas de A têm sempre a mesma duração na tela que teriam na vida — nenhuma manipulação do tempo nos cortes —

"Abandonar o casuísmo sobrenatural dos positivos + negativos" — A não admite transformar Sandro num vilão

Faz filmes sobre emoções, mas não permite que seus atores "exprimam emoções" (à la [*Federico*] Fellini [*diretor de cinema italiano*] + Visconti) — isso seria "retórica"

Estilo novo: "Contra a retórica"

...

Filmes de A são "literários" no sentido de que são cheios de referências complexas

Realização autoconsciente de filmes — Fitzgerald [*Suave é a noite*] em *L'A*[*vventura*]

...

(Eles têm roteiros letrados) mas não são como os contos tradicionais

> Filmes de A: uma espécie de escrita ("*caméra-stylo*" [*literal-*

mente, "câmera-caneta", do crítico francês e diretor de cinema Alexandre] Astruc) feita pelo diretor que "usa" os atores

- Por que alguém "escreve"?
- Resposta — ideia de um filme como *gravação, encarnação*

A matéria deve necessariamente ser difusa, não dramática (daí o fracasso de *Il Grido* [*filme de Antonioni de 1957*])

•

...

[*As três entradas seguintes apresentam um quadrado em volta.*]

Um número é o conjunto de todos os conjuntos que se equivalem entre si

Um número cardinal é a classe de todas as classes semelhantes

Para cada conjunto finito se pode atribuir um número cardinal

6/12/64

Minhas amizades (Paul — [*o artista americano Paul Thek, amigo de SS*] etc.) são sem peso. Agora, desde ————, eu experimento as amizades como a manutenção de problemas. Estou fazendo malabarismos com minha agenda, cumprindo obrigações...

"Toda vida é uma defesa de uma forma particular." [*o compositor austríaco Anton*] Von Webern

(pintura de Kitaj)

·

Ler:

Comprar: edições OUP de [*Thomas*] Vaughan [*alquimista e rosacrucianista galês*], [Andrew] Marvell + [*o poeta metafísico Richard*] Crashaw.

Sermão de Vaughan sobre morrer

[*A peça de 1834 do escritor francês Alfred de Musset*] Lorenzaccio...

Livro de Walter Benjamin sobre o barroco.

Frederic Farrar, *History of Interpretation* (1886)

Poe — contos

Iris Murdoch, "Como escrevo um romance", *Yale Review*, primavera de 1964

Franz Borkenau, livro do século XVII (1934) — Pascal, Racine, Descartes, Hobbes [*Panorama da transição do mundo feudal para o mundo burguês*]

· John Cage, *Silence*

[*O cineasta russo Vsévolod*] Pudóvkin sobre cinema [*Técnica e representação cinematográficas*]

...

19/12/64

Romance: descobrir a vida do corpo (postura, gesto de Carolee [*a artista performática americana Carolee Schneemann*]. "Eu tive de lidar com fogo", [*o escultor sueco*] Claes Oldenburg "está muito envolvido com corredores, hoje em dia")... duas personagens — uma que faz, outra que não.

1965

[*Folhas soltas e sem data:*]

Linguagem se torna uma série de tons "brancos" mortos

•

Uma pessoa que (como ser humano) tem (?) ouvido absoluto

•

Não acho importante que uma pessoa seja inteligente; qualquer situação entre pessoas, quando são de fato humanas uma com a outra, produz "inteligência"

•

Escritores pensam que palavras significam a mesma coisa...

•

[*Os diários de SS na década de 1960 foram copiosos, porém cada vez mais datados de modo fortuito, ou sem data nenhuma. As seguintes anotações provêm de um caderno com a indicação "1965 — Romance, anotações cotejadas", que no entanto não contém nenhuma especificação quanto a data ou sequência. Reproduzo aqui todas as entradas que me pareceram revelar algo sobre SS com uma ressonância mais ampla do que em geral se encontra em esboços de livros.*]

[*Riscado, mas legível:*]
Observar como Burroughs, em *Almoço nu*, passa da primeira para a terceira pessoa, e volta sem nenhum aviso formal.

Observar também o emprego de erudição entre parênteses

[*Riscado, mas legível:*]

De que sexo é o "eu"? Será que alguém tem de acreditar que Deus é uma mulher para dizer "eu" como mulher e escrever sobre a condição humana?

Quem tem o direito de dizer "eu"? Será que isso é um direito que tem de ser adquirido?

O elemento onírico.

[*Riscado, mas legível:*]

Êxtase de droga [—] cf. pintura de [Francis] Picabia *Prostituição universal* fornicação universal

A representação da fantasia erótica: "nem bela nem feia" nenhum peso afetivo, nada mais do que é — apenas "excitante"

Isto é um tema para romance — as fantasias entrelaçadas como sonhos em *O benfeitor*

...

Não estou em busca de um enredo — estou em busca de um "tom", uma "cor", e o resto virá sozinho

E se tudo fosse a mesma coisa, mas ninguém dissesse.

...

Romance como *jogo* (Burt) [*o romancista americano Burt Blechman, amigo de SS*] — estabelecer "regras", que então determinam personagem + situação

Um problema: a *escassez* da minha escrita. Ela é parcimoniosa, frase a frase. Arquitetônica demais, discursiva demais.

A formidável reticência de Jasper [Johns] [*com quem SS teve um relacionamento em meados da década de 1960*] — é espantoso — e mais sua capacidade argumentativa

"Nos Estados Unidos modernos. Nos Estados Unidos modernos"

Igreja Evangélica Whiper Baroney (na Carolina do Sul)
Parque Blob — Parque Max E. Blob — perto de Baltimore
Museu Tibetano em Staten Island

...

O que leva alguém a se mudar?
Ser perseguido
Estar em busca de algo
Está em fuga
É irrequieto
É louco
É ciumento

...

[*O escritor francês do século XX Georges*] Bataille morreu de sífilis (hereditária) — no início da década de 1960 —
Era bibliotecário —
conseguiu pôr um personagem assim num romance...

Bataille: nexo entre sexo + morte, prazer + dor, cf. *Larmes d'Éros*

[*Na margem:*] único objetivo na vida é o êxtase, a exaltação, a beatitude

... fantasia (erótica) é, por definição, uma forma aberta... fantasia pode ser perpetuamente reexcitante por meio do acréscimo de detalhes — décor, roupas, cada movimento e gesto

Olhar obcecado dos romances de Robbe-Grillet [*o romancista francês contemporâneo Alain Robbe-Grillet*] é (suprimido) consciência erótica

A questão é — isso tem de ficar explícito

ENREDOS & SITUAÇÕES

Amizade redentora (duas mulheres)
Romance epistolar: o artista recluso e seu traficante e um vidente
Uma viagem ao submundo (Homero, Virgílio [*e no romance de Hermann Hesse*] *Steppenwolf* [*O lobo da estepe*])
Matricídio
Assassinato
Uma alucinação coletiva (conto)

[*Riscado, mas legível:*] Um diálogo entre Orfeu e Eurídice
[*Riscado, mas legível:*] A construção de uma fantasia: estímulo acidental — refinamento gradual + elaboração — revisar + revisar — invenções novas — necessidade de uma *détente*
Um ladrão
Uma obra de arte que na verdade é uma *máquina* para dominar os seres humanos
A descoberta de um manuscrito perdido
Duas irmãs incestuosas
Uma nave espacial aterrissou
Uma atriz de cinema envelhecida
Um romance sobre o futuro. Máquinas. Cada homem possui sua própria máquina (banco de memória, tomador de decisão codificado etc.). Você "representa" a máquina. Tudo instantâneo
Contrabandear uma obra de arte imensa (pintura? Escultura?) em pedaços, para fora do país — chamada "A invenção da liberdade"
Um projeto: a santidade (baseado em sw [Simone Weil] — com a honestidade de Sylvia Plath [*a poeta*] — única maneira de esclarecer o sexo do "eu" é falar sobre isso

80

[*Riscado, mas legível:*] Tema do bebê trocado — uma criança
Cartas entre sw (no Mississippi) e Bataille...
Ciúmes

Experiências regeneradoras:

Mergulhar no mar
O sol
Uma cidade antiga
Silêncio
Neve
Animais

Apreensão angélica do passado — neutralidade —
Todas as nossas experiências são igualmente importantes,
singulares (psi[canálise] ensina a julgar nossas experiências, julgar
nosso passado)

...

Toda geração precisa reinventar a espiritualidade

Razão ardente

O tema mais importante: o eu tentando transcender a si mesmo (*Middlemarch*, *Guerra e paz*)
Em busca da autotranscendência (ou da metamorfose) — a
nuvem de desconhecimento que permite a expressividade perfeita
(um mito secular para isso)

No "eu":
Uso de NÓS

O casal casado
O nós real
Noticiário
A relação enfermeira-paciente (criança): "Não estamos nervosos hoje?", "Ah, estamos com a temperatura alta, não é?"

O "nós" dos pais: "Sempre desejamos o que é melhor para você"

Encontrar uma colônia de leprosos

Ficção científica a última narrativa (dar impressão de estranheza, "*dépaysement*" ["*estar fora do seu território*"])

...

A necessidade da forma "*récit*": porque o "eu" é compósito

... A consciência dissociada (cf. *Les Mots* [*As palavras*, de Sartre]) que vê a si mesma, como um espectador de si.

atos > "atos"
agente > "agente"

"Eu" estou representando o papel de mim mesmo.

No futuro, a pessoa poderia ser religada ou reprogramada [—] mais euforia, mais repouso [—] por drogas [—] associações destrutivas desfeitas [/] amnésia voluntária seletiva.

LSD: lentes de ângulo muito aberto: achatamento, mas perda de profundidade de perspectiva (coisas afastadas parecem próximas)

...

Uma pessoa de baixa vitalidade (personalidade de vinte watts) — cf. *Tragédia americana* [*romance de Theodore Dreiser*] — déficit de energia (+ humor) junto com refinamento extra > perplexidade, ausência, euforia, autoflagelação
Um coração reumático na infância — precisa cuidar de si mesmo

...

Imaginação não harmoniosa

Com o corpo > fantasia se torna absoluta e destrói o corpo: s-m (Sade), drogas > decadência da carne (Burroughs)

Vocabulário religioso traça uma fronteira em redor da fantasia total — agora isso acabou.

Também analogias do corpo + natureza (perceber pessoa como um *corpo* — por exemplo, uma árvore) se perderam.

...

Como é difícil fazer as pessoas aceitarem o "romance" como um objeto. Pessoas que admitem Larry Poons ou Frank Stella ficam desnorteadas com G[ertrude] Stein quando diz "um + dois + três + quatro...".

A poesia mais interessante de hoje é a forma do poema em prosa ([Henri] Michaux, [Francis] Ponge, [Blaise] Cendras, [Vladímir] Maiakóvski)

83

...

O que seria a forma rigorosa no romance?

Não poderia ser matemática, abstrata (como na música + pintura). Existe o "material". (O mesmo problema nos filmes)

Seria possível a Variação Infinita no romance...

Uma ideia formal: sentido múltiplo. Por exemplo haicai. Tomar *Ulysses*, [os *romances de Robbe-Grillet*] *La Jalousie* [*O ciúme*] + *Le Voyeur* [*À espreita*]

A forma tem de ser orgânica com o material. A forma epistolar de *Love's Cross-Currents* [de Algernon Swinburne] *é* a própria história, não apenas a ideia de Swinburne de pôr a história em forma epistolar. A história *é* a ideia de que aquela mulher é tão poderosa, tão enérgica que, apenas por meio de cartas e com pouco contato cara a cara, consegue manipular a vida das pessoas, evitar que amantes fujam. A história é a retórica de Lady Midhurst — uma retórica tão sedutora e arrebatadora em sua maldade, em sua inteligência, em sua exatidão, em sua flexibilidade, que ela consegue manipular *à distância.*

Por outro lado, pôr o material de Thomas Faulk [*projeto de romance de SS na época, mais tarde abandonado*] em forma epistolar seria arbitrário. Apenas um modo de encerrar ou delimitar as opções narrativas (como é o "*récit*", exceto quando trata de um homem *pensando*. Não seria orgânico com a história.

...

Uma obra em que todas as partes são escritas num estilo diferente? Mas qual é a relação *entre* os estilos diferentes? E por que *essa* ordem? Joyce deu uma punhalada acadêmica em *Ulysses*.

...

... Fazer no romance aquilo que [Michel] Foucault sugere — retratar a *complexidade* da loucura.

Imagine um homem que perdeu a razão. O que ele perdeu? É mais provável que tenha perdido a capacidade de *parar* a razão.

Loucura como uma defesa contra o terror.
Loucura como uma defesa contra a dor.

...

Situação: pai escrevendo sobre um filho extraordinário — fazendo um diário ou registro

Uma criança como JS [John Stuart] Mill (cf. carta que ele escreveu aos seis anos de idade para [Jeremy] Bentham)

Isso seria uma justificativa orgânica para a forma diário

Educar o filho de Buda

...

... Kafka o último narrador na literatura "séria". Ninguém soube para onde ir a partir de então (a não ser imitá-lo)

sonho > ficção científica

5/1/65

Pensar no romance em termos cinematográficos: close-up, plano médio, plano longo

Problema de iluminação

Exemplo: "Folhas vermelhas", de [William] Faulkner.

•

Minha autoabsorção, meu "desligamento" — interromper, contar um caso ou recordação de mim mesma que uma história de ———— me fez lembrar.

•

...

Pintores maneiristas: Jacopo Pontormo, Georges de la Tour, Monsù Desiderio, Luca Cambiaso

•

Minha sensação de que ninguém (ou só poucas pessoas) tem uma mente = minha sensação de que ninguém (x x) *se importa*

Estrada 43. Minha mãe tem uma coisa linda (a mobília chinesa), mas não valoriza tanto a ponto de conservá-la. Eva [Berliner] não valorizava tanto [*o escritor alemão do século XVIII e início do XIX Heinrich von*] Kleist a ponto de comprar suas "Obras completas". Etc.

•

Maneirismo: "A consciência do estilo enquanto tal".

Bousquet, p. 26 [*o livro* Mannerism, *do historiador francês da arte Jacques Bousquet, publicado em tradução para o inglês em 1964*]

•

...
"O homem pode incorporar a verdade, mas não pode conhecê-la"

— [W. B.] Yeats (última carta), 1939

...

... ser estraçalhado
... reduzido a pó
... espezinhado
rancoroso
refugado
incrédulo
regurgitar
desencadear
tornar alguém inapto...
equívoco
patente
conspurcar
rearranjar
insulto seleto...
degradado
disperso

paliativo

descoroçoado

16/1/65 Minneapolis [*32º aniversário de SS*]

Tornar-se inumano (praticar o ato inumano) a fim de se tornar humano...

Dar-se conta de que é preciso ir contra os próprios instintos (ou educação) a fim de chegar aonde deseja.

Um inseto identifica luz com ar, saída — portanto, um inseto dentro de um tubo vai voar e se chocar até a morte de encontro a uma parede de vidro no outro lado da qual há uma luz, ignorando a saída que se encontra às suas costas, no escuro.

•

Robbe-Grillet: um biólogo até os trinta anos de idade

Interesse por relacionamentos entre pessoas e *coisas*

a) recusa de interpretar (antropomorfizar) as coisas
b) ênfase na descrição exata dos atributos visuais e topográficos das coisas (exclusão de outras modalidades sensoriais *porque* não existe uma linguagem exata o bastante para descrevê-las — só por essa razão?)

•

A perversidade de Cal [*apelido de escola do poeta americano do século XX Robert Lowell, que continuou a ser chamado assim pe-*

los amigos, em sua vida adulta] periodicamente despertada por sua loucura.

Sua doença aplica uma lente a alguns de seus traços que continuam sempre presentes —

"Estereoscopia"

•

Desarrolhá-los...

Os personagens de Dickens são bonecos monotemáticos, "coroados" com o humor — o caráter deles *é* sua fisionomia (daí, relação com a história da caricatura)

•

História da noção de humano como máquina: desenhos maneiristas; caricatura [*o ilustrador francês do século XIX J. J.*] Grandville; Burroughs; [*o pintor francês do século XX Fernand*] Léger; *Tristram Shandy* [*romance de Laurence Sterne*] (?)

•

Todas as cidades que são capitais são mais parecidas entre si do que o resto das cidades em seu país (as pessoas de NY se parecem mais com as de Paris do que com [as] de St. Paul)

•

Cal: Na loucura, uma máquina que opera numa velocidade cinco vezes maior do que o normal, sem seu controlador — suan-

do, peidando, jorrando palavras, dando guinadas para trás + para
a frente

•

Desprezo

O desprezo que sinto pelos outros — por mim mesma é diferente, menos interior do que a *culpa*.

Não é que eu pense (ou tenha pensado) que eu era má — por completo. Acho que sou feia, antipática, porque sou incompleta. Não é o que sou que é errado, é aquilo que não sou *mais* (compreensiva, animada, generosa, atenciosa, original, sensível, corajosa etc.).

Minha experiência mais profunda é antes de indiferença que de censura.

•

Estilo: a maneira como as coisas nos parecem destinadas ao *prazer*.

•

Comprar: *Cadernos* de [Ludwig] Wittgenstein

25/1/65

História de Carolee [Schneemann] sobre o incêndio em seu ateliê. "Fiquei interessada pelo que aconteceu com minha obra" — como ela o usou —

——————— [*não está claro de quem se trata*] é muito teimoso
— mas isso não prejudica seu caráter

[*O ator, dramaturgo e diretor teatral americano e amigo íntimo de SS*] Joe C[haikin] se contém, acha que precisa se conter, a fim de permitir que algo dentro dele venha para fora

•

Não desistir da nova sensibilidade (Nietzsche, Wittgenstein; Cage; [Marshall] McLuhan) embora a antiga continue à espera, à mão, como as roupas dentro do meu armário todo dia de manhã quando levanto.

•

Romance:

Um pintor

Relação com sua obra

Tipos de "problemas"

Fulano quer que sua obra seja bela

Impurezas

O objeto

O que são as pessoas na escala de alguém* —

Todo ato é transigência (entre o que queremos + o que julgamos possível)

* Pessoas inferiores abaixo da média

...

[*As entradas seguintes estão sem data no caderno, mas é quase certo que sejam de janeiro ou início de fevereiro de 1965*]

acrônimo:

por exemplo, laser (amplificação da luz por meio de emissão estimulada de radiação)

São Tomás de Aquino: "Amar alguém não é nada mais do que desejar bem à pessoa".

John Dewey — "A função suprema da literatura é apreciar o mundo, às vezes com indignação, às vezes com dor, mas acima de tudo elogiar quando isso, por sorte, é possível".

Doué [*dotado*]
Basculer [*virar*]
Couches de signification [*camadas de significação*]

Forma característica de [Daniel] Defoe, as pseudomemórias

17/2/65

O que há de bom em *Uma tragédia americana*?

Sua inteligência (sobre Clyde etc.)

A paciência + detalhe da imaginação de Dreiser

Sua compaixão (Tolstói)

Arte é uma forma de alimentação (da consciência, do espírito)

Às vezes queremos bife, às vezes queremos ostras

Ensaio:

Quatro livros americanos: *Pierre*
Uma tragédia americana
Três vidas [de Gertrude Stein]
Almoço nu

[*Isto está circulado:*] Estilo

[*Isto está circulado:*] O meio é a mensagem

"Os estilos devem ter localização, ainda que não tenham nomes... É preciso que haja um lar — ainda que raramente seja visitado."
([Thomas B. Hess], *Location #2*, p. 49)

"A obra como objeto"}
"O meio é a mensagem"} em nosso tempo de ideologias políticas liquidadas

Tela de [Robert] Rauschenberg — muito grande — chamada

Eixo — retratando [John F.] Kennedy (várias vezes) em sua superfície fragmentada organizada de modo cinematográfico —

St. Cunegund

Permitir "acidentes" — obra como um "objeto"

"*swish pan*" [panorâmica rápida e desfocada]

Ler:
César Graña, *Bohemian Versus Bourgeois: French Society + the French Man of Letter in the 19th C.* (Basic Books)
Perguntar para [*o crítico americano*] Irving [Howel]

26/3/65

"Todos os objetos visíveis, homem, não passam de máscaras de cartolina."
— *Moby Dick* (Holt, Rinehart, Winston), p. 161

"*hip*" —

[*As quatro citações seguintes são do artigo "Os quatrocentos 'Hip'", de John Wilcock, em* The Village Voice, *4 mar.* 1965:]

"Se você é *hip*, tem a consciência de ser de seu próprio tempo e a capacidade de comunicá-lo." ([*a cineasta americana*] Shirley Clarke)

"[É] alguém consciente, muito consciente do que deve acontecer + o que poderia acontecer no seu fluxo particular de experiência + quem é agudamente sensível ao que é impostura + pretensioso." ([*o jornalista americano*] Nat Hentoff)

" — consciência política + social... e alguém que acredita + participa da revolução sexual de hoje." (Peter Orlovsky [*amante do poeta americano Allen Ginsberg*])

•

Nova elite antiliterária (pintura, arquitetura, urbanismo, cinema, TV, neurologia, biologia, engenharia eletrônica)

Buckminster Fuller >> seminário de iate de verão — "*ekestics*"
patrocinado pelo milionário grego
Doxiades [*sic*]

Marshall McLuhan
Reyner Banham
Sigfried Giedion
György Kepes
[*Na margem:*] Nomes despolarizados!

{(Mas) Não: [*o crítico de arte americano*] Harold Rosenberg — também político; ou [Lewis] Mumford — político demais e/ou também literário}

Primeira chave: [*o neurofisiologista e histologista britânico Sir Charles*] Sherrington — dist[inguiu] entre distância (háptica) + sentidos imediatos

Olho, um órgão encarcerado — aberto a lisonjas — não agarra, requer satisfação imediata.

Pintura recente (Pop, Op) — fria; o mínimo possível de textura — cores leves

Necessidade de ter telas, pois cores não podem flutuar no espaço.

Grupo "*ekistic*" —
Interessado em programação
Uma "mistura sensorial".
O que são as misturas sensoriais do futuro?
Completamente não político.
Total ruptura com Matthew Arnold (exclusivamente literário
  — literatura como crítica da cultura) crítica do passado

Portanto, também dist[ância] entre cultura alta + baixa (parte do aparato de Matthew Arnold) desaparece.

Sentimento (sensação) de que uma pintura ou objeto de Jasper Johns pode ser como The Supremes.

•

Pop Art é arte dos Beatles

•

Outro texto-chave: Ortega [José Ortega y Gasset], "A desumanização da arte"

Toda época tem seu grupo etário representativo — na nossa época, é a juventude.
O espírito da época é ser frio, desumanizado, brincar, sensação, apolítico.

•

Jasper Johns = Duchamp pintado por [Claude] Monet

•

Op Art: "*trompe l'oeil*" arte cinética

Programar sensações

Era possível criar um novo movimento artístico todos os meses apenas lendo a revista *Scientific American*.

•

"circuitos impressos" — o que torna possível os rádios de pilha.

•

"*moiré*"

•

Pour qui tu me prends? [Por quem você me toma?]

•

[O que vem a seguir são notas sem data, escritas em folhas soltas e enfiadas atrás do caderno. É quase certo que foram escritas no verão de 1965 — há uma lista de filmes vistos em agosto.]

Narração pura (oral) >>>>	Formas de narração (de escrita!) mais + mais complexas
Conto de fadas chinês	Bagunçando tudo
"Ela queria ser um cavalo. Portanto ela era um cavalo."	Já em Homero: preocupação com causalidade (i.e., plausibilidade)
O que acontece é linear, não pode ser diferente do que é.	Brota/desabrocha da linha mestra: algo é *como* algo (símiles)
Narração apenas traça o evento, que está (estava) presente	

•

...

Ninfeias, de Monet, pareceria não ter nenhuma diferença se ficasse de cabeça para baixo — o espaço é verticalizado.

"Pintura de uma nota só" (século XX) já aparece na década de 1880.

...

[Edvard] Munch *O beijo* — o grão da madeira tem uma classe de realidade mais elevada do que a figura representada.

20/4/65

Ver mais — (PROJETOS)

Por exemplo, cores + relações espaciais, luz

Minha visão é sem refinamento, insensível; esse é o problema que tenho com a pintura

Outro projeto: Webern, [o escritor americano Paul] Bowles, Stockhausen. Comprar discos, ler, trabalhar. Tenho andado muito preguiçosa.

Não dar nenhuma entrevista até que eu consiga parecer mais clara + abalizada + direta como [a escritora americana] Lillian [Hellman] na Paris Review.

Ler (comprar):   > Paris este verão
Livro de Hodeir [o escritor, compositor e músico francês André Hodeir]
Adorno sobre música
Barthes sobre Michelet

Annette [Michelson]:
Não gosto de pinturas que tenho de "ler" — portanto não me interesso muito pela pintura flamenga (Bosch, Brueghel) — quero poder captar a estrutura em seu todo com um só olhar

Caráter neopitagórico da música contemporânea (Boulez etc.)

Interesse na obra de arte com a estrutura total (totalmente estruturada, totalizante).

...

nova sensibilidade > atenção mais *sobrecarregada*

uomo di cultura [*homem de cultura*] ([*o escritor italiano do século XX Cesare*] Pavese)

Um Rosenquist [*o pintor americano James Rosenquist*] *Cigarro branco*, que tinha um pouco da poesia noturna morta de *Beijo fatal* [*filme de Robert Aldrich de 1955 baseado no romance policial de Mickey Spillane*]

Biomorfismo de Miró [*o pintor catalão do século XX Joan Miró*]

Novo avanço: tintas de base plástica

Mudar a escala da imagem [(Larry) Rivers, [Roy] Lichtenstein, Warhol)

[*O crítico de arte inglês do século XX John*] Ruskin: formas de arte são morais...

...

20/5/65 Edisto Beach [*SS estava visitando Jasper Johns em sua casa na Carolina do Sul*]

Assunto: pintura + *écriture*

Para algo ser "muito forte" — o quê?

O objeto não tem importância; mas a pintura é um objeto (Johns)

Já é grande coisa ver algo *claramente*, pois não vemos *nada* claramente

Uma pintura é um objeto, música é uma performance, livro é um código. Precisa ser transcrito em ideias + sentimentos + imagens (?) —

Desenho > pintura a óleo > litografia (três versões da mesma —)

"O objeto arrogante" (Johns)

Não aprendemos a partir da experiência — porque a substância das coisas está sempre mudando

Não existe superfície neutra — algo só é neutro com respeito a outra coisa (uma interpretação? Uma expectativa) — Robbe--Grillet

O uso de folhas de jornal, pneus, por Rauschenberg

Johns: vassoura, cabide

Alguém disse: "[John] Cage me mostrou que não existem objetos vazios".

A única transformação que me interessa é uma transformação total — embora diminuta. Quero que o encontro com uma pessoa ou uma obra de arte transforme *tudo*.

...

20/5/65 — Carolina do Sul —

verde — carvalhos, pinheiros, palmitos — musgo espanhol verde-cinza e felpudo, enormes cordas de musgo, penduradas nos galhos de todas as árvores — *denso*

O oceano é calmo, raso, muito quente —

Lendo cartas de Schoenberg à meia-noite

Negros esquálidos descalços caminhando pela beira da estrada — cabeças pequenas

Hollywood, Carolina do Sul — a capital mundial do repolho

Julepos de menta em "copos" de metal gelado (congelado) — é preciso um guardanapo para segurar

Um cardeal no quintal — cigarras, um *crescendo*, como uma sirene; codorniz ("*bobwhite*")

Formigas, mosquitos, mutucas, aranhas, cobras, vespas (amarelo + preto)

Lençóis brancos, colchas brancas e finas, paredes brancas + tetos (tábuas largas)

Quiabo picado, frito em bastante gordura, bife (bem-feito), salada

Um sagui ("Jenny") numa gaiola grande, que dorme dentro de um chapéu masculino de aba larga

Conchas: molusco, marisco, ostra, mexilhão

Margem lamacenta — lama aveludada marrom-escura — milhares de buraquinhos — +, se a gente olha de perto, rastejando para dentro + para fora, milhares de caranguejos uca.

Gramínea *cenchrus*: "rabo do mar" (comestível) que cresce na beira da praia

Manjericão, chá, menta crescem no quintal; carvalho venenoso

Antenas na TV com bandeirinhas de folha de alumínio

•

JJ [Jasper Johns] agora se permite branco de De Kooning junto com rosa — uma mancha

Rauschenberg:

"Quando as pinturas mudaram, o material impresso se tornou um tema, tanto quanto a pintura (passei a usar folhas de jornal na minha obra), o que provocou mudança de foco: uma terceira paleta. Não existe um tema pobre. (Qualquer incentivo à pintura é tão bom quanto outro.)"

"Uma tela nunca está vazia."

"Duplicação de imagens" (simetria?)

Uma poesia de possibilidades infinitas

Pinturas-compósitas, desenhos-compósitos

"Se não modificamos a maneira de pensar em algo quando deparamos com uma pintura que nunca vimos, ou somos um tolo teimoso ou a pintura não é muito boa."

"Estou tentando verificar meus hábitos de ver, reagir a eles, em nome de um frescor maior. Estou tentando ser estranho ao que estou fazendo."

22/5/65 Edisto Beach

Romance sobre pensar —

Não sonhos desta vez (eles são uma metáfora da introspecção, um pretexto — *não* concebidos realisticamente, psicologicamente) [*em* O benfeitor]

Um artista pensando sobre sua obra

Um pintor? Um músico? (Sou ligeiramente menos ignorante sobre pintura)

Não um escritor — cf. [*o romance de Vladimir Nabokov*] *Fogo pálido* — pois então eu teria de apresentar o texto da obra, como faz Nabokov.

...

[*Na margem:*] *Um projeto espiritual — mas amarrado à feitura de um objeto (como a consciência está atrelada à carne)*

...

Dante: ideia de que a punição é própria ao crime
Cantos 21 + 22 — os "cantos da gárgula"

Ideia de *distância* na arte

Até que ponto podemos ser "distantes"?

Um modo é por meio da abstração — descoberta da estrutura na natureza — como raio X (cf. [Paul] Cézanne)

Nova maneira — Rauschenberg, Johns — é por meio da literalidade — estender a visão para incluir olhar intenso nas coisas para as quais olhamos, mas nunca vemos

A bandeira de Johns não é uma bandeira —
A carne de Paul [Thek] não é carne

Outra (?): chance (transcender a "intenção")

Numa pintura, tudo está presente ao mesmo tempo (*não* na música, na ficção, no filme)

Diferença entre "será pintor" e "ser pintor"

Uma pintura é uma espécie de gesto — generoso, conciso, casto, irônico, sentimental etc.

...

24/5/65

...

Susan T. [Taubes]: melhor desistir do sexo
— de outro modo não pode trabalhar, não quer passar para fora da esfera erotizada.

...

5/6/65 Paris

... Rejeição do lirismo em Kafka: basta dar nome aos objetos

Romance pornográfico chinês (1660) traduzido por Klossowski [*o escritor e artista francês Pierre Klossowski*]: *La Chair comme tapis de prière* [*A carne como um tapete de preces*]. Pauvert, 1962

Restaurante na Rue Beaumarchais (#21?): L'Enclos de Ninon [*sic*]

...

8/6/65 sete da manhã

Depois de 25 horas de trabalho (dexamil — sem interrupção exceto por uma hora com [*o jornalista americano Herbert*] Lottman e, depois, *Alphaville* [*filme de Goddard*]), acho que pus as coisas em ordem.

Há pelo menos dois projetos aqui:

A. Uma *novela* sobre Thomas Faulk (ou Darnell) cujo centro é a sequência do colapso nervoso que escrevi ontem à tarde.

Nela — coisas sobre dor, trauma, dominação — vai ficando assustado. É ele que é proprietário da pensão lúgubre, infância na Califórnia etc.

B. Um *romance*, se Deus quiser, sobre um aristocrata espiritual, "R". Nada de colapso nervoso para ele.

Ele *é* um pintor. Tem a(s) chama(s).
Esqueça a infância dele, exceto referência "*in situ*". Isso o rebaixa.
Trabalha com cera etc. É próximo da irmã mais velha. Muito lacônico, áspero.

Ninguém sabe direito onde ele nasceu.
A irmã diz que não sabe.

Os pais foram nazistas militantes? Ou é a irmã, a quem ele perdoa? (Ele esteve na Suécia durante a guerra.)

A coisa alemã: morbidez, perversidade

Toma injeções por algum motivo — hipocondríaco?

Insanidade = uma deficiência no comportamento (em vez de liberação)

Arcebispo de Nápoles (década de 1920) disse que o terremoto em Amalfi foi causado pela fúria de Deus contra as saias curtas das mulheres

Baby Face [*Serpente de luxo*] — um filme [*dirigido por Alfred E. Green em 1933*] com Barbara Stanwyck — ela vai galgando posições, andar por andar, numa grande empresa

...

16/7/65 Paris

Não aprendi a mobilizar a raiva — (pratico ações militantes, sem sentimento militante)

Nunca *raiva* mas também *mágoa* (se eu amo) ou aversão, *desgosto* se não amo

Nunca telefono para ninguém; eu seria capaz de pedir a alguém para sair de meu apartamento e mandar uma carta para mim, se eu pudesse —

Não confio em ninguém para fazer algo por mim — quero fazer tudo eu mesma, ou, se eu deixasse alguém agir como meu agente em qualquer assunto, depois eu teria de me conformar (de antemão) por aquilo não ter sido feito de modo correto ou não ter sido feito, pura e simplesmente

O pior são as manhãs.

Pessoas são de cartolina, egoístas — mas isso não importa, eu consigo aguentar. "Não agem assim de maneira pessoal."

E nos últimos dois anos eu ando me deteriorando — ficando seca, azeda, fechada?

Borbulhando de rancor. Mas não me atrevo a demonstrá-lo. Quando ele sobe, eu apenas me ausento (Annette etc.)

Nenhuma imagem do futuro.

Prefiro não devanear. O quê! E despertar minhas esperanças?

Minha carreira é minha vida como algo exterior a mim mesma + portanto eu a comunico aos outros. O que está dentro é a minha dor.

Se eu esperar o mínimo possível, não vou ser ferida.

...

22/7/65

... Nexo entre luz do sol e passividade "De dia o olho interior é cego" (Clitemnestra [*em* Orestes, *de Ésquilo*])

1º/8/65 Paris

No ensaio sobre Borges [*projetado por SS*], enfatizar:
dívida com os contos fantásticos de Robert L[ouis] Stevenson (ver ensaios de B sobre) — por exemplo, [*o conto de Borges*]
"Pierre Menard[, autor do *Quixote*]"
Ideia de escrita plana — transparência da palavra — "*degré
zero de l'écriture*" [*referência ao conceito de "grau zero da
escrita", de Roland Barthes*]
Tradição de Kafka (em tradução) versus Joyce + Robbe-Grillet

Ler Blanchot, *L'Attente, L'Oubli*
[Jean] Reverzy
Histoire de l'oeil [*História do olho*, de Bataille]
Trois filles de leur mère [*Três filhas da mãe*, de Pierre Louÿs]

Francês como antilíngua, daí romances de Blanchot...
Tradição jansenista de Robbe-Grillet...

Romances de Robbe-Grillet são sobre *ação*

19/8/65 Córsega

arte = tornar o abstrato concreto e o concreto abstrato

música tem o historicismo mais puro (foi feita — não pode
ser feita de novo) — porque é a arte mais abstrata (nesse aspecto,
como a matemática)

A frontalidade de Bastia [na Córsega] — ruas retas, retângulos — prédios de seis-oito andares de um cinza que parece cor pastel desbotada

[Stéphane] Mallarmé não tinha herdeiros (exceto uma poeta, Saint-Elme) — isto é, nenhuma poesia *obscura* francesa. Quando [Gerard Manley] Hopkins é traduzido para o francês, se torna completamente claro. Muito francesa, a noção de Descartes de que uma ideia verdadeira pode ser definida (!) como uma ideia clara e distinta —

Será a literatura uma das artes?

(ler ensaio de Sartre)

A forma do filme [*de Eisenstein*]   "o paralelo"

por exemplo > massacre dos grevistas // matadouro (*Greve*)
[*de Eisenstein*]
> libertação dos prisioneiros // gelo derretendo
(*A mãe* [*de Pudóvkin*])
> águia // Napoleão (*Napoleão* [*de Abel Gance*])
> trem vagaroso // caracol (*La Roue, A roda* [*de Gance*])

A primeira obra — consubstanciação e também reforço emocional

[A] segunda, terceira e quarta não: são meramente ilustrativas

Outro exemplo pai sendo chantageado // tomada de um torno (*La Roue*)

Uma técnica apenas de filmes mudos?

•

"A elipse"

no tempo
no espaço   isso é que é o corte

•

"O flashback"
quando é que isso entra?

"Plano geral"
mostrar relações espaciais de pessoas, coisas

N. B. diferença quando isso [*a entrada para aqui*]

22/8/65

... Noël [*Burch, crítico e diretor de cinema americano, que se mudou para a França em 1951*]

24/8/65

Córsega —
— Pessoas falando duas línguas o tempo todo, vão e voltam de uma para a outra

— Cactos; eucaliptos + plátanos; cardos; palmeiras

— Igrejas + outros prédios antigos com padrão regular de buracos quadrados deixados pelos andaimes (maneira como foram construídos: andaimes de madeira erguidos com rapidez dão primeiro a forma dos prédios)

— Violentas tempestades de verão; cortes de luz frequentes

— Constante despovoamento; recente repatriamento de *"pieds-noirs"* [*colonos franceses na Argélia, que em certos casos preferiram partir para a França e em outros foram forçados a fazer isso na esteira da independência da Argélia, em 1962*] que lavram a terra, cuidam de restaurantes

— dez nomes principais da ilha (poucos casamentos com gente de fora (Mattei...)

— Os "maquis" [*mato fechado do interior da Córsega*], as fogueiras

— Eau d'Orezza (*"pétillante"* [*gasosa*], da fonte natural no interior da ilha)
Xarope *d'orgea* (coco e água, muito doce)

— Charcuterie de Corse (quatro tipos de presunto)

— Cassino: [*Em língua corsa*] U Casone

— Tom marrom rosado das casas de pedra — telhados de telha vermelha *desbotada*

...

Bataille: nexo entre sexo + morte, prazer + dor (Cf. *Larmes d'Éros*)

A questão do vigarista é que ele *NUNCA* tira a máscara. Sempre *PARECE* confiável, atraente, amigável etc. Não conseguimos jamais conciliar a *EXPERIÊNCIA* que temos dele com aquilo que acabamos por *SABER* a respeito dele.

Irene: minha *EXPERIÊNCIA* dela por quatro anos e meio foi de amor pródigo e sem limite. O que eu posso me obrigar a pensar sobre ela (via [Diana] Kemeny etc.) — sua necessidade de dominar, subjugar, solapar — em suma, minha compreensão está sempre em curto-circuito com minha experiência. Daí: *COMO É QUE ELA PODE (PÔDE)?* Etc.

Será possível esmagar a experiência por meio da compreensão? Ou apenas substituí-la por outra experiência?

Irene:

— sua segurança perfeita (nada de "eu acho" ou "provavelmente isso é burrice, mas" ou "talvez" — apenas constatação

[*Na margem:*] O autodidata

— a isenção que ela tem de culpa + arrependimento (nada de "eu gostaria" ou "quem dera eu não tivesse" ou "por que foi que eu?")

[*Na margem:*] Culto da espontaneidade
Ética de [Norman] Mailer — Jane, Ricardo, Meg

— a coerência dela

— a generosidade dela + vontade de pôr a si mesma inteiramente à disposição do outro

A combinação perfeita: eu me entreguei nas mãos dela —

Ela me ama
Ela sabe melhor do que eu (sobre vida, sexo etc.)
Ela é ávida para pôr seu conhecimento + ela mesma à minha disposição

Resultado:
Quando preciso de algo, sou servida (na verdade, aprendo necessidades que eu não sabia ter — quando são satisfeitas sem eu ter de pedir)
Quando discordamos, ela tem razão
Quando estou errada, ela vai me ensinar
Quando tento ajudá-la — ou tomar a iniciativa sexual — ou corrigi-la, sou errada, deselegante, irrelevante
Quando me aprimorar, vou torná-la feliz

Portanto eu recebo + recebo — supremamente nutrida e ao mesmo tempo, de certo modo, debilitada, inquieta, ressentida.

Eu a deixei frustrada — mas ela é tão boa, uma mártir para mim, paciente — me sinto, alternadamente, culpada e complacente + ansiosa.

Quero fazê-la feliz, mas isso se tornou uma espécie de presunção da minha parte. Não sou boa o suficiente — AINDA — para fazê-la feliz.

No entanto ela me ama. Por quê? Porque ela acredita que

meu aprendizado vai dar certo — ou só porque ela não consegue evitar?

Não parece que *eu* a faça feliz — ou faça amor com ela. Apenas ela me permite fazer isso; é tudo ela. Quando ela é passiva sexualmente, não é que eu a possua (ou *sequer* a seduza); ela é que consentiu, me deixou representar o papel ativo + então eu faço isso.

•

É inútil para a razão que essa forma sutil, maleável, engenhosa de dominação — que me reduz a uma criança hostil, dependente e em pânico — seja a maneira que Irene tem de conseguir *amor* para si. A única maneira que ela conhece. (Primeiro a ternura pródiga, a superabundância de carícias + banho + alimentação + sexo + discutir os problemas da outra > etc. etc.) E também sua maneira de se tornar poderosa (mediante *dar*, ela triunfa + castra!) + superar sua sensação de fraqueza.

Inútil — porque eu *experimentei* isso como amor.

Irene, a *primeira* pessoa a agir comigo de maneira amorosa + a única pessoa de quem aceitei amor com gratidão.

Fui deixada numa total paralisia de minha vida sexual — ela me rejeitou porque eu não era boa de cama, eu *não sou* boa de cama — e uma ansiedade terrível acerca de receber das pessoas (até xícaras de café) exceto quando parece ser totalmente impessoal.

•

Irene tinha ciúmes de David porque essa era a única parte da minha vida que ela não podia tomar por completo.

Se eu não tivesse tido David, ela teria ficado tanto tempo quanto ficou?

Se eu não tivesse tido David, eu teria sobrevivido os quatro anos e meio?

Uma coisa eu sei: se eu não tivesse tido David, eu teria me matado ano passado.

•

Eu estava aterrorizada (mas não sabia disso). Ainda estou aterrorizada. (Irene tem qualidade; eu não. Irene não me ama porque seus padrões são elevados. Ela não ficaria satisfeita por aquilo que eu, ou a maioria das pessoas, ficaria satisfeita.) E eu ficaria num contínuo estado de terror mortal — da raiva dela; de ela me deixar; de ela me achar burra, leviana, egoísta, sexualmente medíocre — se algum dia ela voltasse.

Será que ela ficava com *tesão* por causa da minha humilhação nos últimos dois anos? É o que Kemeny (+ Noël [Burch]) diz. Não consigo acreditar — de uma pessoa que eu amo (amava). Então ela era um monstro —

Sempre achei que (na pior hipótese) ela não sentia *nada* — que ela precisava endurecer + cegar a si mesma, de modo fantástico, para ganhar liberdade — para não se sentir culpada.

Mas e se ela de fato tivesse *prazer* com isso?

Não consigo me persuadir a imaginar isso — o que todo mundo acha óbvio.

•

Será que posso dizer: estou *decepcionada* com Irene? Ela não é o que eu pensava, acreditava ser?

Não?

Por que não?

Porque ela chegou lá primeiro — ela está decepcionada *comigo*.

•

Meu "masoquismo" — caricaturado na troca de cartas com Irene neste verão — reflete não o desejo de sofrer, mas a esperança de apaziguar a raiva e diminuir a indiferença demonstrando que eu sofro (e sou "boa", isto é, inofensiva).

O que Kemeny quer dizer quando vive citando para mim a história de "sou tão boa que chega a doer".

Se mamãe vir que está me machucando de verdade, ela vai parar de me bater.
Mas Irene não é minha mãe.

25/8/65

[*O escritor francês do século XX André Pieyre de*] Madiargues diz que os dois melhores livros eróticos já escritos são: *Histoire de l'oeil* + *Trois filles de leur mère.* São os dois polos: o primeiro, reservado — toda palavra conta — linguagem casta — lacônica, seca; o segundo, obsceno — *décontracté, bavardé* [descontraído, coloquial] — interminável.

N. B. última parte do livro de Louÿs [*Trois filles*] — *petites scènes de théâtre* (como *Le Balcon* [*O balcão*, de Jean Genet])

Forma picaresca de Bataille [*Histoire de l'oeil*] (uma aventura) versus cenário de dois quartos do livro de Louÿs: a porta, a cama, a escada

Thomas Faulk fazendo bonecos de cera na Carolina do Sul, mas eles ficam borrados

Prenuncia a imitação que o professor ——————— faz dele

Por que não posso dizer (não digo): *Eu* vou ser uma campeã sexual?
Ah!

27/8/65 Avignon

Arte é a condição grandiosa do *passado* no presente (cf. arquitetura). Tornar-se "passado" é tornar-se "arte" — cf. fotografias também

Obras de arte têm certo *pathos*

Sua historicidade?
Sua decadência?

Seu aspecto velado, misterioso, parcialmente (+ para sempre) inacessível?

O fato de ninguém nunca mais fazer (poder fazer) *aquilo* outra vez?

Talvez, então, as obras apenas *se tornem* arte — elas não *são* arte

+ elas se tornam arte quando fazem parte do passado

uma obra de arte *contemporânea* é uma contradição assimilamos o presente ao passado? (ou é outra coisa? um gesto, uma pesquisa, um suvenir cultural?)

Wittgenstein // [Arthur] Rimbaud

Abandono da vocação:

W. — dar aulas no colégio, ser funcionário de hospital
R. — Abissínia

Caracterização de suas obras como insignificantes —

Escola de pintura de Fontainebleau.

Pintura erótica
"Maneirista"
(tudo converge para o seio, por exemplo)

Avignon (Musée Calvet):

>> [Jacques-Louis] David, *Mort de Joseph Bara*

[Jean-Baptiste] Greuze
[Jean-Honoré] Fragonard
[Jean-Baptiste-Siméon] Chardin
  (cf. no Louvre)
[François] Boucher
[Antoine] Watteau

[A. J. T.] Monticelli + [J. M. W.] Turner — precursores do impressionismo

•

"Grau zero" da escrita: ir ao fundo da questão, que é "*dépaysant*" [*desorientador*]
por exemplo, romances de ficção científica

Filmes "grau zero"
por exemplo, filmes B — nenhuma elaboração da forma; em troca, a violência do tema
O meio é transparente

Romance, narrativa, texto (duas tradições viáveis ou possíveis *agora*)

(1) Grau zero: Kafka, Borges, Blanchot, ficção científica, *L'Étranger* [*O estrangeiro*, de Camus] ("*récit*")
(2) Legado inacabado de Joyce — romance enquanto linguagem, textura, materialidade do discurso — [Djuna] Barnes, Beckett, o jovem [John] Hawkes, Burroughs

Música

Comprar obras completas de Webern

Livros de Hodeir, Adorno

[Claude] Debussy — *Jeux, La Mer*

...

Duas tradições

Música para ser *ouvida* (com estruturas formais cada vez mais complexas)
Música conceitual — compositor não está interessado em como soa a música, mas sim nos conceitos ou relações matemáticas que ela exprime
Cage, Varèse são outra coisa, de novo, porque eles não estão interessados na música, mas no som (def[inição]: música = som organizado)

Para [*o compositor experimental francês Jean*] Barraqué, por exemplo, o teste final é como soa — não para [*o matemático e biofísico ucraniano-americano Nicolas*] Rashevsky, em que os intervalos que sep[aram] uma sequência da sequência seguinte podem ser de 29 segundos, 30 segundos, + 31 segundos — imperceptível ao *ouvido*

Novas fontes abertas pela música eletrônica (gravada)

...

Ouvir de novo: [Henry] Purcell, [Jean-Philippe] Rameau, a

Quinta de [Ludwig van] Beethoven, *La Mer*, [Frédéric] Chopin, o último [Franz] Liszt, a Oitava de [Franz] Schubert

Século XIX cheio de obras retrógradas (isto é, pós-Beethoven, mas que não vão além do último Beethoven) que todavia desenvolvem alguma coisa — por exemplo, Schubert — que durante sua vida praticamente esgota as possibilidades da *melodia* (melodia tonal pura). Seus herdeiros: [Johannes] Brahms, [Piotr Ilitch] Tchaikóvski, [Gustav] Mahler, [Richard] Strauss (?) por exemplo, trio de *Rosenkavalier*, ato III, árias em *Ariadne* [*auf Naxos*]

Dist[inguir] *melodia* de *lirismo*

O trio de *Rosenkavalier* é talvez o clímax do *lirismo* na música (ultrapassa "Liebestod") — Mas sua grandeza está no jogo das vozes umas contra as outras — as harmonias, a orquestração — o sentimentalismo exaltado da linha melódica: coisas que são muito mais complexas (e decadentes?) comparadas com a melodia pura no sentido de Schubert

Filosofia é uma forma de arte — arte do pensamento ou pensamento como arte

Comparar Platão + Aristóteles é como comparar Tolstói + Dostoiévski [ou] Rubens + Rembrandt

Não é uma questão de certo ou errado, verdadeiro ou falso — como estilos dif[erentes]

Últimos bons romances em inglês:

O bom soldado [Ford Madox Ford]

O grande Gatsby, Suave é a noite [F. Scott Fitzgerald]
Passagem para a Índia [E. M. Forster]
Luz em agosto [William Faulkner]

"Romances" de transição:

Mrs. Dalloway [Virginia Woolf]
No bosque da noite [Djuna Barnes]
A náusea [Jean-Paul Sartre]
Confissões de Zeno [Italo Svevo]
O sol também se levanta [Ernest Hemingway]
O lobo da estepe [Hermann Hesse]
Nathanael West

"Romances" novos:

Celui qui ne m'accompagnait pas [Blanchot]
Almoço nu [Burroughs]
Ulysses + F[innegans] W[ake] [Joyce]
O jovem Hawkes
Dans le labyrinthe [Robbe-Grillet]
Stations [Burt Blechman]

28/8/65 Marselha

...

Dois médicos canadenses relatam ter feito um enxerto de pele numa paciente com pele doada por um dos médicos — após várias sessões de hipnose em que a mulher foi convencida de que o enxerto ia se fixar em definitivo.

Meu fascínio com:
Desentranhamento
Desnudamento
Condições mínimas (de *Robinson Crusoé* a campos de concentração)
Silêncio, mudez

Minha atração voyeurística por:
Aleijados (viagem a Londres — eles chegam da Alemanha em trens lacrados)
Aberrações
Mutantes

Posso usar A como uma ideia de *forma* na arte, não apenas como "tema" — forma como um gesto da vontade —: se eu desejar com força suficiente, vai dar certo "para" um texto literário, se for orgânico o bastante...

A e B estão ligados? Paralelos? (como pensei, pela primeira vez, organizá-los aqui)

Será B o elemento sádico na minha sensibilidade que compensa toda a aprovação das pessoas? (como Kemeny disse muitas vezes?).

Uma visão sádica cuidadosamente separada, desatrelada de qualquer encenação sádica?

Comparar [X] que descobriu que gostava de representar um papel sádico no sexo ao notar que ele gostava das mesmas coisas — olhar livros médicos, aleijados etc.

Ou haverá mais alguma coisa? Como:
Identificar-me com os aleijados?
Testar-me para ver se eu me acovardo? (reagir contra a suscetibilidade de minha mãe, como com a comida)
Um fascínio com as condições mínimas — obstáculos, deficiências — dos quais o mutilado é uma *metáfora*?

Uma pesquisa sistemática dentro de mim mesma:

Eu noto, neste verão, uma leve claustrofobia: sinto-me oprimida em espaços pequenos, necessidade de abrir a janela + sentar junto à janela ou porta nos restaurantes

Será que demonstro meu desprezo pela fraqueza dos outros? (Noël disse que sim — quando ele estava "mareado" + hipocondríaco — mas depois ele sente desprezo de si mesmo.)

Será que minhas maneiras pouco educadas ("Califórnia") sobreviveram à sua utilidade? (Tenho falta de decoro.) Isso se tornou um cúmplice de minha tendência para ser reverente com pessoas confiantes e impositivas + perpetua minha estratégia de enganar as pessoas alcançando até minha agressividade, fingindo que não sou nada agressiva ou competitiva.

Está na hora de eu parar de consolar as pessoas — e de exercer influência sobre elas
(esta primavera + verão:
George [Lichtheim, *o refugiado alemão, crítico e historiador do marxismo, que se apaixonou por SS*], [*depois o editor literário da revista radiofônica britânica* The Listener] Derwent [*May*], Noël!)

29/8/65 Tânger

[*SS passou os últimos dias de agosto e a primeira metade de setembro de 1965 visitando Paul e Jane Bowles em Tânger, no Marrocos. Nessa altura, Alfred Chester, de quem ela já andava um tanto afastada, morava na cidade e estava envolvido com um jovem marroquino, Driss Ben Hussein El Kasri.*]

...

Ravi Shankar

A razão pela qual não sou paranoica (mas até antiparanoica), crédula, eternamente surpresa com a malícia (Alfred, "Edward [Field] — Nadia [Gould]") das pessoas a quem não fiz mal: eu me (sentia) profundamente rejeitada, ignorada, despercebida quando criança — talvez sempre, até ou com exceção de Irene —

Mesmo a perseguição, a hostilidade, a inveja me parecem, "*au fond*" [*no fundo*], mais *atenção* do que eu mesma acho provável receber. Confio nas boas intenções de desconhecidos, conhecidos e amigos a quem tratei com cortesia porque não consigo acreditar que eu tenha tanta importância para eles — que eles estejam prestando tanta atenção em mim — para se comportar "em resposta" de outra maneira que não com cortesia. Ser o objeto da fantasia invejosa... quem sou eu?!

Lembrar — como fiquei surpresa por Irene ter apenas mencionado minha existência para "Kate" no verão passado; que Alfred (agora há pouco) tenha achado que sou "importante" o suficiente para mencionar, numa carta para Edward, que eu ia para Tânger.

Romance de Alfred:

Nenhuma sequência de tempo, *porém* a narrativa é sequencial

Nenhum protagonista ou personagem central, porém um conjunto

...

Alfred:

Por baixo do dominador, do charmoso, do espirituoso, do sábio, do traidor — Tirésias, Oscar Wilde, Isidore — havia essa criança histérica, mal-humorada, que não consegue terminar nenhuma frase ou responder a uma pergunta ou escutar o que os outros estão falando.

No entanto, Alfred sempre esteve em busca de um oráculo (santo Estanislau, Irene, Edward, Paul Bowles).

Agora ele queimou sua peruca [*Chester era totalmente calvo*] + fala que tem o pau pequeno + nenhum pelo pubiano. Diz que se sente horrendo + agora fala disso, não quer falar de mais nada.

Será que algum dia ele foi sensato? Ou será que perdeu sua sabedoria? (Era apenas um "número", como seu charme.) E ele procura por um "sentido" ("símbolos", romance) onde não há nada. — Pseudoproblemas!

Como Susan T[*aubes, que se suicidou em 1969, afogando-se em Long Island; SS identificou o corpo*], não conseguir se concentrar no que os outros estão falando porque ela quer compreender qual a ligação entre isso + a planta de seus pés — e não consegue.

128

Pseudoproblemas!

Nada é misterioso, nenhuma relação humana. Exceto o amor.

Eu não poderia me apaixonar por Alfred do jeito como sou hoje — mesmo se ele ainda fosse o que era (+ não é mais). Porque agora eu me respeito.

Sempre tive um fraco por dominadores — pensando, se eles não me acham tão atraente eles devem ser incríveis. A rejeição deles mostrava suas qualidades superiores, seu bom gosto. (Harriet, Alfred, Irene)

Eu não me respeitava. (Será que eu me amava?)

Agora eu conheci de fato o sofrimento. E sobrevivi. Estou só — sem amor + sem alguém para amar — aquilo que eu mais temia no mundo. Toquei o fundo. E sobrevivo.

Claro, eu não me amo. (Se é que algum dia eu me amei!) Como posso, quando a única pessoa em que já confiei me rejeitou — a pessoa que transformei em árbitro + criador de minha capacidade de ser amada. Sinto-me profundamente sozinha, excluída, sem atrativos — como nunca antes. (Como eu era metida + superficial!) Eu me sinto incapaz de ser amada. Mas respeito essa soldada que não é amada — que luta para sobreviver, luta para ser honesta, justa, honrada. Respeito a mim mesma. Nunca mais vou me deixar atrair por pessoas dominadoras.

...

O benfeitor: "retrato de um profeta"!

Jane [Bowles] + Sherifa [a amante marroquina de Bowles]:

"Ela é doida. Ela não é doida, Paul?"
"Ela nunca fica de boca fechada!"
"Não quer ser tratada como uma criada."
"Quantos anos ela tem, Paul?"
"Se ela chegar mais perto de mim, vou gritar."
"É uma primitiva, sabe?"
"Você acha que ela é feia?"
"Está muito excitada com você, por você estar aqui. Qualquer
    mulher a deixa excitada."
"Eles são que nem macacos, não são?" (Sherifa + Moham-
med)

Paul + seu "amigo" (Mandou-o descer para ver se o táxi havia
chegado.)
Gordon [Sager]: "Será que devo lhe dar dinheiro?".
Paul: "Não. Vai corrompê-lo".

Os Bowles.
Alfred + Driss
Ira Cohen + Rosalind

Targisti — Brion Gysin
Bob Faulkner (com Jane B. + John Latouche, as coisas jovens
e radiantes de s[eus] trinta e poucos anos)
Gordon Sager
Alan Ansen
Alec Waugh + conde de Jermyn, "Irving" de NY via Havana
Liz + Dale
Charles Wright + beberrão idoso

(passado: Stein, Djuna Barnes, Bowles, [Allen] Ginsberg, [Gregory] Corso, Harold Norse, Irving Rosenthal)

S-M-L:
Ópio — morfina — heroína
Peiote — mescalina — LSD

O mundo de *Declínio* + *Queda* [de Evelyn Waugh] + [Ronald] Firbank + *Malcolm* [de James Purdy] + *Duas damas de respeito* [de Jane Bowles] é um mundo de verdade! Pessoas assim existem de fato, vivem essas vidas! *Aqui* (os Bowles, Alan Ansen, Gordon Sager, Bob Faulkner etc. etc.)! E eu achava que era tudo uma piada — essa obsessão, essa falta de sentimentos, essa crueldade. O estilo homossexual internacional — meu Deus, como isso é louco + humanamente feio + infeliz.

[*O escritor americano*] Alan Ansen vai fazer um trocadilho em grego clássico com um verso de Sófocles para um menino engraxate em Atenas. Trezentos livros, discos para seu verão em Tânger, que terão de ser levados de volta. O circuito Atenas-Tânger (para "rapazes")

Será que [*o poeta anglo-americano W. H.*] Auden é o único escritor deste mundo que, até certo ponto, o transcendeu (espiritualmente)?

5/9/65 Tânger, Tetouan

Queimando incenso (segurando uma vareta entre polegar + indicador) no táxi durante todo o trajeto para Tetouan. (Ira Cohen, Rosalind, eu.)

Transformar numa ópera a história de Gilles de Rais [*cavaleiro medieval bretão mal-afamado pelo assassinato em série de crianças*]

O árabe diante de um jogo de fliperama numa casa de chá morrendo de tanto rir diante de uma imagem da Vênus de Milo que alguém lhe mostrou.

"Cafetãs" de seda brocada (fios de prata + ouro) — compridos (até o chão), mangas largas e compridas

Kif derrete o cérebro: dexamil aguça as arestas. (*Kif* faz a gente divagar — faz esquecer o que dissemos um minuto antes — difícil acompanhar uma história ou piada comprida, nos faz reagir *menos* aos outros (não somos "atenciosos", isto é, não *prevemos* as reações dos outros) —

Marroquinos mais jovens estão se afastando do *kif* ("pessoas que fumam *kif* nunca fazem nada" — não têm sucesso, ambição) em favor do álcool. (Exatamente o contrário!)

Muitas piadas sobre a preguiça dos corsos, que é proverbial. O homem sobe nos ombros de outro para trocar uma lâmpada. "Agora dá uma volta."

Burroughs também envolvido com erudição (como "o fantástico"), como Borges.

Insanidade: proliferação + derretimento do pensamento. Como cera. (Imagens de T. Faulk)

Sintomas de Alfred:

Imagem de eletricidade
"Estou com os fios ligados no lugar errado."
"A fiação está malfeita."
"Eu me sinto radioativo"
"O carro está ligado — todo mundo está ouvindo"

Obsessão com a memória (tudo que ele não consegue lembrar parece tremendamente importante), números, coincidências, pessoas com o mesmo nome etc.

Crença em magia, telepatia [por exemplo] Paul Bowles escreveu livro [de Chester], alguma ligação com o livro de Truman Capote.

Lapsos de memória: esquecer o que foi dito cinco minutos antes

Paranoico: medo de um carro de polícia atrás[;] "todo mundo olhando para mim"; "por que há tantos carros?"; "por que tudo que falamos está sendo transmitido pelo rádio?"

Tema do bebê trocado (Alfred: "Não sou humano" (por causa do cabelo): "Eu sou um bebê trocado".)

...

Kif = "maconha"
Alto = "doidão"
Haxixe = "*hash*"

Comer num refeitório para pobres às sete horas da manhã na Medina. Com as mãos — depois lavamos (o proprietário despeja a água de um recipiente pequeno de plástico em cima das nossas mãos, em um balde de lata + depois oferece a parte de baixo do avental que está usando para que enxuguemos as mãos).

Paredes enegrecidas pela fumaça —
Um desenho de ladrilhos no piso, outro para as paredes (uma "máquina de sonhar") janelas dos quartos dão para um pátio interno —

Ler *Mil e uma noites* na tradução de Burton.
Pureza. Levar uma vida pura. Sem correio, sem telefone; não pedir, esperar; não publicar tudo o que se escreve (Noël citou o exemplo de Des Forêts)

Tetouan: o jardim comprido e estreito na parte espanhola da cidade. Muitos tipos diferentes de árvores. (Jardim de Gaudí em Barcelona.) Espec[ialmente] um tipo, de casca cinza-clara, muito alta — o tronco + galhos não redondos ou tubulares, mas talhados como um braço com duas tíbias e duas fíbulas. E as raízes escorrem, derretem sobre a parede — se esticam + se juntam com as raízes da árvore seguinte.

...

Consciência de outros países por meio do rádio. Posso pegar todas as estações espanholas (Sevilha etc.) com perfeita clareza num radinho de pilha em Tânger.

...

Definição escolástica de tempo como atualização de possibilidades.

Existe uma mentalidade *kif* que encontrei muitas vezes + nunca identificada (porque eu não a havia experimentado pessoalmente). Joe Chaikin é uma versão, Ira + Rosalind duas outras. Mais devagar. Relaxada. Todas as coisas são igualmente importantes, nada é muito importante. Nexos triviais, coincidências parecem notáveis. Sensação de estar protegido: tudo vai correr bem para a gente. Outras pessoas entram + saem de foco. Difícil ficar falando de um mesmo assunto muito tempo — a mente divaga. Grande apetite oral, muitas vezes esfomeada. Langor forte — vontade de sentar ou deitar. Muito fácil mudar de planos, seguir o momento. Cabeça nebulosa — tudo é "lindo" — a gente desliza para perto e para longe.

Isso é o que é a geração beat — de Kerouac até o Living Theatre: todas as "atitudes" são fáceis — não são gestos de revolta — mas produtos naturais do estado mental drogado. No entanto, qualquer um que esteja com eles (ou que leia seus livros) sem estar doidão os interpreta naturalmente como pessoas com a mente igual à que temos — só que insistem em coisas diferentes. Não nos damos conta de que eles estão em *outro* lugar.

Eu jamais trabalharia — escreveria — se fumasse muito *kif*. Sinto uma perda de energia. E me sinto isolada, sozinha (ainda que não mais infeliz por causa disso) —

Noël?

6/9/65 Tânger

Por um ano (idade, treze anos) levava sempre comigo, no bolso, as *Meditações* de Marco Aurélio. Tinha tanto medo de morrer — + só aquele livro me dava algum consolo, alguma firmeza. Queria ter o livro comigo, ser capaz de tocá-lo, no momento de minha morte.

Contar para Kemeny minha grande decisão — a decisão consciente que tomei quando eu tinha onze anos, ao entrar na Mansfield [Junior High School, em Tucson, no Arizona]. Nunca ter outra catástrofe como Catalina [Junior High, em Tucson]. (Arvell Lidikay [*amigo de infância de SS*] etc.) "Vou ser popular." E de novo, com mais competência, na NHHS [North Hollywood High School]

Entendi a diferença entre o exterior + o interior. Não faz sentido tentar ensinar a crianças de seis anos que o osso dos ombros se chama clavícula, ou para Judith [*irmã de SS*] o nome das 48 capitais dos 48 estados (eu com doze anos, as camas-beliche).

Eu era Gulliver em Lilliput + em Brobdingnag ao mesmo tempo. Eles eram fortes demais para mim e eu era forte demais para eles. Eu ia protegê-los de mim. Eu era de Krypton, mas ia ser o manso, o gentil Clark Kent. Eu ia sorrir, ia ser "legal"... E a política entrava no meio disso — aquilo era uma causa para defender ou um produto de uma consciência infeliz? Eu me sentia culpada porque era mais "sortuda" que os outros (Becky: o cavador de valas, ex-colega de classe na escola, que avistei no desfiladeiro enquanto ia para a UCLA no Pontiac de minha mãe).

Annette decidida a ser ilegível para os outros, os pés-rapados. (O sotaque, a maneira, a erudição ostentada.) Eu não insisti. Eu me tornei legível.

•

Bem, qual é o problema com os projetos de autorreformulação?

Os quatro escritores de alto escalão vivos:
Nabókov, Borges, Beckett, Genet

A mente dele é perfurada.

"Pintura informal."

Jasper [*Johns sobre Duchamp*]: "pintura de precisão + beleza da indiferença"

A fotografia é uma arte? Ou só uma bastarda, um aborto do cinema? Quando olha para uma fotografia bonita, Noël diz que pensa assim: Sua desgraçada, por que não se mexe?

Fotografia
Pintura ^   ^Cinema
(Lewis Carroll)   ([Henri] Cartier-Bresson,
Robert Frank)

Talvez a única fotografia satisfatória seja aquela posada, artificial, à maneira de uma pintura. (Como Lewis Carroll no século XIX.)

Seria defeito um filme parecer uma série de fotografias, de "*belles images*" [*belas imagens*]? (Como disse Harriet sobre *Outubro* [*filme de Serguei Eisenstein de 1927*] em Berlim Oriental em 1958)
Cf. ensaio de Blanchot sobre *The Athenaeum*

...

Novalis... viu que a arte nova não era o *livro* total, mas o fragmento. A arte do fragmento — a demanda de um discurso fragmentário, não para atrapalhar a comunicação, mas para torná-la absoluta. (Daí, o passado, ruínas se tornam acessíveis para nós.)

...

Alfred:

Tudo se apaga no meio de uma frase —

"não existe nada"
"Tenho a sensação de que o mundo inteiro está ouvindo tudo o que falo"
"Susan, o que está acontecendo? Tem uma coisa muito estranha acontecendo."
"Você está escondendo alguma coisa de mim."
"Acho que estou com sífilis, ou câncer."
"Susan, você parece tão triste. Nunca vi você tão triste."

Tânger:

Região rural da montanha Rif, de saia de algodão com listras vermelhas + brancas, blusa de algodão branco por cima — chapéu de palha de aba larga com quatro fitas penduradas nas abas, desde o topo — perneiras marrons de couro

Dá para ouvir os galos cantando ao raiar do dia em Tânger — burros por toda parte, camelos na frente de casa.

O hospital municipal na Medina — no muro que dá para o mar. Deve ter sido uma fortaleza: há canhões enormes e enferrujados no pátio.

Beni Makada — o hospital para doentes mentais da cidade: aplicam tratamento de choques elétricos em todo mundo.

Orson Welles, sobre a filha de nove anos: talvez ela se torne uma profissional; é uma menina muito boa, tem maneiras excelentes. O profissionalismo é uma espécie de boas maneiras...

...

[Alan Ansen disse que] em *Almoço nu*, uma subestrutura de narrativa, caracterização + descrição de lugar se dilui em "rotinas" — projeções fantásticas exaltadas de pessoas, lugares + ações, por outro lado + em notas de rodapé eruditas sobre drogas, doenças + hábitos de pensar sobre o outro.

O que torna a fantasia prazerosa
suportável
para a maior parte das pessoas é que em geral não queremos — na verdade — que a fantasia se torne realidade. (Sexo, sonhos de glória etc.) Acho as fantasias — de amor, ardor, sexo — insuportavelmente dolorosas porque estou sempre consciente de que se trata "só" de uma fantasia. Eu quero — eu exponho a carência —, mas isso não vai acontecer. Eu quero, demais.

Lessons with Eisenstein [de Vladímir Níji] (Londres: George Allen & Unwin, 1962)

Tânger:

Velho de turbante de barba comprida de cor laranja (hena)

Figueira + os canhões velhos (*c.* década de 1620) no jardim do Socco Grande

Carregadora de água que vende água pura da fonte que ela entorna num copo — depois joga em cima umas folhas reluzentes de louro para dar gosto

Hamid — irmão de Driss — emagrecido — sentado de pijama listrado — pernas penduradas na beirada da cama na enfermaria do hospital — bigode — um pé com gangrena, de meia — hena em todas as unhas de uma das mãos — a mãe + a irmã, Fátima, levaram pão para ele

Comer junto numa enorme cuia ou caçarola — com as mãos — cada um com um pedaço de pão para mergulhar

Filmes indianos (espetáculos) dublados em árabe, filmes europeus dublados em francês + espanhol (Ciné Lux, Ciné Alcázar, Ciné Rif, Ciné Vox, Ciné Goya, Ciné Mauretania etc.)

Um Cassino Municipal afastado do Boulevard Pasteur

7/9/65 Tânger

drogado = "doidão", "empapuçado"

Alfred: resolveu não comer fora de casa (medo de ser envenenado), não aceitou nem o café de Driss, uma noite dessas; vai vender o carro; acha que não tem mais um passaporte válido (a fotografia); quebrou o relógio de pulso de Driss porque achou que tinha um microfone escondido dentro —

["*Shitan*"] = palavra árabe para o diabo (cf. Satã) — aparece nos sonhos, impede que a gente grite

...

Pessoas do campo montadas em burros saindo de Tânger no fim da tarde de domingo — vieram para a feira — no fim da rua que vai da Medina até a Avenida de España, no porto

...

Garçom no rest[aurante] salpicando água de rosas nas pessoas a quem ele acabou de servir chá de menta — depois, põe no chá

"*nana*" = menta
"*attay*" = chá
b'salemma = até logo (*shalom*)

...

salpicar canela + açúcar (separado) no cuscuz

Alfred acha que é hermafrodita.

Ano passado, quando teve seu "ataque de loucura", ele mandou cinquenta exemplares de seu livro de contos para sua família + vizinhos — "assim eles vão me conhecer, porque sempre vivi me escondendo por ser muito feio; eu queria me expor mais" — incl[usive] para o pai (aos c[uidados] de seu advogado), que morreu quando ele tinha catorze anos

"Acho que sou um fracasso como escritor. Meus livros não vendem. Não sou um escritor tão bom quanto eu imaginava."

"Sabe, ninguém escreve um livro sozinho. Todos os livros são uma colaboração."

"Pensei, 'eu mereço morrer, eu traí os judeus'. E depois, na noite seguinte, Absalom (trabalha no Lion + Lizard) me ofereceu um copo de vinho de Málaga."

...

Visitantes de Tânger: Samuel Pepys, (cf. diário), Alexandre Dumas, Pierre Loti, [Nikolai] Rímski-Kórsakov, [Camille] Saint--Saëns, Eugène Delacroix, [André] Gide > Gertrude Stein, Djuna Barnes, Tennessee Williams, (Socco Chico em *Camino Real*), Paul Bowles etc. etc.

Ocupação portuguesa de Tânger (1471-1662) — expulsos pela frota inglesa do conde de Sandwich + tropas do conde Peterborough em 1662. Depois de destruir a maior parte da cidade, os ingleses foram embora em 1684 — perseguidos pelo exército de Ali ben Abdallah — continuou governada por sua família até 1844, isto é, foi "marroquina"

[Alan Ansen sobre] Burroughs —

The Soft Machine: a obra inteira se desenrola em estações de trabalho (sua ideologia passa por nós muito depressa, em seu caminho rumo ao descarte). Em resumo, a vitalidade original é sequestrada por escritores de roteiros de vida, que impõem a organismos vivos padrões *deathical* [*sic*] (embora seja possível atenuar um roteiro de vida, até o melhor roteiro de vida é inibidor e bastante hostil) com o propósito de autoengrandecimento. As vítimas se revoltam falando fora de hora + atirando de volta a palavra + imagem

A Máquina de Piscar de Ian Sommerville
A Máquina de Sonhar de Brion Gysin

Sobre uma mesa giratória com uma lâmpada elétrica no centro, colocar um cilindro perfurado (algumas ou todas as perfurações podem estar cobertas por um tecido diáfano de cores dif[erentes]) + começar a girar a mesa. Olhar atentamente para o cilindro

O resultado dev[eria] ser uma fragmentação da trilha de imagens equivalente à fragmentação da trilha sonora obtida na técnica de recortes. (Outro "controle", antes sugestivo do que minuciosamente regulatório, é uma atenção prévia à interconexão de trilha sonora + trilha de imagens — o soneto de Rimbaud sobre as vogais.)

Marroquino cuja garganta foi cortada estirado de costas ao nascer do dia nos fundos de uma casa de chá na Medina: alguém colocou folhas de figo sobre o pescoço a fim de cobrir o ferimento

A tristeza infinita da sala de jantar da Villa de France — décor "marroquino", conjunto musical húngaro de três homens (piano, violino, que também toca baixo + xilofone). "Cozinha francesa", turistas ingleses formais de classe média baixa, mais pirados (a

alemã maluca, de cara vermelha e óculos, que come sozinha + reclama da comida; os dois americanos, um de um metro e meio de altura, cabeça enorme, o outro alto, cabelo muito curto + óculos, prematuramente de meia-idade, que nem um professor ass[istente] de alguma faculdadezinha)
    — a cena toda parece uma sala de jantar de segunda classe no *Carpathia* em meados da década de 1930. Os garçons magros marroquinos usando fez que falam com a gente num francês ruim —

Uma velha senhora de setenta: parte da multidão que veio de Alexandria para cá quando o Egito se tornou moderno dez anos atrás —

Uma das razões por que eu não poderia ter um emprego + só escrever (como fez Alfred em NY) é que não suporto ter de pedir, ter dívida com alguém — como acontece quando a gente implora, toma emprestado + rouba para viver. Preciso ser independente, isto é, não confiar. Não apenas timidez de classe média —

Verbos: mergulhado, espalhar, aparafusado, condescender, empurrado, tombar, sacudir, rebolar, rastreado, disparar, içar, despejar, chacoalhar, acarretado, agarrar, vaiado, estalar a língua (esp[anhol]), o peito dele inflou, cintilar, carregar, farejou, resvalou, roído, infiltrado…

…

Pintura de Puvis de Chavannes no Panthéon (Paris)

Quanto o artista deve conhecer? (com Noël na Córsega)

Autoconsciência versus tábula rasa — Wittgenstein etc.

Dostoiévski achava que Eugène Sue era um grande escritor — hoje alguém pode achar?

Filmes de George Cukor... [*Segue-se uma lista completa.*]

Gíria rimada (*cockney*): Hamsteads = Hampstead Heath = *teeth* [dentes], *fire alarms* [alarmes contra incêndio] + *charms* [charmes], *arms* [braços], *German bands* [bandas alemãs] + *hands* [mãos], *loaf of bread* [fatia de pão] + *dead* [morto]

...

Tânger — pessoas em busca de uma experiência de *dépaysement* [*desorientação*] radical, em cujo contexto elas podem dar plena vazão a vícios proibidos (rapazes, drogas, bebida alcoólica)
Se você pira, todos são solidários, mas basicamente indiferentes. É responsabilidade sua — Não foi para isso que você veio? Cada um por si —

Tive a sensação de que havia entrado por engano no Charenton [*o hospício nos arredores de Paris onde Sade ficou preso*]. Nunca me senti tão alheia, perplexa, revoltada, fascinada — completamente "*dépaysé*" [*desorientada*] — desde aquele primeiro fim de semana com Harriet em S[an] F[rancisco], quando eu tinha dezesseis anos

Comunismo — por definição — regula a possibilidade de "*dépaysement*". Nenhuma estranheza. (Nenhuma alienação — isso está explicado, algo a ser superado.) Todos os homens são iguais, irmãos.

Nunca me dei conta de quanta conceitualização eu tomo como pressuposto nas conversas comuns, até conversar com Driss. "Há quanto tempo Alfred está assim?" envolve "quanto tempo" e "assim"

Sob o efeito de droga + maconha, tudo acontece duas vezes. Você diz uma coisa depois ouve a si mesmo dizendo aquilo.

...

Mandar para Noël:

Mimesis [de Erich Auerbach]
Yoga, de Eliade
Evangelho de Tomás
Estações
Investigações filosóficas [de Wittgenstein]

...

Romances sobre *obsessão* erótica: Balzac, *La Fille aux yeux d'or* [*A menina dos olhos de ouro*], Louÿs, *La Femme et le pantin* [*A mulher e o fantoche*], Rachilde, *Monsieur Venus* (Raoule, o sucessor demente de Mathilde em *Le Rouge et le noir* [*O vermelho e o negro*, de Stendhal]

Onde situar *Mlle. de Maupin* [de Théophile Gautier]?

16/9/65 Paris

As principais técnicas para refutar um argumento:

Descobrir a incoerência
Descobrir o contraexemplo
Descobrir um contexto mais amplo

Exemplo de (3):

Sou contra a censura. Em todas as formas. Não só o direito das obras-primas — arte elevada — de serem escandalosas.

Mas e quanto à pornografia (comercial)?
Descobrir o contexto mais amplo:
Noção de volúpia à la Bataille?

Mas e quanto às crianças? Nem mesmo para elas? Quadrinhos de horror etc.
Por que proibir quadrinhos quando podem ler coisas piores nos jornais todo dia? Bombas de Napalm no Vietnã etc.

Uma censura discriminatória/justa é impossível.

9/9/65 Tânger

[*Este caderno tem uma fotografia de Virginia Woolf colada com fita adesiva na primeira página, com uma citação de Webern de uma frase de Friedrich Hölderlin, "viver é defender uma forma", na segunda página e, na terceira, uma fotografia do dançarino Rudolf Nuréiev, com as palavras "morava perto de uma ponte, de um túnel" escritas embaixo.*]

Guaon, Jellalah, Ishiwa, Hamacha > > > Grupos de transe (cultos, cada um com seu santo próprio)

Jellalah (ou Djellalah): doze ao todo, nove homens + três mulheres

No auge da dança (às vezes), eles abraçam pés de cacto, pegam (comem?) brasas, bebem sangue, estraçalham galinhas vivas + comem, se chicoteiam ou se cortam com facas

Uma das mulheres pôs uma mordaça na boca

Uma teve ânsias de vômito, espasmos depois, outra soluçava.

— Em casos graves, uma massagem; se não funciona, respiração artificial — e um copo de água

Uma mulher, depois, saudou todo mundo na sala com um sorriso e um beijo. (De gratidão?)

A primeira mulher a "entrar" foi abraçada — (mulheres cuidam de mulheres, e homens...) — depois as pessoas aos poucos ficaram menos afetuosas e solícitas umas com as outras

Homem (negro) que raspa a cabeça, que tirou o turbante branco + ficou esfregando a cabeça. (Sentado no chão.)

Roupa cinzenta comprida nas mulheres

Ela tirou a roupa por trás, sem impedir seus movimentos

Três possibilidades:

um conto ou novela independente — "A dança" — sobre um evento + alguém que observa + tenta interpretar (como em "A colônia penal" [de Kafka])*

Parte II de "A organização" — a antítese dos judeus da Parte I (isto é, um substituto ou uma alternativa para a Org) [*SS escreveu um conto intitulado "A organização" e em meados da década de 1960 pensou em transformá-lo no cerne de um romance baseado, em certo grau pelo menos, nos círculos gurdjieffianos que ela encontrou em Londres por intermédio do diretor de teatro inglês Peter Brook e da atriz americana Irene Worth.*]

Uma interpolação — alguém conta uma história — no romance sobre T[homas] F[aulk]

*um observador que pensa:

1. Isso é arte?
2. Não, é psicoterapia
3. Não, é sexo
4. Não, é religião
5. Não, é comércio, entretenimento
6. Ou será um jogo?

Doze músicos
Cada um toca em seu próprio ritmo (todos os ritmos são muito semelhantes, têm a mesma raiz —: pode provocar — quem é?

É sua vez. Eles a empurram para a frente.

Por que ela volta uma segunda vez?

não basta — precisa de mais (como remédio)

o grupo a está castigando — a obriga a passar por aquilo uma
segunda vez (não pode escapar)
exibição, competição como para ver quem é mais resistente
glutonaria

Posso fazer várias coisas com isso:

Uma vez comandada de fora — outra vez ("A dança"), de
dentro

O que o herói de "Org" vê na Parte II é *uma* de várias interpretações levantadas pelo espectador em "A dança"

[*Aqui, SS volta à dança que viu em Tânger, embora não esteja
claro em que ponto termina a descrição do que ela presenciou e começa o esboço de uma obra de ficção.*]

A dançarina pode "virar para baixo" um instrumento (por
exemplo, pratos) e chegar perto — enterrar a cabeça entre as flautas.

Eles estão tocando para ela; trocam olhares sagazes — sentem
seu poder — eles a "têm".

Às vezes, parecem ter pena e fazem um interlúdio menos
violento, por um momento —

Os olhos dela estão fechados — sua boca fica aberta.

Ela não usava sutiã —
Por baixo do *djellabah* bonito e cinzento havia um *rif* de listras vermelhas enrolado. Ela estava com vergonha?

Achei que ela ia beijá-la e beijou mesmo —

Elas estão satisfeitas uma com a outra —

Queimam incenso (*jawi*) + seguram o pote embaixo das narinas da dançarina. Na verdade, há dois tipos de incenso — um mais forte + mais caro do que o outro. Será que entorpece ou não?

Estão falando sobre alimentos — enquanto ela "entra"; não é o ritmo *delas*. Um momento antes...

Em muitos pontos o espectador se sente excitado sexualmente.

Estão rezando para o santo, alguém conta para ele.

17/9/65 Paris

Mme. Edwarda [de Bataille] não é apenas um *récit* [*a palavra "obra" está riscada na entrada*] com um prefácio, mas uma obra em duas partes: ensaio e *récit*.

Barthes, *Michelet*

Honra. Honra. Honra. Estar no melhor de si o tempo todo (como Léon Morin [*no filme de 1961 de Jean-Pierre Melville*, Léon Morin, o padre]).

A puta americana
A mulher cujos padrões éticos mais elevados o homem pode, afinal, alcançar, ser "digno" do amor dela. (Como em *Fúria*, de Fritz Lang, Spencer Tracy + Sylvia Sidney)

Dois tipos de mulher, mitos exclusivamente americanos

17/9/65 (no avião para NY)

Ideal, para Hemingway: "graça sob pressão"

Sartre: "Quando as opiniões das pessoas são tão diferentes, como podem sequer ver um filme juntas?".

[Simone de] Beauvoir: "Sorrir para os oponentes e amigos do mesmo modo é rebaixar nossos compromissos à condição de meras opiniões, e todos os intelectuais, de esquerda ou direita, à sua condição burguesa comum".

Comparar:

Dor não pode ser convertida em outra moeda

Não existe moeda em que a dor pessoal possa ser convertida

22/9/65 NY

Como terminar o capítulo I:

T[homas] F[aulk] tem visão da irmã como manequim ou boneca

...

Estilo barroco: o conceito

[Richard] Crashaw (poesia)

[Gian Lorenzo] Bernini (escultura) — cf. *Santa Teresa*

4/10/65

Ir do preto + branco para cor (filmes):

Escada para o céu [de Michael Powell]
Céu e inferno [de Akira Kurosawa] — fumaça amarela
Jack, o estripador [de Monty Berman e Robert S. Baker] —
sangue
Corredor do choque [de Samuel Fuller]
À Valparaiso 2/3 [*em preto e branco*], de [Joris] Ivens > sangue
> 1/3 [*em cor*]
Ivan, o terrível, Parte II [de Serguei Eisenstein]
Noite e neblina [de Alain Resnais]
A tortura do medo [de Michael Powell] (filme colorido; tomadas das memórias [em preto e branco] são no passado)

[*A próxima entrada de filme é precedida pela anotação de SS
"acrescentado em junho de 1966":*]

[Serguei] Paradjánov, *Os cavalos de fogo* [*também conhecido
como* Sombras dos ancestrais esquecidos]

Desenvolver princípio em cada caso

Conversa com Paul [Thek] no Ratner's [*uma delicatessen
aberta dia e noite no East Village em Nova York, popular na década
de 1960*]

Trabalho em T[homas] F[aulk]:

O interior + o exterior
— uma lagarta
— a forma de uma lagarta, mas a pele não é orgânica (como um estojo, uma caixa) + brilhante, policromática

Metamorfose
— rostos feitos de cera —
verossimilhança?
Cabelo arrepiado, durante a transformação em lobisomem
— formas de serpente — enormes — embora mecanizadas

Uma arte que é sádica com relação ao seu objeto (o aprisiona) mais do que em relação ao público

Pôr o tema atrás de grades — nexo com o voyeurismo, sadismo sexual reprimido

[*Aqui, SS retorna ao projeto Thomas Faulk:*]

T. F. gosta de olhar para fotos de aberrações, atrocidades etc.

[*De passagem, SS anota:*] Toda arte encarna uma fantasia sexual —

T. F. não está atuando no intervalo entre arte + vida, mas aumentando a "vida" — erguendo as possíveis opções não preenchidas numa gama ou escala imaginária — como um homem com um colarinho cromado + guelras nos ombros (cf. homens do espaço de Burroughs, *The Ticket That Exploded*)

"Isso não existe, portanto eu o criei"

Legalismo da sociedade americana:
Último recurso: "É a lei", e isso funciona. O recurso à lei substitui o apelo à tradição, à autoridade da classe social etc. E em nenhum outro país os tribunais — Esp[ecialmente] a Suprema Corte — têm tanto poder.

Não existe nenhuma mensagem nesse romance ["Thomas Faulk"], em troca (como disse Valéry acerca de uma ópera de Glück) um "mecanismo perfeito para movimentar as emoções".

Dist[inguir] sensação + emoção

[*Perto desta entrada, SS escreveu dois pontos de interrogação.*] "romances novos são Humianos, atomísticos, da maneira errada"

...

Camus (*Cadernos*, v. ii): "Será que existe um diletantismo trágico?".

O que mais me comove na arte (na vida): nobreza. É isso que mais amo em Bresson [*nos filmes do diretor de cinema francês Robert Bresson*] — sua referência ao homem como um ser nobre.

Para "T. F.": A elevação + equanimidade do ensaio de Sartre sobre [Paul] Nizan

Ao reler esse ensaio, me dou conta de como Sartre foi importante para mim. Ele é o modelo — aquela abundância, aquela lucidez, aquele conhecimento. E o mau gosto.

...

13/10/65

Dois argumentos contra discutir a natureza *formal* da arte +
contra o próprio conceito de "arte" (pressuposto em meu ensaio
sobre Estilo)

...

15/10/65

Comprar contos de Poe!

Desgaste do sucesso: dispersão de energias

A catástrofe (para um artista) de ter uma retrospectiva; todas
as suas obras subsequentes se tornam póstumas

obra de arte como um jogo
paradoxos conceituais na pintura moderna
Crítico: esgotando suas possibilidades

O crítico + o Artista Criativo — duas posições diferentes. Um
cultiva sua objetividade (conhecimento); o outro, sua subjetividade (ignorância?). O crítico sujeita a si mesmo, se permite ser
bombardeado por estímulos contraditórios. Tem de permanecer
aberto, contudo uma o-d-a [obra de arte] *pode* cancelar a outra

Tentar ver *Túmulo sinistro* ([*filme de 1964 de Roger*] Corman)
+ *Os crimes do museu* [*filme de 1933*] (versão original + *remake*
c[om] Vincent Price) [Museu de cera, *filme de 1953 de André de
Toth*]:

Cera s[em] armação derrete homem c[om] rosto bonito —
tenta estuprar uma jovem — ela agarra o rosto dele — o rosto é
arrancado — por baixo, um monstro

17/10/65

A energia de Gadda [*o escritor italiano do século XX Emilio
Gadda*] — + a sexualidade de sua reação às pessoas

Vivi tudo o que tenho para viver? Agora uma espectadora,
tranquilizada. Que vai para a cama com o *New York Times*. Mas
dou graças a Deus por esta paz relativa — resignação. Enquanto
isso o terror subjacente aumenta, se consolida. Como alguém
ama?

Uma longa convalescença. *Estou* resignada a isso. Sob a tutela
de Diana [Kemeny], vou encontrar minha dignidade, meu autorrespeito.

Um momento de retrocesso: as notícias da Califórnia. Reunião de Judith com Bob ("final feliz") me fez sonhar por uma hora
com ————

Mas não devo pensar no passado. Tenho de ir em frente, destruindo minha memória. Quem dera eu sentisse alguma energia

real no presente (algo mais do que estoicismo, ser um bom soldado), alguma esperança no futuro.

Não estou vendo ninguém, é verdade. Paul [Thek] está ficando distante, se apagando. Fiquei em casa esta noite. O telefone não
tocou. Era o que eu queria, não era? Não *essas* pessoas...

O conto policial (Gadda, "Un crime"). Todo contado do
ponto de vista dele.

[*Conversa com o escritor americano Stephen*] Koch [sobre]
Borges:

Adiamento indefinido da revelação (: oposto de poesia; cf.
Rimbaud: poesia deve ser revelação ou nada.)

Ficciones [de Borges] = ilustrações da relação problemática
de (+ com) o mundo "real"; parte de um diálogo extremamente
ponderado com o "mundo"; todos exemplos de um ato humano
fundamental. (O mundo é um padrão de ambivalências insolúveis, do qual sua estética é uma interpretação.) Alegorias de ambivalência completa. Unidade só existe no fim do labirinto.

Daí, Borges um artista de ideias. Mas *resiste* à distinção convencional arte-vida.

Carreira baseada na fé na Palavra, um *Logos* eterno (cf. estudos de Carlyle, Hawthorne, Pascal). Uma série de metáforas, todas
imagens de regressão infinita... Deus é regressão infinita: Ele está
oculto, mas Sua profundidade labiríntica infinita também é sua
diversidade.

Problema de "sentido". (Não paixão)

Postula para o artista uma impessoalidade ideal. (Daí B[orges] muitas vezes acusado de frieza). B[orges], o maior artista vivo entre os contemplativos.

Ler o ensaio de Huizinga [*o historiador holandês Johan Huizinga*], "A missão da história cultural".

18/10/65

T. Faulk, como Hippolyte [*protagonista de* O benfeitor], termina aprisionado na própria casa. A única diferença é que no romance novo a *coerção* + a *dor* daquela "decisão" (derrota) estão expostas.

No entanto, é a mesma história. Manietada + flagelada pelos pais terríveis, disfarçada de senhora de meia-idade e de amiga mais velha (antes) e agora de irmã mais velha e de amiga mais velha (agora).

21/10/65

Um título maravilhoso para T. Faulk:

The Eye and Its Eye (livro pub[licado] pelo escritor surrealista George Ribemont-Dessaignes após a Primeira Guerra Mundial)

comprar: Georges Lemaître, *From Cubism to Surrealism in French Literature* (Harvard U.P, 1947)

Julien Levy, *Surrealism* (NY: Black Sun Press, 1936)

Mais *stills*: [*SS colecionava* stills *de filmes.*]

Dietrich de smoking
[*Uma tomada do filme do diretor russo Abram Room de 1927*]
Na cama e no sofá
[*Laurence Olivier em*] *O Morro dos Ventos Uivantes*

Dois tipos de cera:

cera pura de abelha: é branca, translúcida; quando derretida, fica clara + transparente

cera de carnaúba (mais c[ara]): opaca — cor de laca, marrom-clara — vem em lascas — quando derretida, fica translúcida — derrete numa temperatura mais alta

[Salvador] Dalí: "A única diferença entre mim e um louco é que eu não estou louco".

7/11/65

Picasso: "uma obra de arte é um cúmulo de destruição"

Com D. G. [*Richard Goodwin, escritor americano e ex-redator de discursos e assistente do presidente Lyndon Johnson, que mais tarde trabalhou para Robert Kennedy e rascunhou o Discurso sobre o Estado da União de 1966; SS teve um breve envolvimento com ele*] todo um novo continente de neuroses à vista. (Atlântida) Quem sou eu. Não vou deixar que "eles" tomem isso de mim. Não vou ser aniquilada. (Algo que eu não entendia! Ela [*a mãe de SS*] só via que eu flertava um pouco, e exagerava *isso*.) As mulheres aceitam que eu sou uma pessoa — pelo menos, a maioria; as Jackie Kennedy não me incomodam porque são muito exóticas — enquanto "eles" me veem primeiro como mulher, e depois como pessoa.

Maior influência sobre Barthes: ler [Gaston] Bachelard (*Psicanálise do fogo* — depois livros sobre terra, ar + água), depois [*o sociólogo e antropólogo francês Marcel*] Mauss, etnologia estrutural + é claro, Hegel, Husserl. A descoberta do p-d-v [ponto de vista] fenomenológico. Então podemos olhar para *qualquer coisa* + vai gerar ideias novas. *Qualquer coisa*: uma maçaneta, Garbo. Imagine ter uma mente como a de Barthes — que sempre trabalha... Mas Blanchot na verdade começou.

Os dois maiores e mais influentes críticos — Valéry; depois Blanchot

8/11/65

Durante 2/3 de [The] *Private Potato Patch* [de Greta Garbo, peça de J. Roy Sullivan no Judson Poet's Theatre] eu queria *ser* Garbo. (Eu a estudei; queria assimilar Garbo, aprender seus gestos, sentir como ela se sente) — depois, no final, comecei a querer Garbo, pensar nela sexualmente, querer possuí-la. O desejo sucedeu a admiração — à medida que minha visão dela se aproximava do fim. A sequência de minha homossexualidade?

[*A atriz americana*] Joyce Aaron: Ela exprime tudo o que sente. Desabafo instantâneo. (Estar em contato com os sentimentos. Não ter sempre os sentimentos deixados para trás — "*esprit de l'escalier*" crônico.)

Fazer uma peça (com canções?) de "A boneca" [*conto de SS*]? Transformações (da obra de Joe [Chaikin]).

...

Em NY, pouca ou nenhuma "comunidade", mas um grande sentimento de "cena". O que começou em Londres agora — últimos dois anos.

Meu maior prazer nos últimos dois anos veio da música pop (The Beatles, Dionne Warwick, The Supremes) + música de Al Carmines.

Falei para [*o cartunista americano*] Jules Feiffer noite passada na festa de Fellini que eu ia processá-lo!

No próximo apto. vou ter um monte de plantas, amontoadas.

Escrever um ensaio para a antologia de Don Allen, "Rumo a uma nova poética".

Joe [Chaikin] não é muito sensível.

D[ick] G[oodwin] diz que sabemos que não podemos confiar em que alguém vai ser discreto se ele ou ela 1) tem um caráter forte; 2) é um juiz sagaz das pessoas; 3) não faz fofoca de si mesmo. Por exemplo, Lillian [Hellman] não passa no teste porque é 1) + 3) mas não 2).

12/11/65

Filmes, desde que voltei para NY (17 de set.)

Festival [*de Cinema de Nova York*]:

Kurosawa, *Barba Ruiva* — [Toshirō] Mifune
Visconti, *Vaghe Stelle...* (*Vagas estrelas da Ursa*) [Claudia]
    Cardinale
Franju, *Thomas L'Imposteur*
[Jerzy] Skolimowski, *Walkover*
[Marco] Bellocchio, *Pugni in tasca* (*De punhos cerrados*)
Godard, *Le Petit Soldat* (*O pequeno soldado*) — [Anna] Karina

[*Visto em outro lugar:*]
[Richard] Lester, *Help* — Beatles
[Jean] Renoir, *Les Bas-Fonds* — [Louis] Jouvet, [Jean] Gabin
[Roman] Polanski, *Repulsa ao sexo* — Catherine Deneuve
Visconti, *La terra trema* (*A terra treme*)
[Arthur] Penn, *Mickey One* — Warren Beatty
[Frédéric Rossif,] *Morrer em Madri* [*produzido pela compa-
    nheira de SS, no final da década de 1960 e início da década
    de 1970, Nicole Stéphane*]
[D. W.] Griffith, *A melodia do amor* — Lupe Vélez
[Bert I. Gordon,] *A cidade dos gigantes*
[Otto] Preminger, *Bunny Lake desapareceu* — Olivier, Keir
    Dullea
[Walter Grauman,] *A fúria de viver* — Suzanne Pleshette
[Jack Arnold,] *O rato que ruge* — Peter Sellers
[Charles Crichton,] *O mistério da torre* — [Alec] Guinness
[Clive Donner e Richard Talmadge,] *O que é que há, gatinha?*
    — Peter O'Toole

Fellini, *Julieta dos espíritos*

[John Schlesinger,] *Darling*— Julie Christie, Dirk Bogarde

Sternberg, *A última ordem* (1928) — Emil Jannings

Lang, *A verdade e o medo* (1956) — Dana Andrews, Joan Fontaine

Lang, *O diabo feito mulher* (1952) — Dietrich, Mel Ferrer, Arthur Kennedy

Sternberg, *As docas de Nova York* (1928) — George Bancroft, Betty Compson, Baclanova

[Don Sharp,] *A face de Fu Manchu* — Christopher Lee

[Franklin Schaffer,] *O senhor da guerra* — Charlton Heston

[William Castle,] *Eu vi que foi você*

Mervyn LeRoy, *Quo Vadis* — Robert Taylor, Deborah Kerr, Peter Ustinov, Leo Genn

Um problema: a *escassez* da minha escrita — é parcimoniosa, frase a frase — arquitetônica, discursiva demais

Temas:

O assassinato "ritual" de um mendigo velho e indefeso — execução cerimonial de um pária, praticada por matadores desconhecidos numa casa deserta perto de The Elephant + Castle — ou o assassinato, cometido por um bando de desastrados, de um bebê abandonado num carrinho

Um pai que tiraniza a filha

Duas irmãs incestuosas

Uma nave espacial aterrissou

Uma atriz de cinema que envelhece

McLuhan — Arte é um APD, sistema de Alerta Precoce de Defesa.

Problema de Paul [Thek] no momento: uma cobra quadrada, pele de metal, pontas de carne e sangue. Como fazer o orgânico ("carne") + o antiorgânico (o cilindro quadrado, o metal + tinta spray metálica) se juntar

O que me interessa na narrativa:

Os *elementos* da narração (daí, eu gosto de romper a narrativa em seções curtas — um texto contínuo me parece problemático, talvez até fraudulento)
O detalhe não essencial — o que fratura a realidade (mais do que a verossimilhança)

...

13/11/65

Jasper Johns [*sobre Duchamp*]: "pintura de precisão e beleza da indiferença"

A zona Zero: a zona de nossas expectativas ilimitadas

Um prólogo à maneira da história de [Laura] Riding:
No começo era a Org — as pessoas fortes + as pessoas fracas —

14/11/65

O livro está ficando mais claro em minha mente e quero escrever depressa, terminar a versão inicial em janeiro. Se escrever cinco páginas por dia, em sessenta dias vou ter trezentas páginas.

...

16/11/65

...

Laura Riding: placa acima de sua cama: DEUS É UMA MULHER

...

LSD: tudo se decompõe (sangue, células, arame) — nenhuma estrutura, nenhuma *situação*, nenhum envolvimento. Tudo é *física*.

...

20/11/65

Manter um *diário de imagens*. Uma por dia.
Hoje: cinco noivas imóveis (num quadro) sobre um palco branco e nu. Um negro — ossos malares salientes
Luz de cima para baixo é delicada, luz de baixo para cima é cruel. De uma mulher, quando a luz ilumina de baixo para cima, dá para ver como ela seria aos sessenta anos.

Fita — com câmera de eco "eu-eu-eu-eu"

"Não é você" (voz de menino)

"Sou eu"

...

para "O Pássaro":

Observar a forma do romance inglês do século XVIII, antes de se enrijecer. Defoe, [Samuel] Richardson, [Henry] Fielding, Sterne: aqui também se poderiam misturar "meios" —

Passagens de ensaio (erudição etc.), poesia etc., bem como história.

Um futuro do romance está na forma com meios misturados. Exemplos:

Ulysses

Almoço nu (roteiro de filme, "erudição" etc.)

Fogo pálido (poemas, notas etc.)

The Octopus Papers [de Burt Blechman]

Que tal "A organização" como uma forma de meios misturados >

...

Função do tédio. Boa + ruim

[Arthur] Schopenhauer o primeiro escritor imp[ortante] a falar sobre o tédio (em seus *Ensaios*) — o classifica no mesmo nível da "dor" como um dos males gêmeos da vida (dor para os destituídos, tédio para os abastados — é uma questão de riqueza).

As pessoas dizem "é entediante" — como se isso fosse um padrão final de argumentação e nenhuma obra de arte tivesse o direito de nos causar tédio.

Mas a maior parte da arte interessante de nosso tempo *é* entediante. Jasper Johns é entediante. Beckett é entediante, Robbe-Grillet é entediante. Etc. etc.

Talvez a arte *tenha* de ser entediante agora. (O que obviamente não significa que arte entediante seja necessariamente boa — é óbvio.)

Não devemos mais esperar que a arte entretenha ou divirta. Pelo menos, não a alta arte.

O tédio é uma função da atenção. Estamos aprendendo novos modos de atenção — digamos, favorecer mais o ouvido do que o olho — mas enquanto trabalharmos no antigo modo de atenção acharemos X entediante... por exemplo, ouvir antes pelo sentido do que pelo som (ser orientado demais para a mensagem). Possivelmente após a repetição da mesma única frase ou plano de linguagem ou imagem por um longo período — num determinado texto escrito ou peça musical ou filme, se ficarmos entediados, devemos nos perguntar se estamos operando no modo de atenção correto. Ou — talvez estejamos operando em *um* modo correto, quando deveríamos estar operando em dois ao mesmo tempo, assim dividindo ao meio o fardo em cada um (como sentido *e* som).

Mailer diz querer que seus escritos mudem a consciência de seu tempo. O mesmo dizia D. H. L[awrence], obviamente.

Não quero que os meus façam isso — pelo menos não nos termos de um ponto de vista particular ou visão ou mensagem que eu estiver tentando transmitir.

Eu não.

Os textos são objetos. Quero que eles afetem os leitores — mas de inúmeras maneiras possíveis. Não existe nenhum modo correto para experimentar o que escrevi.

Não estou "dizendo algo". Estou permitindo que "algo" tenha uma voz, uma existência independente (uma existência independente de mim).

Penso, penso de verdade, apenas em duas situações:

na máquina de escrever ou quando estou escrevendo nestes cadernos (monólogo)
conversando com alguém (diálogo)

Não penso de verdade — apenas tenho sensações, ou fragmentos rompidos de ideias, quando estou sozinha sem meios para escrever, ou não estou escrevendo — ou não estou conversando.

Escrevo — e converso — a fim de descobrir o que penso.

Mas isso não significa que "eu" "penso" "de verdade" isso. Significa apenas que esse é meu pensamento quando estou escrevendo (ou quando estou conversando). Se eu tivesse escrito em outro dia, ou em outra conversa, "eu" talvez "pensasse" de modo diferente.

Esta é a extrapolação/interpretação mais útil que se pode fazer com o que Sócrates disse sobre "diálogos" versus "tratados" na Sétima Carta.

Aqui está o que eu quis dizer na quinta-feira à noite quando falei com aquele palerma ofensivo que me apareceu depois daquele debate no MOMA [*o Museu de Arte Moderna*] para reclamar de meu ataque contra [*o dramaturgo americano Edward*] Albee: "Não garanto que minha opinião esteja correta", ou "só porque eu tenho opiniões, isso não significa que estou certa".

...

21/11/65

Gustav *Klimt* — pintor (contemporâneo de [Gustave] Moreau) — erótico
Exposição no ano passado no Guggenheim — obter catálogo
A maior parte de suas obras está em Bruxelas + Viena

A ficção curta ("conto") não faz nenhum sentido — praticamente tudo de bom tem de ter cem páginas de extensão

Carlos [*o crítico de cinema cubano-americano e amigo de SS, Carlos Clarens*] (*Dorian Gray*) — desde que o conheço, durante todos esses anos, ele não aparenta ter ficado nem um pouco mais velho; o mais surpreendente, ele também não ficou nem um pouco mais inteligente

...

Filmes para ver:

A noiva + a besta (1948?) — a noiva na verdade foi um gorila numa encarnação passada, "Lulu" (Asta Nielsen) [*em* Erdgeist, *de Leopold Jessner, 1923*]

Ler Sheridan Le Fanu, *Carmilla* (> [*o cineasta francês Roger*] Vadim, *Et* |*Mourir de Plaisir* [*Rosas de sangue*]))

...

24/11/65

Lillian [Hellman] identificada com Becky Sharp [*em* Vanity Fair, *de William Makepeace Thackeray*] — sempre quis ser uma piranha, para seduzir as pessoas.

Eu nunca consegui deixar de admirá-la e invejá-la por ser capaz de jogar o dicionário de volta na cara da professora cretina. Toda aquela conversa manipuladora com os homens estava distante de mim.

Análise: duas ou três cataratas caíram de meus olhos. Virão mais cem?

Eu gozo toda noite entre duas e três da madrugada. *The New York Times* é meu amante.

...

Truque: perguntar o que isso significaria se *eu* o estivesse fazendo. (Noutras palavras: será que *eu* preciso, é o mais provável, ter um sentimento hostil ou ruim em relação a alguém para fazer ou dizer aquilo?)

Eu tomo as palavras literalmente — como se estivessem escritas. Não como se estivessem sendo ditas por alguém com um motivo ou um sentimento sobre *mim* por trás delas. Sinto que eu seria presunçosa — daí meu "*esprit de l'escalier*" crônico.

Causa

medo de admitir o erro das exigências de mamãe + comportamento (portanto eu seria hostil, a rejeitaria + onde eu estaria?)

revigorada por minha descoberta de livros —
comunicação impessoal, palavras *não* dirigidas a *mim*

desenvolvimento da objetividade > viés crítico: texto é independente do autor

...

Duchamp: "Instalar medidores de ar. Se alguém se recusar a pagar, desligar o ar".

Jasper: "E se a placa na rua dissesse CORRA ou CORRA PARA SALVAR A VIDA". (Uma mulher atravessa a rua quando pisca o sinal de SIGA.)

...

25/11/65

Minha "capacidade" de absorver informação; minha necessidade de me orientar em termos de fatos

Onde estou? Estou em Tânger, uma cidade de 300 mil habitantes no Marrocos (rei Hassan II) que no passado fez parte do Marrocos espanhol + depois se tornou uma cidade livre até 1956 etc. etc.

Falso apaziguamento da ansiedade —

Onde estou?

Grandes obras de arte não realizadas: *Uma tragédia americana*, de Eisenstein

Filmes que vi quando criança, quando foram lançados:

NY

20 mil anos em Sing Sing
Serenata prateada
Flores do pó
Evocação
Fantasia (1940)
Que espere o céu
Um rosto de mulher
Uma loura com açúcar

[Educação] para a morte
Por quem os sinos dobram
Os irmãos corsos
Branca de Neve + sete anões
A canção da vitória
Rebecca
O mágico de Oz
Horas de tormenta
Nascida para o mal (1942) irmãs — [Bette] Davis
A sombra de uma dúvida
Sahara
Cidadão Kane (1941)
O grande ditador
Minha amiga Flicka (1943)
O ladrão de Bagdá
Ídolo, amante e herói
Lady Hamilton
A estrela do norte
Rosa de esperança
O jovem Thomas Edison (1940)
The Atchison, Topeka + Santa Fe [*SS está se referindo ao título*
de uma canção de As garçonetes de Harvey (*1946*)]

1943-6 (Tucson + verão de 45 em LA)

Devoção Ida Lupino
O morro dos ventos uivantes
Alma em suplício
Uma vida roubada [— Bete] Davis
Quando fala o coração
Os melhores anos de nossas vidas
Duelo ao sol

Desencanto
Notorious (Interlúdio)
Atrás do sol nascente [*também conhecido como* Sol nascente]
    — Sylvia Sidney
Wilson
Só resta uma lágrima
À noite sonhamos — Cornel Wilde, Merle Oberon (George
    Sand representada por Merle Oberon)
A canção de Bernadette
Jane Eyre
Relíquia macabra
A estalagem maldita — Charles Laughton, Maureen O'Hara
À meia-luz
Vendaval de paixões
Casablanca
Trinta segundos sobre Tóquio

26/11/65

O benfeitor como uma meditação sobre Descartes. Esqueci isso! Até Bert Dreyfus [*amigo de SS*] falar do assunto hoje — porque passei os últimos sete anos de minha vida com analfabetos e me acostumei demais a nunca sequer *mencionar* nada que depende do conhecimento de livros.

Acho a [psic]análise humilhante (entre outras coisas); fico embaraçada com minha própria banalidade. Sinto-me reduzida. Esse é o motivo por que me preocupo por ela ser uma relação antes "profissional" do que "pessoal".

O conhecimento tem a ver com uma consciência *corporifica-*

da (não apenas uma consciência) — essa é a grande questão negligenciada na fenomenologia de Descartes + Kant até Husserl + Heidegger — Sartre + [*o filósofo francês do século XX Maurice*] Merleau-Ponty começaram a tratar disso.

O que é um corpo (humano)? — ele tem uma frente + as costas, a parte de cima + a parte de baixo, direita + esquerda — sua funcionalidade assimétrica está no fato de que ele se move *para a frente* no espaço.

Relação do corpo com os prédios. (O que satisfaz a consciência do corpo — por exemplo, nenhuma obstrução, destroços que impedem o movimento para a frente.) Cf. último capítulo de *Architecture of Humanism*, de Geoffrey Scott.

29/11/65

Fim de semana com Jasper [*com quem SS se envolvera antes, naquele ano*]

Nada que é *dito* é verdade (embora nós possamos *ser* a verdade).

Longos silêncios. Palavras pesam mais, se tornam palpáveis. Sinto minha presença física num dado espaço quando falo menos.

De tudo que é dito, podemos perguntar: *por quê?* (inclusive: por que eu devo dizer isso?)

Tudo se torna misterioso com Jasper. Eu penso — eu não opino nem dou (ou solicito) informação.

Inteligência não é necessariamente uma coisa boa, algo para valorizar ou cultivar. É antes algo como uma quinta roda — necessária ou desejável quando as coisas desabam. Quando as coisas vão bem, é melhor ser burro... A burrice tem tanto valor quanto a inteligência.

Não generalizar. Não: eu sempre e geralmente faço isso ou aquilo, mas: eu fiz, então. Também: não prever o comportamento futuro. Não sabemos o que vamos fazer ou sentir naquela situação (ou: como será aquela situação). E não, não convide outras pessoas para fazer generalizações sobre si mesmas.

Boa pergunta: o que aquele homem está fazendo? (agora) Você quer isso (agora)? Etc.

Como é desagradável a reação — resposta das outras pessoas à minha obra, de admiração *ou* oposição. Eu não quero reagir a isso. Sou crítica o bastante (+ sei muito bem o que está errado).

O bom em dizer "é belo", em referência a uma obra de arte, é que quando dizemos isso não estamos dizendo nada.

Gosto de me sentir tola. É assim que sei que no mundo existem outras coisas além de mim.

O que significa dizer: Por favor, vá até lá. Onde?

Porque você fede
Porque eu quero tirar sua foto
Porque eu quero jogar bola com você
Porque eu quero que essa viga caia em cima da sua cabeça

Jasper não gosta que as coisas fiquem definidas. (O artigo de Kozloff [*o crítico americano Max Kozloff*]: Duchamp é isso, ele é aquilo; Duchamp é isso, ele é aquilo.) Isso deixa as coisas fechadas.

Se definimos que elas não são fechadas, não são.

De G[ertrude] Stein —

O destino de uma obra de arte é tornar-se um clássico. A principal característica de um clássico é que é belo.

Mas também é o destino de uma obra de arte se tornar morta.

"Arte" (+ "obra de arte") é uma categoria tão arbitrária + artificial quanto "natureza" — uma pintura + um romance têm pouco em comum — não mais do que uma montanha + um riacho com correnteza.

Biônica (nova ciência que tenta igualar comportamento animal + sentidos c[om] contrapartes instrumentais ou tecnológicas)

Bioluminescência (em plantas + animais)

3/12/65

Filmes na última semana:

O homem de mármore, de Von Sternberg [—] George Bancroft
**** [Jacques] Demy, *Os guarda-chuvas do amor*

[Gregory Ratoff,] *A tragédia de Oscar Wilde*
[Kenneth G. Crane,] *Monster from Green Hell*
[Kenneth G. Crane e Ishirô Honda,] *Half Human* [*A história do abominável Homem das Neves*] — Toho [*Produtora de cinema japonesa*]
[Carl] Dreyer, *Ordet* [*A palavra*]
Bresson, *Procès de Jeanne D'Arc*
Riccardo Freda, *Teodora, imperatriz de Bizâncio* (1954)
(— [também conhecido como Robert] Hampton)

Cenários e figurinos pré-rafaelitas

[Herschell Gordon Lewis,] *Banquete de sangue*
********* David Lean, *Grandes esperanças*
********* John Ford, *O informante*

Lugares para ver:

Winchester Mystery House (San José, Calif[órnia])
Túmulo de Lola Montez no Brooklyn
Pinturas de Klimt em prédios públicos + casas em Viena
Pantanais da Flórida + Sanibel Island
Mina de sal perto de Cracóvia, Polônia [*a mina de sal de Wieliczka perto de Cracóvia*] — percorre 128 quilômetros por baixo da terra, existe há mil anos
Novo Amsterdam Theatre — rua 42 — afrescos de art nouveau + relevos (1906)
Academia de Polícia — NY — visita guiada toda qua[rta] à tarde
Rainbow Room — topo de edifício RCA — transatlântico dos anos 30
Tiffany Tennis Court — NYC art nouveau

Musée Grevin (Paris) — esp[ecialmente] Théâtre des Miracles

Watts Tower — LA — casa perto da catedral em Chartres parecida com a Watts Tower [*La Maison Picassiette*]

...

Arte é uma "situação"

Arte é o maior comércio de antiguidades em vigor. Arte como suvenires culturais.

...

Será o belo importante? Talvez, às vezes, seja entediante. Talvez o mais importante seja "o interessante" — + tudo o que é interessante acaba se tornando belo.

Cf. texto (zen) de John Cage sobre o tédio: se é entediante uma vez, faça duas vezes; se continua entediante, faça quatro vezes; se...

Ler *Taipi*, de Melville — teoria da linguagem + comunicação

Esquema de múltiplos narradores (cf. filmes)

Diferença na arte entre:

Representação, apresentação
Comportamento

Um dos elementos decisivos é a *duração* ("*durée*").

Assim, *Kiss* (ou *Eat*) de Andy Warhol — mas não *Empire State Building*. É tempo ou duração "reais". Mas apenas certos materiais, como o erótico, estão abertos a esse tratamento ou transformação; não um prédio

Toda posição estética agora é uma espécie de radicalismo. Minha pergunta é: qual é o *meu* radicalismo, aquele que deriva do meu temperamento?

O benfeitor é o livro menos radical que eu jamais escreverei.

Cage, happenings etc.

Sinestesia: muitos tipos de comportamento em ação ao mesmo tempo (som, dança, filme, palavras etc. etc.) criando um vasto magma comportamental —

Gosto da estética cagiana porque não é a minha. Ele traça uma fronteira ou horizonte do qual não quero me aproximar, mas que acho valioso manter continuamente à vista. Ele ocupa certa posição com a qual eu, em outra, me relaciono.

As únicas coisas boas na teoria do cinema: Eisenstein — esp[ecialmente] o ensaio sobre Dickens, Balzac, [*o historiador da arte alemão Erwin*] Panofsky

Se eu escrever mais ensaios, quero fazer um sobre Breton + Cage

Sentido de "*drag*" — francês "*travestie*" (disfarce — + secundariamente disfarce transvestido) > na arte cf. *Mlle. de Maupin* [*romance de Gautier*]

Função de máscaras, baile de máscaras (cf. Halloween — crianças se fantasiam para ser destrutivas)

História sobre [*o escultor Constantin*] Brancusi contada para mim por Annette: B. era vizinho de amigos que estavam dando uma festa de Catorze de Julho — [ele tinha] ajudado [nos] preparativos. Chega a hora da festa [e uma] garota americana entra com um acompanhante negro. Brancusi diz: "Você o convidou? Não posso ir de jeito nenhum". A anfitriã, horrorizada: "Desculpe, *cher maître*". Uma hora depois, Brancusi telefona. "Achei a solução. Irei '*en travestie*'." Veio — coberto por lençol — se divertiu muito. (Ele "mandou a si mesmo" para a festa!)

Outros motivos sexuais na arte:
Voyeurismo
s-m

5/12/65 aniversário de Elliott [*Stein, crítico de cinema, amigo de SS*]

Muito das artes do século XIX conduz ao cinema:

O álbum de fotos de família
O museu de cera (Musée Grevin etc.)
A câmara escura
O romance (?)

...

Elliott diz que os voyeurs em geral são burros, + muitas vezes quase impotentes.

Peeping Tom [*A tortura do medo*] não é sobre um voyeur —
ele é sádico.

"O mórbido." T. Faulk é fascinado por isso.

…

12/12/65

Vestir-se > bem (significa *lazer* versus trabalho)
Mal (significa para *os outros* versus para si mesmo)

Para mim, vestir-se é "ficar superarrumada", jogar o jogo dos
adultos.
Quando sou eu mesma, ando largada.

O expediente jesuíta (um entre muitos) para promover a
concentração na oração + meditação: "composição do lugar".
Pensamos em minúcias sobre o local onde um evento edificante
(digamos, a Crucificação) ocorreu — clima, flora + fauna, cores
etc. — + assim compreendemos mais facilmente seu significado
mais profundo.

"Não gosto de me lembrar das coisas." — Ezra Pound

15/12/65

O mal não pode coexistir com o mal; ele se alimenta de si
mesmo, se não puder se alimentar do bem. (pensamento de Laclos
[*Les Liaisons dangereuses*])

A diferença entre o romance de Laclos + o novo Mailer [*Um sonho americano*] não está em que um é moral (porque o mal é punido) + o outro não, mas sim em que um diz a *verdade* sobre a vida + o outro não.

O lado sw [Simone Weil] do meu temperamento.

A atração da abnegação absoluta
O jeito gauche nas relações pessoais que leva à solidão
A obsessão com a crueldade

Em 3): observe o enredo do romance novo!

Estou mal-assombrada. Todos os meus sonhos são pesadelos.

Trabalho: avançar a duras penas através de infinitas planícies de areia

...

17/12/65

[*Cada uma das três entradas seguintes tem dois grandes pontos de interrogação na margem.*]

Genet é "submoral"? O problema moral emerge no ponto em que admitimos (+ preferimos) a consciência adulta como algo oposto à consciência infantil.

Para crianças, os *sentimentos* dos outros não são reais. (Daí o prazer com as fantasias de destruição.) É a criança dentro de nós que pode se entregar a isso — como quando desfrutamos a destruição em filmes de ficção científica.

...

[*O compositor americano do século XX*] Morton Feldman: música no exato limiar da audibilidade

Será que a p[sicanálise] prejudica a escrita?
Não — ela ajuda a construir um quarto sadio (para se viver)
contíguo ao quarto louco (onde escrevemos) —
Nenhuma necessidade de ter uma casa com um quarto só.

...

19/12/65

...

Jasper: eu evito a *afirmação* — quero que a experiência do espectador seja a mais individual possível.

21/12/65

...

Relação entre *Le Cadavre exquis* de Breton + o método de recortes de Burroughs-Gysin: Nenhuma transição (cf. Firbank)

Ler [*o professor e místico nascido na Armênia George*] Gurdjieff + [*o filósofo Jiddu*] Krishnamurti

...

22/12/65

[Fritz] Lang, *Os Nibelungos: A vingança de Kriemhild* (1924) — Klimt, [Aubrey] Bearsdley, Eisenstein

Exorcizar o fantasma. O que era, não é mais. Estar em contato com meus próprios sentimentos.

Quando eu tinha treze anos, estabeleci uma regra: nada de devanear.

A fantasia suprema: a recuperação do passado irrecuperável. Mas eu podia devanear sobre um futuro feliz inventado...

25/12/65

Jasper é alguém que acha tudo "curioso" ou "difícil". "Tenho dificuldade de lidar com essa situação." Palavras prediletas: "situação", "informação", "fantástico", "atividade", "interessante", "animado"

...

Jap [*apelido de Jasper Johns*]: "Sou totalmente a favor do futuro".

...

Máquinas (computadores) nas Univ[ersidades] de Illinois + Toronto

Morton Feldman: "Tenho 39 — o resto da minha vida é supérfluo".

Duchamp: "Não me importa como minhas pinturas (etc.) *parecem* ser — me importa a ideia que é expressa".

Christian Wolff — ensina grego em Harvard, tem hoje cerca de trinta anos — filho de Kurt Wolff, o editor — é o único "aluno" de Cage

28/12/65

Napoleão de Gance, o monte Everest dos filmes. Cheio de "expedientes": simbolismo, tela tripla, sobreposição, cor *e* preto e branco, ritmos diferentes, texturas diferentes de negativos de filme.

A direção da inovação no cinema tem sido bastante linear — o problema do "corte" — isto é, da elipse. Desenvolvimento de elipses maiores + mais sofisticadas.

As outras possibilidades foram ignoradas, em geral. Por exemplo, por que usar o mesmo tipo de negativo durante toda a filmagem de um determinado filme (por que um filme é "uma coisa"?)

Exceções: primeira cena em *Noites de circo* [de Ingmar Bergman]; *Dr. Fantástico*

Problema do ponto de vista no cinema —

Um filme que tem como tema a realização de um filme: *A tortura do medo*

O único arquiteto "moderno": Buckminster Fuller

Será que existe de fato algo unitário chamado pintura "modernista"? De tal modo que possamos dizer de alguém (como [*o crítico e historiador de arte Michael*] Fried diz sobre Duchamp): "ele é um modernista fracassado".

Jasper diz que não —

Cage & [Gertrude] Stein

Annette: música "moderna", três elementos, uma progressão:

Destino ("destino musical" — formas) — Beethoven até Wagner
Vontade — Schöenberg, Webern, Boulez
Acaso — Cage

...

George [Lichtheim]: romantismo *alemão* é o único romantismo pleno. [Ele] foi antiliberal, antimoderno, antiurbano, antidemocrático (anti-individualista, antijudeu)

Trouxe à tona o melhor da cultura alemã + da Europa Central — vale dizer, a cultura moderna no que tem de mais avançado, experimental + especulativo.

Para a filosofia da Alemanha, música, sociologia, filosofia da cultura alemã, Marx, Freud, Schöenberg, Kafka, [Max] Weber, [Wilhelm] Dilthey, Hegel, Wagner, Nietzsche etc.

+ também — mediado por Nietzsche + [Oswald] Spengler — quando tomou um rumo político, o pior: nazismo

Comparar romantismo alemão (Hölderlin, Novalis, [Friedrich Wilhelm Joseph] Schelling) com Keats, Coleridge, Wordsworth, Chateaubriand!

...

1966

3/1/66

Três estágios na feitura de uma o-d-a [obra de arte] ou de um argumento escrito:

Concebê-lo
Fazê-lo
2a) Compreendê-lo
Defendê-lo

As pessoas tomam os três como algo natural — mas eu não vejo sentido nesse terceiro estágio póstumo.

Devia ser: livrar-se disso
Estamos sempre em *outro* lugar quando terminamos — diferente de onde estávamos quando começamos.

Por que temos de continuar trancados? — que é onde ter[íamos] de ficar a fim de estarmos em posição de defender (justificar, explicar c[om] convicção) o que fizemos —

Esse estágio é uma bobagem —

...

Minha formação intelectual:

Knopf + Modern Library
PR [*Partisan Review*] ([Lionel] Trilling, [Philip] Rahv, [Leslie] Fiedler, [Richard] Chase)
Universidade de Chicago [—] P&A via [Joseph] Schwab — [Richard] McKeon, [Kenneth] Burke
"Sociologia" da Europa Central — os intelectuais judeus alemães refugiados ([Leo] Strauss, [Hannah] Arendt, [Gershom] Scholem, [Herbert] Marcuse, [Aron] Gurwitsch, [Jacob] Taubes etc.)
Harvard — Wittgenstein
Os franceses — Artaud, Barthes, [*o filósofo e aforista romeno do século XX E. M.*] Cioran, Sartre
Mais história da religião
Mailer — anti-intelectualismo
Arte, história da arte — Jasper, Cage, Burroughs

Resultado final: franco-judeu-cagiana?

...

A doçura da bochecha de David

Não consegui *reagir* à notícia de hoje de Joe [Chaikin] — de que em breve ele terá de fazer uma cirurgia cardíaca muito perigosa, seguida por seis meses de convalescença. Eu não consegui sentir, não consegui me concentrar — mesmo na hora em que ele estava falando. Mostrei solicitude mecanicamente, mas foi difícil (mais difícil do que era antes? Será que sempre aconteceu isso?). Minha mente continuava resvalando para observações triviais + reportagem sobre hoje.

Eu estava morta — o som da voz dele diminuía o tempo todo — eu dizia a mim mesma para me preocupar — mas toda hora esquecia o que ele tinha acabado de me contar, escorregava para fora de minha cabeça.

Comecei a me sentir ansiosa, deprimida, inquieta. Mas não sobre ele. Sobre mim: onde eu estava? Por que eu não conseguia dominar meus sentimentos?

4/1/66

A situação na pintura é tensa: como ciência. Todos estão conscientes de "problemas", o que precisa ser trabalhado. Cada artista por meio de sua obra recente apresenta uma "exposição de motivos" sobre esse ou aquele problema, + os críticos julgam se seus problemas escolhidos são interessantes ou triviais. (A abordagem de [*a crítica de arte americana*] Barbara Rose.) Assim, [*a crítica de arte americana*] Rosalind Krauss julga que a lanterna e as latas de cerveja de Jasper são a exploração/solução de um problema periférico (trivial) da escultura de hoje: o que fazer com o pedestal (versus o objeto), e a solução de Jasper é torná-lo escultural etc. Enquanto isso a obra de Frank Stella é tida como muito interessante porque é uma solução para problemas centrais. S[em] conhecimento da história da arte recente + seus "problemas" quem est[aria] interessado em Frank Stella?

Artistas trabalham lado a lado — muito juntos — tudo muda a cada seis meses, à medida que mais "obras" de academias dif[erentes] entram em cena. *Temos* de nos manter em dia, possuir um radar muito afiado. (Para sermos relevantes, interessantes.)

Enquanto isso na literatura tudo tem uma textura frouxa. É possível dar um salto de paraquedas de olhos vendados — em qualquer lugar onde aterrissemos, se fizermos bastante esforço, acabaremos descobrindo algum terreno *de valor* inexplorado e interessante. Todas as opiniões estão à mão, pouco usadas, pouquíssimo pensadas ou discutidas por escritores ou críticos.

Pense no legado de Joyce — [ele] nem começou a ser usado, afora Beckett + Burroughs. Ou o possível uso consciencioso de expedientes da narrativa *cinematográfica* na narrativa literária.

Afora um pouco de Faulkner e, de novo, Burroughs.

Uma dúzia de outros problemas.

Só na França houve alguma exploração sistemática de um problema particular (no "*nouveau roman*" de Robbe-Grillet, Sarraute etc.), só um, na maneira como pintores + escultores *todos* trabalham hoje.

Jasper é bom para mim. (Mas só por um tempo.) Ele dá a sensação de que é bom + natural + correto ser louco. E mudo. Questionar tudo. Porque ele *é* louco.

Os textos de Cage são impossíveis s[em] Stein. De fato, ele é o único sucessor americano de Stein. Porém mais eclético, menos rigoroso. (Todo aquele [D. T.] Suzuki + [Alam] Watts — uma influência "suave".) Uma mente muito menos rigorosa + independente. Essencialmente uma síntese impressionista.

Sabedoria. Um grande escritor tem sabedoria. De onde vem sua autoridade? É porque ele vive aquilo que enaltece? Não é simples *assim*. Por que ninguém se deu ao trabalho de aprender que D. H. L[awrence] era um homem esquelético, com voz estridente que passava maus bocados para ter ereção + insultava + atormentava Frieda pelo que ele considerava ser a sexualidade grosseira dela, e não se importava de achar [*o teórico social radical americano*] Norman Brown um professor metido? Temos de dar a Brown o benefício da dúvida: ele é Moisés, que não entra na Terra Prometida. Lawrence está fingindo. Porque existe algo de suspeito nos textos de Lawrence, para começo de conversa — forçados, sentimentais, estridentes, incoerentes.

Tenho atração por demônios, pelo demoníaco nas pessoas. Só isso? No fim das contas, sim. Loucura, mas loucura de temperatura elevada e contrária à tendência dominante: pessoas com seus próprios geradores. Philip [*ex-marido de SS*] era doido e Irene e Jasper — e aquela garota do Living Theatre, Diane Gregory, no seminário do Joe [Chaikin] na noite passada. Seus olhos grandes, pretos e sensuais + boca entreaberta + vestido forrado, até o chão. A loucura de Sallie [*a crítica literária americana Sallie Sears, amiga de SS*] era quase repulsiva — porque sua sensibilidade é muito limitada + domesticada + porque ela tomava a forma de uma dependência.

Gente louca = gente que fica sozinha + queima. Tenho atração por eles porque me dão permissão para fazer a mesma coisa.

David não é tão precoce ou criativo quanto eu era quando criança + isso o incomoda. Ele se compara comigo aos nove anos de idade; eu aos treze e ele agora. Digo para ele que não precisa ser tão inteligente. Ele tem outras satisfações.

Não sou ambiciosa porque sou complacente. Aos cinco anos de idade, anunciei para Mabel (?) [*a governanta de quando Susan era criança em Nova York e Nova Jersey; ela não acompanhou a família quando se mudaram para o Arizona*] que eu ia ganhar o Prêmio Nobel. Eu *sabia* que s[eria] reconhecida. A vida era uma escada rolante, não uma escada parada. Eu também soube — à medida que os anos passaram — que eu não era inteligente o bastante para ser Schopenhauer ou Nietzsche ou Wittgenstein ou Sartre ou Simone Weil. Meu objetivo era estar na companhia deles, como discípula; trabalhar no mesmo nível que eles. Eu tinha, eu sabia — eu tenho — uma mente boa, até mesmo poderosa. Sou boa para *entender* as coisas — + pôr as coisas em ordem — + *usá-las.* (Minha mente cartográfica.) Mas não sou um gênio. Eu sempre soube disso.

Minha mente não é tão boa assim, não é de primeira linha, *de verdade.* E minha personalidade, minha sensibilidade é convencional demais, em última instância. (Fui infectada demais pela conversa fiada de Rosie-mãe-Judith-Nat [*padrasto de SS*]; só *ouvir* tudo isso por quinze anos me arruinou). Não sou louca o bastante, nem obcecada o bastante.

Eu me ressinto por não ser um gênio? Fico triste com isso? Será que estou disposta a pagar o preço por isso? Acho que o preço é a solidão, uma vida inumana como a que estou vivendo agora, na esperança de que seja temporária. Mesmo agora — sei que minha mente deu um passo à frente em virtude de ter ficado sozinha nos últimos dois anos e meio s[em] I[rene], não tenho de empacotar + diluir minhas responsabilidades porque eu as divido com outra pessoa. (Inevitavelmente, com Philip + com I[rene], elas foram reduzidas ao denominador comum, o consenso.) O impacto que Jasper exerceu sobre mim — o novo fator intelectual na minha vida no ano passado — não s[eria] possível se eu ainda estivesse com I[rene].

Mas por que eu quero — + de que serve — continuar forçando a minha sensibilidade além + além, afiar minha mente. Tornar-me mais singular, mais excêntrica.

Ambição espiritual? Vaidade? Porque desisti das satisfações humanas (exceto por David)?

Tenho essa coisa — minha mente. Ela aumenta, seu apetite é insaciável.

...

8/1/66

...

Precisamos de uma ideia nova. Provavelmente será uma ideia primitiva (seremos capazes de reconhecê-la?). Todas as ideias úteis, por algum tempo, foram muito sofisticadas.

...

[*Na primeira página de um caderno datado apenas "1966-7",*

SS faz uma lista de suas viagens durante aqueles dois anos. Era algo que tinha o hábito de fazer na década de 1960 e 1970. Aqui está reproduzida uma parte da lista que cobre o verão de 1966, como uma amostra representativa.]

1966

3 de junho parti de NY (Air France), cheguei a Londres

3-15 de junho: Londres. Imperial Hotel. 1º de junho: voei para Paris

15 de julho a 8 de julho: Paris

8 de julho: viajei para Praga, depois Karlovy-Vary [Tchecoslováquia]

8-19 de julho: Karlovy-Vary ("Hotel Otava")

19 de julho: fui de carro (com Elliott [Stein], [Jiří] Mucha [*filho de Alphonse Mucha, pintor art nouveau tcheco*], Marti [?] para Praga.

19-25 de julho: Praga ("Hotel Ambassador")

25-26 de julho: viagem de trem de Praga para Paris

26 de julho a 1º de ago.: Paris

1º de ago.: viajei para Londres

1º-6 de ago.: Londres (Earls Terrace, 18, S.W. 7)

6 de ago.: trem para Folkestone, trem de volta para Londres

Ago. — Londres (Gloucester Road, 153, S. W. 7)

11 de ago. — viajei para Paris

29 de ago. — trem ("Le Mistral") para Antibes

4 de set. — trem para Veneza

5 de set. — chegada a Veneza — primeira noite "[Hotel] Gritti Palace", três noites seguintes no "Hotel Luna"

10 de set. — Trem (1h35 da madrugada) para Antibes; chegada às quatro da tarde

11 de set. — Antibes

12 de set.: trem ("Le Mistral") para Paris

12-21 de set.: Paris

21 de set.: viajei (Air France) para NY

26/6/66 Paris

Morbidez: A estetização da morte. Cf. o ossuário das catacumbas de Paris (com David + visitei esta manhã). A morte é "arrumada" para o espectador. Provérbios, reflexões, advertências, placas de pedra nas paredes entre pilhas enormes de ossos amontoados. Nem uma única interpretação da morte ou mensagem para o espectador — mas uma antologia de sentimentos contraditórios. (Virgílio, Gênesis, [Alphonse de] Lamartine, Rousseau, NT [Novo Testamento], Horácio, Racine, Marco Aurélio.)

A velha senhora simpática de cabelo branco que era a guia disse, quando a excursão passou do túnel comprido para o verdadeiro "*empire de la mort*" — "Pensem. Deve haver alguns gênios aqui, entre os sete ou oito milhões de pessoas enterradas."

Nas origens de um sentimento estético: o que Elliott disse quando (numa noite dessas) me viu brincando com o grampo "piranha" ou "crocodilo" que ele usava para prender as folhas de um roteiro de continuidade que estava levando. "São bons para prender no mamilo. Ou na pele mole nos colhões." Experimentei prender na articulação do meu dedo indicador esquerdo — o grampo é muito forte + mesmo ali começou a incomodar bastante em poucos segundos. "Mas deve ser uma tortura, nos mamilos ou nos colhões", falei.

"Mas uma pessoa parece tão bonita", disse ele, "nua, com uma porção desses grampos pregados em diversas partes do corpo."

Filmes de horror — comparar seus temas com aqueles relacionados em *Agonia romântica*, de [Mario] Praz.

•

A duplicação do eu em sonhos.
A duplicação do eu na arte.

O pesadelo é que existem *dois* mundos.
O pesadelo é que só existe *um* mundo, este.

Foucault [*de* Loucura e civilização, *tradução de Richard Howard*]: "Loucura não é mais o espaço de indecisão por meio do qual era possível vislumbrar a verdade original da obra de arte, mas a decisão além da qual essa verdade cessa irrevogavelmente [...] Loucura é a ruptura absoluta com a obra de arte; forma o momento constitutivo de abolição, que dissolve no tempo a verdade da obra de arte; traça o limite exterior, a linha de dissolução, o contorno contra o vazio".

•

Romances com estrutura cinematográfica:

Hemingway, *In Our Time*
Faulkner,
[Horace] McCoy, *Mas não se mata cavalo?*
Robbe-Grillet, *Les Gommes* ["As borrachas"], seu primeiro
    romance + o mais cinematográfico — uma decupagem

[Georges] Bernanos, *M. Ouine*
I[vy] Compton-Burnett,
V. Woolf, *Entre os atos*
Philip Toynbee, *Tea with Mrs. Goodman*
des Forêts, *Les Mendiants*, seu primeiro romance — múltiplos pdv [pontos de vista]
[Barnes,] *No bosque da noite*
Reverzy, *Le Passage*
Burroughs,
[John] Dos Passos,
Firbank, *Capricho*; *Orgulho*; e [*Inclinações*] (trilogia)
Escritor jap[onês] [Yasunari Kawabata] (N. B. sentido visual, flexibilidade de mudança de cenas) — *País das neves* etc.
Dickens (cf. Eisenstein) —
Há pessoas que pensavam com o olho da câmera (um p-d-v unificado que se desloca) antes da câmera
N[athanael] West,
Blechman
"romancistas novos": Claude Simon, *Le Palace*
Claude Ollier, *La Mise-en-Scène*
(todos baseados em organização de um décor (África do N[orte]))

Ler livro de Claude-Edmonde Magny sobre lit[eratura] am[ericana] [*L'Age du Roman Américan* (1948)]

Sonhos > ficção científica
Nome: Walter Patriarca
"O duplo" significa o eu-como-objeto.
A inumana presença de objetos.

Obsessão:

Possuir
Ciúme

Cidade mal-assombrada —
Praças grandes — perspectivas de pedra — parque
Classicismo importado — rio, as pontes —
Estudantes em tumulto na frente da catedral —
Roupa de cama deslumbrante: os cafés + confeiteiros
Lojas com seus bolos de chocolates + amêndoas —
Beldades de peitos empinados na ópera — mármore —
Patins de aço

A essência das coisas

Bons sinais são *arbitrários* > Barthes em *Mitologias*
Maus como "naturais"

A disposição de ser, de abrir...

Vou lhe falar com a voz que tiver sobrado em mim, entre as vozes agora residentes. Elas choram. Cada frase, cada respiração, é uma ruptura.

Esse tecido, esse rolo de pano de linguagem pertence a quem?

Discurso < > uma pessoa falando

Sempre?

História da rainha Cristina...
História de uma alucinação coletiva...

Diálogo entre Orfeu + Eurídice...

Romance inteiro é a voz de um narrador questionando

> quem é ele
> onde ele está
> onde ele está
> com quem ele está falando
> o que vai acontecer depois

Explorar em 3) o problema da ficção científica
Em 5) tema do apocalipse

W[ittgenstein]:
"Os limites da minha linguagem são os limites de meu mundo"
"Imaginar uma linguagem significa imaginar um modo de vida."

A morte de Virgílio [*do escritor austríaco do século XX Hermann Broch*]: a angústia noturna que impele um criador, em seu leito de morte, a destruir sua obra

Pessoa que tem uma experiência extraordinária, incomunicável
Cf. William Gerhardi, *Ressurrection* (1935) — romancista, Gerhardi, está escrevendo um livro chamado *Ressurrection* — conversa com um amigo, Bonzo

Sylvia Plath:

Poeta —

Marido, pai

Dois filhos —

Suicídio —

Julho

Filmes vistos (julho) + = *Cinémathèque*
(Em Paris)
+ Julien Duvivier, *Poil de Carotte* (1932) — Harry Baur
+ Yasujiro Ozu, *Histoire d'un Acteur Ambulant* [*Ervas flutuantes*] (1934 — mudo!)
+ Mikhail Romm, *Le Fascisme tel qu'il est* (1965-6)
Victor Fleming, *Dr. Jeckyll & Mr. Hyde* (1941) — [Spencer] Tracy e [Ingrid] Bergman
+ Tony Richardson, *Mademoiselle* (1966)

Karlovy-Vary
(* filme tcheco)

Hermína Týrlová, *O homem de neve* (curta)
Jan Schmidt + Pavel Juráček, *Joseph Kilian* (curta)
Ivan Passer, *Intimní Osvětlení* (*Éclairage intime*) (1965)
Iulian Mihu, *Prosecul Alb* (*Processo branco*) (1965) — filme longa romeno
[Rubén] Gámez, *A fórmula secreta* (média-metragem) — mexicano (1965)
Zbyněk Brynych, *O quinto cavaleiro é o medo* (1965)
Miloš Forman, *Peter and Pavla* (*Černý Petr* [literalmente] *Pedro, o negro*)
Godard, *Masculin, Feminin* (1966)
Evald Schorm, *Coragem de todo dia*
[Jacques Godbout,] *Yul 871*

Jerzy Kawalerowicz, *Faraó* (1966)
Karel Kachyňa, *Carruagem para Viena,*
[Werner Herzog,] *Fata Morgana*
Jean-Paul Rappeneau, *La Vie de Château*
[Jaromil Jireš], *O choro*
[Jean-Gabriel Albicocco,] *O bosque das ilusões perdidas*
Věra Chytilová, *O Něčem Jiněm* (*Alguma coisa de outro*)
Karel Kachyňa, (*Vida longa à República*)
[Václav Vorlíček,] (*Quem quer matar Jessie?*)
Alain Resnais, *La Guerre est finie* [*A guerra acabou*]

5/7/66

Materiais:

Organização
primeiro rascunho
mito de Laura Riding
ideias de ficção científica cf. telepatia em [*romance do escritor britânico William Olaf*] Stapledon
Conspiração
Uma alucinação coletiva

artista — loucura — exp[eriência] de colapso nervoso

T[homas] Faulk
"Sylvia Plath"
Ideias de Foucault sobre incomunicabilidade
Figuras de cera; enxertos de pele
A presença inumana de objetos

obsessão erótica

diálogo entre Orfeu + Eurídice

pornografia

uma "fantasia"

experiência de êxtase

Tânger

uma mulher narradora

Art nouveau — cabelo esvoaçante, corpo de serpente

[Guillaume] Apollinaire suprimiu toda a pontuação de sua primeira coletânea de poesia.

Dziga Vertov (c[irca] 1922) chamava seus filmes de "Cinema Verdade" — depois "Cinema Olho" (precursor do cinejornal?)

A paisagem de palavras (Joyce, Stein) encobre elementos da "história" — distinções tradicionais, que são não linguísticas, de caráter, ato, atitude.

Relação entre ideias de Valéry (uma obra de arte deve ser necessária, ou não será nada) e de Duchamp. *O grande vidro* é "a obra de arte mais complexa de nosso tempo, tecnicamente + intelectualmente [...] sua desconcertante complexidade de referências + implicações [...] suas ramificações enciclopédicas pela matemática, literatura + as leis do acaso [...] Duchamp tomou a iniciativa de elevar a consciência intelectual em si mesma ao nível de um princípio criativo".

*Um modo de continuar com "A organização" —

Há a questão de como os membros se comunicam entre si. Por meio de cartas? (um sistema postal subterrâneo?) Por meio de telepatia?

Vem a saber que o chefe da organização está recebendo mensagens do Futuro.

Um bode expiatório é esperado (parte do mito). Revela-se no fim que se trata do narrador.

6/7/66

Um romance na forma de:

cartas; uma carta
um diário
um poema mais comentário
uma enciclopédia
uma confissão
uma lista
um manual
uma coleção de "documentos"

"Organização" é um romance ou uma novela?
N. B. Nada sobre fazer uma obra de arte. Salvo todo esse material...

Uma provação, um martírio

Uma linguagem estranha e soberana.

O que é "nós"? Os diferentes tipos de "nós" —

Personagens de "A organização":

narrador
o chefe
amigo, Walter
Zelador dos arquivos
Um computador falante
Mãe do narrador
Uma cantora, Lolly Po

No decorrer do livro, há uma guerra em curso. Ler nos jornais sobre bombardeios — dor maçante...

"Existe outro mundo, mas está dentro deste." (lema [de Yeats] para o livro de Patrick White, *The Solid Mandala*)

No fim, o narrador é assassinado. Mas aí, quem está contando a história?

Grupos de surfistas; motociclistas que vagueiam por rodovias

A fisicalidade das pessoas, entendidas de antemão como feitas de carne (que cheira, que coça) nos filmes de Ozu. A cultura japonesa como um todo? Pessoas se coçam o tempo todo, até em momentos de remorso, dor, amor em *Ervas flutuantes* (1934)

A longa cena de amor entre Paul e "a dama" (rainha dos Bálcãs) que toma boa parte de *Três semanas de amor*, de Elinor Glyn, é art nouveau — N. B. uso erótico de cabelo comprido, flores, corpo de mulher serpenteando como cobra; erotismo como languidez, desfalecimento, perda de consciência.

Comprei hoje o dicionário visual English Duden. Um tesouro! Raymonde Roussel instantâneo (listas...) Mundo instantâneo — ... Tudo o que existe, o mundo *inteiro*, um inventário.

8/7/66 Karlovy Vary

O canal com sua água turbilhonante — os enormes hotéis de cor ocre — o busto de Karl Marx na pracinha perto do chafariz — as roupas desleixadas — a ausência de carros (as ruas são quase galerias de pedestres; ninguém repara nas calçadas) — a educação + jeito amistoso das pessoas — e ineficiência — cheiro de urina + asfalto quente. É só a velha e curiosa Europa outra vez —

Filmes tchecos:

Iluminação íntima (Ivan Passer)
Viva a República (Karel Kachyňa)
Pérolas das profundezas (Schorm, Chytilová)
Coragem de todo dia (Evald Schorm)
Appassionata (Jiří Weiss)
Os amores de uma loira (Miloš Forman)
O acusado ([Ján] Kadár & [Elmar] Klos)
O quinto cavaleiro é o medo
O teto (Chytilová)
Joseph Kilian (curta)
A mão (curta) (Jiří Trnka)
Pedro, o negro (Miloš Forman)

A nova geração de diretores [tchecos]: Passer, Forman, Chytilová, Schorm

[A] geração mais velha: Jiří Weiss, Karel Zeman, Kadár & Klos

17/7/66

Métodos de narração:

Duas histórias independentes se entrecruzam — Chytilová, *Alguma coisa de outro*
Mover "fora" de

23/7/66 Praga

Ficar famosa a fim de ter acesso às pessoas, não ficar sozinha.

Estou "próxima" demais de David no sentido de que me identifico com ele. Quando passo muito tempo com ele, perco o sentido da *minha* idade: aceito os limites do mundo dele (nenhuma sexualidade, timidez etc.).

Sorrio demais. Há quantos anos que eu digo isso? Quinze, pelo menos. É a Mãe-e-Judith dentro de mim —

Tenho de aprender a ser só — e o que descobri é que estar com David não é estar sozinha (apesar de minha aguda solidão). É todo um universo próprio dele, ao qual eu me adapto. Com David, me torno uma pessoa diferente do que sou quando estou sozinha.

O que eu gostava em Barbara [*Lawrence, amiga de SS*] é que me sentia mais adulta com ela do que com a maior parte das pessoas. (A companhia de Elliott, de Paul [Thek], por exemplo, me torna infantil.)

Quando estou sozinha — depois de um tempo — começo a olhar para as pessoas. Não faço isso com David (ele me inibe? Fico distraída com ele?); não faço isso com Elliott (seus interesses, sua especificidade, me confundem + distraem).

Estes minutos, escrevendo isto no saguão do [Hotel] Ambassador — numa mesa coberta por uma toalha branca, junto às portas abertas que dão para uma bela manhã de sábado, logo depois de terminar um grande café de manhã (dois ovos cozidos, presunto de Praga, pãozinho com mel, café) e *sozinha, sozinha* (David lá em cima, ainda dormindo) — olhando para as outras pessoas no saguão, na varanda, passando na rua — foram os primeiros momentos desde o início do verão em que tive alguma sensação de bem-estar.

Estou sozinha — sofro — o romance está empacado — e assim por diante. Porém, pela primeira vez, apesar de toda a angústia + os "problemas da realidade", eu estou *aqui*. Me sinto tranquila, inteira, ADULTA.

28/7/66 Paris

Estados Unidos fundamentados num genocídio
(> a singularidade da escravidão am[ericana], a única escravidão s[em] limites) > o genocídio no Vietnã

Apenas uma aplicação ao "mundo" da ideia americana de construção de nação, eliminar da selva os nativos, as pessoas escuras.

A "autoridade" de um filme documentário é sua conexão com o fato, uma imagem de realidade. Teatro são atores, uma representação mais do que uma apresentação. O que o teatro pode oferecer de análogo à autenticidade da fotografia? O trabalho genuíno, sincero do ator. Antes encenação do que ação. Um teatro baseado no martírio do ator (*The brig* [do Living Theatre], [Jerzy] Grotowski etc.)

[*Na margem:*] É isso que *The brig* e [*a produção de Peter Brook de*] *Marat/Sade* têm em comum.

Vietnã é a primeira guerra televisionada. Um *happening* contínuo. A gente está lá. Os americanos não podem dizer, como podiam os alemães — mas nós não sabíamos. É como se a CBS [tivesse estado] em Dachau. Com mesas redondas na Alemanha de 1943, um em cada quatro dizendo que Dachau é errado.

Teatro de Crueldade, *happenings*, Artaud etc., com base na ideia de que o choque, a violência (no teatro, na arte) é eficiente. Ela altera nossa sensibilidade, nos retira do torpor.

Guerra do Vietnã — uma enorme produção de TV em circuito fechado — parece provar o contrário. À medida que as imagens se multiplicam, a capacidade de reagir diminui.

TV, o fato individual mais brutalizador na sensibilidade moderna. (A TV muda todo o ritmo da vida, as relações pessoais, o tecido social, a ética — tudo isso apenas começa a se tornar aparente. Nos obriga a pensar: O QUE É UMA IMAGEM?)

O labirinto punitivo — Kafka; *A carta de lorde Chandos* [de Hugo von Hofmannsthal]; Joyce

O labirinto *iniciatório* — Borges; Robbe-Grillet; Hoffmannsthal, ‾‾‾‾ [*nome ilegível*]

O labirinto da *arquitetura* — Roussel

A clareza + exatidão Beckett

Comédie

Duas mulheres e um homem (que tem soluços)

Descobertas sobre mim mesma neste verão (ninharias!)

Uso calças *sobretudo* para esconder minhas pernas gordas
— outras razões são secundárias
Acredito que eu *sou* real, válida, compreensiva; minhas atividades são fraudulentas. (Joe [Chaikin] diz que com ele é o contrário.)

Uma obsessão tão grande com uma pessoa que pode dar lugar à descrença que senti há dois anos aqui em Paris, quando vi um jovem rindo de *La Grande Muraille.*

Representar (teatro) versus ser uma estrela (cinema). Os filmes se especializaram (embora não exclusivamente) em atores cujo apelo repousa na *continuidade* do caráter, da maneira, da aparência, de um papel para outro. Garbo, [Douglas] Fairbanks, Bogart, Fritz Rasp [*o astro do cinema alemão que representou no filme* Metropolis, *de Fritz Lang*]. Garbo é Garbo, só secundariamente atua como um personagem. Personagens, papéis são pretextos que ao mesmo tempo revelam e obscurecem o astro. O teatro atingiu seu esplendor na ausência do ator. Alguém como Olivier ou Guinness, ou Irene Worth, ou Robert Stephens — quase totalmente transformados, irreconhecíveis de um papel para outro. Representação como personificação, o ator como camaleão.

[*No canto superior direito da página, acima desta entrada, estão as palavras francesas* souches (*tronco, cepo, origem*) *e* envoûtement *(feitiço)*.]

Joe, David, [*a roteirista americana*] Marilyn [Goldin], todos concordam com fervor que sou a pessoa mais crítica — tenho critérios mais elevados — que eles já conheceram. Joe diz que vivo na expectativa de ser ofendida —

Reação de ——— às palavras de [*o costureiro*] Willa Kim, "Elas estão melhorando". Observar!

O homem que ri [*do diretor expressionista alemão Paul*] Leni (1928) [*filme mudo adaptado de um romance de Victor Hugo com o mesmo nome*]
Conrad Veidt [como] "Gwynplaine"
Mary Philbin [como] "Dea"

Por que está rindo? Não estou. Não tenho culpa. Meu rosto é sempre assim.

Nabókov fala em leitores menores. "É preciso que existam leitores menores porque existem escritores menores."

Comprar um dicionário do tamanho de um elefante —

Viagem, para um escritor, pode "significar" nada. É uma forma de narração. Escolha de viagem em *Dans le labyrinthe* é desse tipo, diz R-G.; não como em Kafka! "A forma tornou possível para mim libertar-me das justificativas filosóficas que serviram como fios condutores em meus romances anteriores."

{há quarenta anos Ortega y Gasset escreveu um ensaio sobre a morte do romance

{mais T. S. Eliot (1923) [*o ensaio de Eliot "Ulysses, ordem e mito" foi publicado na revista* The Dial *no outono daquele ano*]

A organização, a liga

Protestar contra a guerra
Buscar a virtude, sabedoria

Um homem procura se conformar —

De fato, levar uma mensagem (sistema postal secreto)

Só quando Joe chegou, ontem, me dei conta da extensão do meu desespero nos últimos dois meses. Meu coração começou a bater forte — só de sentar na frente dele no Deux Magots [*um café em Paris*] e tomar café. Fiquei falando histericamente sobre nada! (Teatro, Peter Brook, NY). E pela primeira vez pensei: mas eu *podia* voltar para NY — desistir do voo *charter*. Por que isso nem sequer passou pela minha cabeça até aquele momento? Eu estava paralisada —

Magnata do cinema ardendo de desejo, em vão, por uma loura exuberante

Peter Brooks descreve um filme feito num campo de treinamento em Green Beret, Louisiana — um *"happening"* que eles encenam ali: soldados divididos em dois grupos, um de prisioneiros americanos + o outro captores do Vietcongue. Os vietcongues surram os americanos (... esperando com uma garrafa de ketchup).

4/8/66 Londres

[*SS ficou em Londres sobretudo para participar como ouvinte de uma oficina com Peter Brook e alguns de seus atores — inclusive Glenda Jackson — da Royal Shakespeare Company, e também com o diretor de teatro experimental polonês Jerzy Grotowski e alguns dos atores de seu Teatro de Laboratório.*]

"Chegar ao meio-dia e meia", "três e meia" etc.

As métopas do Parthenon descobrem o corpo *flexível* muito distinto do corpo *cerimonial.* O corpo natural (real) como algo distinto do corpo social —

Nas estátuas egípcias, podemos até escrever no corpo (mais precisamente, na roupa rígida) indicando a posição social da pessoa ou de quem reza. Impensável em estátuas gregas.

Nas métopas do Parthenon, os corpos dos homens e animais (cavalos) são os mesmos — músculo, osso, veias, carne. A mesma textura, o mesmo grau de expressividade, a mesma autoridade sensual.

5/8/66 Londres

Meu costume de trocar "informação" por calor humano. Como depositar um *shilling* num parquímetro; dura cinco minutos, depois tem de depositar outro *shilling*.

Daí meu antigo desejo de ser muda — porque sei *para que* serve a maior parte das falas, e fico humilhada com isso.

Sofro de uma náusea crônica — *depois* de estar com pessoas. A consciência (pós-consciência) de como sou programada, como sou insincera, assustada.

Joe diz que olho para as pessoas para descobrir seus limites. Como se aquilo que é uma casa fosse apenas um telhado. Sempre pequeno demais. Só com uma pessoa (————) eu reconheci limites sem me importar com isso; eu vi que, embora o telhado fosse pequeno, a casa era espaçosa —

O que está errado na minha obsessão, entre outras coisas, é que ela me impede de ver o que há de bom nas outras pessoas. Suas possibilidades.

A obra de G[rotowski] sugere que todo mundo tem a imago animal perniciosa dele e também sua imago regressiva, boa, infantil. Para algumas pessoas, as duas imagos são *grotescas*, caricaturas, autoparódias, erupções de loucura. Para outras — podemos pensar em [Ryszard] Ciešlak [*principal ator de Grotowski*] — as duas imagos são belas: purificações, aprimoramentos do "estilo humano"

G: O que for fácil (possível) não é *necessário*.

Duas meditações budistas de iniciante: (1) sobre respiração; (2) sobre compaixão, bondade.

#2 é uma sequência.

Penso em mim mesma. Desejo que eu seja inteira, harmoniosa, madura, feliz, em paz...
Penso num amigo, alguém que eu amo. Desejo que ele ou ela seja...
Penso em alguém em relação a quem sou neutra, desejo...
Penso num inimigo...
Penso na minha família...
... minha comunidade etc.
... todos os seres conscientes.

[Agehananda] Bharati, "budismo tântrico"

6/8/66 Londres

Grotowski criou uma prática e também uma teoria da autotranscendência (espiritual, corporal) usando muitas ideias que projetei em *O benfeitor*. Mas enquanto eu as distanciava por meio da ironia — incapaz de resolver a contradição entre minha crença de que tais ideias eram loucas + minha crença de que elas eram verdadeiras — G. é absolutamente sério. Ele leva a sério o que eu falei.

Por que ele não sente essa contradição? Porque, para ele, elas não são apenas ideias —
Ele as pôs em prática —

Peter Brook:

Muito intenso, estridente, olhos azul-claros — um pouco careca — veste suéteres pretos de gola rulê — aperto de mão caloroso, sensual — rosto carnudo, farto

Estudou com Jane Heap (famosa dama da *Little Review* da década de 1920 que no fim da vida morou em Hampstead); aluna de Gurdjieff; suas tardes de domingo

Colecionador de cérebros De Jeremy Brooke. "Ah. Você acha. Pensei que ele era um fracasso interessante."

A esposa dele, Natacha. Casados treze anos. Ela teve tuberculose por um tempo, por isso só começaram a ter filhos há pouco. Têm uma filha, três anos (?). Esposa prestes a ter mais um filho, em sete semanas.

Os pais eram médicos — foram para a Inglaterra, tiveram de estudar de novo (humilhação etc.) + fazer provas. Vieram da Rússia.

Foram para Cambridge — dirigiu enquanto esteve lá.

Mãe descobriu fórmula de um laxante: Brook's ExLax

Dirigiu *Salomé* (ópera) [de Dalí], *Irma La Douce, Rei Lear, As telas, O deputado* (em Paris), *Os físicos* (em Londres + Paris), *A visita, Marat/Sade,* no teatro Lunt-Fontanne.

Sua maneira de gesticular, voz grave sedutora

[*O dramaturgo britânico*] P[eter] Schaffer diz que [Brook] "orquestra" as pessoas.

Pode ficar *muito* calado

Num grupo: ele acende o refletor; a gente está em cena — as pessoas ficam ansiosas para representar para ele.

Grotowski:

Por volta de trinta e cinco

Como Caligari ou o mágico em *Mario + o mágico* [de Thomas Mann]

Ninguém sabe nada sobre a vida sexual dele

Nunca foi um crítico

Estudou ioga na Índia por um tempo

Em sua companhia, ninguém conta a ele seus problemas pessoais.

Obcecado por religião (ódio da Igreja c[atólica] r[omana]); seu grande tema: sexo + religião

Motivos recorrentes: crucificação + flagelação (um toque de Tennessee Williams, diz Brook)

Peça de [Pedro] Calderón [*O príncipe constante*]:

Ciešlak no papel do príncipe quase nu sobre um palanque, o resto dos atores em trajes medievais primitivos, movendo-se em volta dele

Energia fantástica fluindo pela companhia s[em] pausas

Eles chicoteiam Ciešlak com toalhas, com força —

G. diz que discutiram + leram a peça durante meses usando um pássaro para cada papel

Tornar-se silencioso, *ser* o próprio corpo.

Depois: escrever seria uma coisa secreta, o vício das palavras se torna residual +:
Ainda mais intenso

Cf. Stapledon — palavras só uma forma de arte

Grotowski + ator (Ciešlak: "o instrutor")

(G.) Sr. Mente:

gordo (balofo?)
terno preto, camisa branca, gravata preta estreita
jovem (34?)
óculos escuros
gestos cortantes
rosto levemente avermelhado, sem rugas
cabelo castanho-escuro, topete
fuma

(C.) Sr. Corpo

sunga preta
blusão marrom
magro
ofegante
malares proeminentes
pernas finas
chinelos
sorriso, doçura
29 anos de idade
rosto com rugas profundas
cabelo castanho-claro
esfrega o peito, a testa, os sovacos c[om] lenço branco
cabeça baixa sobre o peito enquanto anda
bate palmas para chamar a atenção
fala um inglês claudicante

E se o instrutor fosse Grotowski — + levasse o homem gordo de óculos escuros a fingir que era Grotowski?

Lembrar *Força diabólica* [*filme de William Castle de 1959*]! (Grotowski!)

N. B. O efeito dramático de tudo que G. diz tem de ser repetido por Brook. (Para mim, [é] como ver um filme americano s[em] legendas em francês. Sou igualmente + simultaneamente interessada em ambos.) De modo que os atores aprendem o método de G. com a voz, as entonações + os gestos de Brook. A autoridade de Brook continua incontese.

7/8/66 Londres

Ronald Bryden em ensaio em *The Observer*, hoje: "A técnica do comercial... é o corte-salto do desejo para a satisfação. Isso se tornou a técnica do novo cinema pop internacional... E com a aceleração, automaticamente, se torna comédia. Qualquer coisa acelerada num andamento mais rápido, como Chaplin gostava de demonstrar, de certo modo se torna absurda. A marca registrada do novo desenho animado é a satisfação instantânea, absurda...".

Monge budista outra noite ("Virya") =

Dignidade
Uma regra
O corpo estabiliza
Discurso se torna o que é necessário

8/8/66 Londres

Proezas triviais — penúria

Beckett (dos três diálogos com Georges Duthuit):

"Objeto total, completo com partes faltando, em vez de objeto parcial. Questão de grau."

[*Destacado:*] "Em busca da dificuldade, em vez de estar em suas garras. A inquietude de quem carece de um adversário".

"Ser artista é fracassar, como mais ninguém se atreve a fracassar... o fracasso em seu mundo^..."

Holanda no Inverno da Fome de 1944-5 —

O chefe tem uma vasta coleção de discos para tocar em gramofones pré-elétricos

Algum revés secreto no início da vida dele

Lolly Pop (música com arranjo de Big Beat Mephisto)

Título: O prisioneiro

Comendo ideias

Novalis, *Pensamentos*:

[*Destacado:*] "Há momentos em que mesmo alfabetos e livros de referência podem parecer poéticos".

"Um personagem é uma vontade completamente adaptada."

...

[*Destacado:*] "Filosofia é saudade propriamente dita; o desejo de sentir-se em casa em toda parte."

"Para nos tornarmos devidamente familiarizados com uma verdade, primeiro devemos não acreditar nela, + opor-se a ela."

"A força com que nos atiramos inteiramente dentro de uma individualidade estranha — não apenas imitando — ainda é muito desconhecida; ela provém da aguda percepção + mímica intelectual. O verdadeiro artista pode se tornar qualquer coisa que quiser."

Nos Estados Unidos, religião é igual a *comportamento*. A pessoa para de ir à igreja ou à sinagoga por causa [das] proibições ou do fardo excessivo do ritual, não (como na Europa) por causa de uma crise de *fé* ou *crença*. Daí uma pessoa do Meio Oeste que desiste de ir à igreja quando vai morar em Nova York na juventude pode muito bem mandar seus filhos para a escola de catecismo dominical quando se casa + se muda para Long Island. Basta descobrir que a igreja prot[estante] em Long Island não pede para ele não fumar + beber, como fazia a outra lá de Iowa...

[*Após meia dúzia de páginas de transcrição de trechos de* Proust and Three Dialogues with Georges Duthuit, *de Samuel Beckett, SS escreve o seguinte:*]

Eu seria mais eu mesma

1 Se eu *compreendesse* menos o que os outros querem dizer
2 Se eu *consumisse* menos o que os outros produzem
3 Se eu sorrisse menos; eliminasse os superlativos, os advérbios + adjetivos desnecessários da minha fala

Por causa de 2 eu não estou plenamente presente em muitas experiências: — mais blindada. Posso absorver mais. Mais aberta, eu acabaria cheia com apenas uma ou duas coisas — eu as enfrentaria mais a fundo.

Com 1 eu me projeto para fora de mim mesma o tempo todo — não sou fiel ao meu próprio plano de percepção.

Banalizo meus sentimentos ao falar deles para os outros com presteza excessiva. Como Grotowski para Joe [Chaikin] + para Peter Brook + para [*a amiga de SS e viúva de George Orwell*] Sonia [Orwell]. Com todos eu vi como ele ou ela reag[ia] com Grotowski, + se acomodava a isso!

O nome do monge inglês agora é Virya, que significa energia. Summonera Virya.

COMO IMOBILIZAR ENERGIA.

G. quase sempre inerte — não desperdiça sua energia?

Ou será ruim que ele goste disso — dois interruptores, liga + desliga. Será isso que o faz, quando expressivo, demoníaco? (Dr. Jeckyll + Mr. Hyde)

Jargão do teatro:
"Você interage consigo mesmo" ou "você interage com outras pessoas"

O contrário de *esconder-se* não é *se mostrar* (que é a mesma coisa, invertida) mas algo além de mostrar ou esconder (despudor ou vergonha).

Esconder-se e mostrar-se são ambos, antes de mais nada, atitudes de olhar *para si*.

Imagine uma atitude em que a atenção total de alguém está fixada no outro (não só para ver a própria imagem refletida nos olhos do outro), uma atitude em que a *consciência* do eu (embora dificilmente o eu) está encoberta.

Será que esse é o objetivo — abolir a *consciência* do eu.

Cf. Sartre, que nega exatamente que isso seja possível.

Harvard [*Ao longo da década de 1960, SS, que deixou Harvard depois de concluir os créditos e as provas do doutorado, mas não escreveu sua tese, nutria a ideia de escrever essa tese.*]

Pensar sobre autotranscendência na filosofia francesa moderna (Blanchot, Bataille, Sartre)

Tópico da tese mais preciso:

Autoconsciência, Consciência do Eu e Autotranscendência na Filosofia Francesa Moderna
[Henri] Bergson, Sartre, Bataille, Blanchot, Bachelard

papel da automanipulação
papel da linguagem e do silêncio
papel da arte, imagens (visão)
papel da religião
papel das relações eróticas concretas
papel da objetividade, imparcialidade

G. sempre se vestia da mesma forma:
Sapatos pretos muito lustrosos; meias pretas
Sempre usa óculos escuros em locais fechados

C[iešlak:] vários suéteres diferentes — um azul-claro, um marrom, um azul-marinho; várias calças folgadas; sapatos marrons informais

P. Brook: crânio comprido, testa alta

Ficamos ali sentados, num estupor de autoesquecimento

Um francês que havia se aposentado do serviço consular +
morava sossegado com seus livros

10/8/66 Londres

Elementos de "Org"

É um estudo de

> amizade
> paranoia

O homem mais paranoico (Aaron) é o traidor. Seu remorso.

Será que tenho de decidir se a Org é boa ou ruim?

Deixar misturado. Como os judeus —

Enfatizar que a Org deu ao mundo muitos gênios, embora
muitas vezes fossem pessoas que negavam terem sido membros da
Org —

Chauvinismo das pessoas da Org —

Preconceito popular de que as pessoas da Org são mais inteligentes que as outras —
Hoje em dia, é costume encontrá-los em cidades grandes;
não era assim no passado —

Do caderno de 1955 de "Down in the Mouth" [Na fossa], de Paul Goodman

"Conhecer uma 'verdade objetiva' — isso é muito ocioso e no geral um fenômeno de evitar o contato…"

"… Não sou digno da verdade porque não obtive sucesso com a 'minha' verdade…"

O futuro da obra, se é que me atrevo a pensar nisso. (Pensar no que está além torna a submersão em Org menos dolorosa):

Um livro feito de duas novelas, cada uma com cem páginas, mais ou menos. Cada uma centrada numa espécie de evento "teatral".

Maren em T.
O martírio da virtude (ou: O ensaio)
(G., C. etc.)

Título: "Dois palcos"

Assim: *O benfeitor* (romance)
   "Na liga" (romance)
   "Dois palcos" (novelas) > "Testemunho", "O ensaio"
   "A provação de Thomas Faulk" (romance)

23/8/66

Neste verão li: *The Old Wives' Tale* [de Arnold Bennett]; *The Mayor of Casterbridge* [de Thomas Hardy]; *Ressurrection*, de Gerhardi; *Moravagine*, de Blaise Cendrars; *Carmilla*, de Sheridan le Fanu; *O*

Horla, de [Guy] de Maupassant; *Orgulho e preconceito* [de Jane Austen]; *L'Apprenti Sorcier*, de H.-H. Ewers; *Last and First Men*, de Olaf Stapledon; *Figures*, de Gérard Genette; *Hebdomeros*, de [Giorgio] de Chirico; [*O sobrinho de*] *Rameau, La Religieuse* [de Diderot]

Hoje, vendo Godard fazendo *Deux ou trois choses que je sais d'elle* [*Duas ou três coisas que eu sei dela*] no HLM [*sigla francesa de um programa de moradia social*]

[Herbert] Lottman, o picareta + vampiro, pergunta: "Sobre o que é esse filme?". R[esposta de Godard]: "Não sei". P: "É sobre alguma coisa?". R: "Não". P: "Qual é o tema geral de seus filmes?". R: "Isso cabe a você dizer".

26/8/66

Andei pelo 16ᵉ [*arrondissement em Paris*] com David, Elliott [Stein] [e] Louis olhando os prédios de [Hector] Guimard, [Jules] Lavirotte + [Charles] Klein.

... Também a casa de Balzac, prédio de apartamentos de Mallet-Stevens etc.

...

Romance: sobre paranoia + processo de *desmistificação*: o sagrado, o social, o grupo, o que prende

...

2/9/66

Antibes > Mônaco > Roquebrune-Cap-Martin (10º c. château/fort) > La Turbie (O Troféu dos Alpes) > Antibes

...

10/9/66 Veneza

A "*gentilezza*", "*civiltà*" italiana...
O Ghetto: Os prédios mais altos de Veneza (seis, sete, oito andares) — cinco sinagogas — a placa, sua inscrição nobre em homenagem às vítimas do nazismo no muro da sinagoga principal

Os dois grandes escritores vivos, Borges e Beckett

Valéry: No estado de inefabilidade, "as palavras fracassam". A literatura tenta por meio de "palavras" criar "o estado do fracasso de palavras". (*Instants*, p. 162)

La Bussière, "*le mangeur de dossiers*" [literalmente: "o devorador de dossiês"] — funcionário que salvou Joséphine de Beauharnais da guilhotina, entre outros. (Mostrado no filme *Napoleão*, de Gance)

[*Sem data, 1966*]
8000
6085
––––––––
1915

Foram vendidos 6085 exemplares de *Contra a interpretação*
Sobraram 1915 exemplares da primeira impressão

1967

[*Em alguns diários de SS, há entradas escritas em folhas soltas enfiadas em cadernos. A própria SS muitas vezes se mostrou confusa sobre a data correta dessas folhas. A entrada seguinte vem marcada com a letra de SS: "nota antiga — 1967?". Com base nisso, reproduzi os trechos aqui.*]

Arte é a condição geral do *passado* no presente. (Cf. arquitetura.) Tornar-se "passado" é tornar-se "arte". (Cf. fotografia também.)

Obras de arte têm um certo *pathos* — pungência.

Sua historicidade?
Sua decadência?
Seu aspecto velado, misterioso, parcialmente (e para sempre) inacessível?
O fato de que ninguém jamais faria (poderia fazer?) *aquilo* de novo?

Talvez, então, as obras apenas *se tornem* arte. Elas não *são* arte.

E elas se tornam arte quando são parte do passado.

(criar o passado)

Portanto, uma obra de arte *contemporânea* é uma contradição.

Assimilamos o presente ao passado. (Ou será outra coisa? Um gesto, uma pesquisa, um suvenir cultural?)

A pungência de criar o passado

Muita coisa na vida pode ser desfrutada quando superamos a náusea da réplica.

Duchamp: Ready-mades não como arte, mas como argumento filosófico sobre permitir "acidentes", sobre uma obra como "objeto".

11/4/67

... Cocteau diz: Os primitivos tornam as coisas belas porque nunca viram outras coisas. Análogo ao que eu fazia quando criança. Comecei a pensar usando minha mente, porque nunca tinha visto ninguém fazer isso. Achava que ninguém tinha uma mente exceto no Panteão (sobretudo mortos, estrangeiros) — Mme. Curie, Shakespeare, Mann etc. Todos os outros eram como minha mãe, Rosie, Judith. Se eu soubesse do meio-termo — todas as pessoas inteligentes, reflexivas, sensíveis, quem sabe? Talvez eu nunca tivesse seguido em frente + em frente + em frente com minha mente. Pois de certa forma fiz isso porque achava que ninguém estava dando a menor atenção a isso. A mente precisava da minha ajuda para sobreviver.

18/4/67

Rosie: Como ter um elefante na sala. De quando nasci até os catorze anos. E pensar que aos dezenove anos eu fiz aquilo com o David! (Assim como Susan T[aubes]: o que é bom para mim é bom também para meus filhos. De fato: Será que meus filhos deviam ter algo melhor do que eu tive?

Rosie falando: como um interminável fluxo de lava, como uma precipitação radioativa. Impresso em minha mente — a degradação da linguagem, falada e escrita.

"*nother*" etc.

Era isso que me incomodava no fato de Irene não conseguir pronunciar direito.

3/8/67 Fort-de-France [Martinica]

Imagens do corpo.

Um corpo protegido, cheio de violência.

Um corpo definido por sua luta constante para resistir à pressão da gravidade. Lutando contra o desejo de afundar, deitar, dobrar-se. Tendo de "querer" ficar ereto. (Coluna, pescoço etc.)

Tratar as "costas" como se elas não fizessem parte de nós: Sallie [Sears]. Como as costas (parede de trás) de uma estante de livros.

6/8/67 Fort-de-France

Futuro da ficção (prosa narrativa) dizer *tudo* mais + mais (suprimindo o anedótico, o particular?)

Enfatizar a arte como instrumento de *análise* (em vez de expressão, afirmação etc.)

9/8/67

... Sempre fui inclinada a tudo isso — uma cúmplice nas mentiras sobre mim mesma, aceitando autorreduções convenientes (proteger o meu segredo supremo). E catar as sobras — ser canibalística em todas as minhas relações. Pense só! Vou tirar uma coisa de Merrill [*amigo de infância*], outra de Philip, outra de Harriet, outra de Irene, outra de Annette, outra de Joe, outra de Barbara etc. Reunindo meu tesouro, aprendo o que eles sabem, ou desenvolvo algo mediante minha ligação com eles (algum talento em mim mesma que eles inspiram) — depois eu decolo. Sei que não tirei nada *deles* (depois que fui embora, eles continuam tendo a mesma coisa que antes), mas ainda assim eu me alimentei. Eu sabia que sabia mais — estava adaptando aquilo dentro de um sistema mais amplo ao qual eles não tinham nenhum acesso.

[*Na margem:*] como em *The Sacred Fount* [*de Henry James*]

Será que eu queria ter um parceiro? Sim. De fato tentei com cada um deles de boa-fé, mas depois, quando desisti, eu não revelei o que estava fazendo.

Com Irene tentei com mais afinco. Mas descobri que não adiantava: o que eu julgava (código) ser sua incapacidade para a "nobreza". Então o relacionamento se tornou uma mentira. Tive de me reduzir apenas ao eu psicológico (o histórico do caso) a fim de obter o que Irene tinha a dar. O histórico do caso do eu era absolutamente autêntico — que alívio, foi uma bênção exprimir aquilo — eu havia guardado tantas mentiras sobre aquilo por tanto tempo. Mas isso não era tudo de mim. Eu sabia todo o tempo que havia um eu transcendental que havia sobrevivido juntamente com o ego ferido da minha infância que se tornou escravizado a serviço de Irene — e aquele ego Irene não conseguia entender, nem se unir a ele, nem amar.

Tive de me tornar muda (com Irene) a fim de ficar inteligente. Eu queria a sabedoria dela — ingeri-la, torná-la minha — como parte de um montante maior. Mas eu sabia que só tinha acesso àquilo como uma idiota, uma cliente, uma suplicante, uma dependente. E de resto eu sabia que eu era mesmo tudo isso — portanto, que mal havia na mentira? Mas havia um mal, é claro. E uma mentira também. Pois eu não era forte o bastante para jogar meu próprio jogo, quase desmoronei quando ela retirou seu apoio tirânico. Eu estava sempre agindo de má-fé. (Mas será que eu podia ter agido de outro modo? Ah, eu acho que não.)

Questão de histórico de caso:

Para Eva [*Berliner*], o mundo está *superpovoado* de coisas + pessoas mais seus duplos alucinatórios (o objeto é uma gravata *e* também uma mangueira de jardim). Coisas e pessoas (especialmente partes do corpo) sempre repletas da possibilidade de metamorfose em criaturas demoníacas.

Alguns resultados:

O caminhar cauteloso, enviesado — como se ela sempre olhasse para trás — e/ou não conseguisse apoiar seu peso inteiramente sobre o chão

A inclinação da cabeça — olhando para os lados ("O que será que vou ver?")

Perpétuo apagamento mental — não ver muito do que se passa na frente de seu campo de visão. Ser "desatento" (como Gert [*ex-marido de Eva Berliner; pintor e fotógrafo*] aparentemente dizia) ou atento apenas de forma intermitente ou assistemática.

Bloqueio de leitura — medo de ler como estímulo da fantasia, medo de cometer um "erro" sobre o que ela leu.

Daí, também, lentidão na leitura — ter de pronunciar internamente enquanto ela absorve as palavras com os olhos, verificar *duas vezes* se é mesmo o que é.

[*Na margem:*] Resistência a absorver informação, conhecimento — porque isso é percebido como algo que deve ser "geral" — saber = saber algo particular, uma parte (?)

Às vezes problema para acompanhar filmes — porque ela olha para os lados ou a mente se apaga muitas vezes (quando as imagens ameaçam se metamorfosear)

Sistemas complexos de descrença de pessoas: jamais estar confiante de que a essência delas é estável, mesmo no aspecto perceptivo. (Ela pensava que Uri [*seu filho*], que entrava pela porta, podia ser um dragão; o rosto de Joan [*a amiga dela*] podia se transformar numa boca desencarnada, boca obscena)

Falta de jeito corporal. Por não se sentir à vontade com "coisas", ser capaz de aceitá-las como algo natural + portanto tratá-las de modo despreocupado, indagativo, impositivo. (De novo, por causa de sua aura alucinatória subliminar.) Inevitavelmente falta de jeito sexual, também.

Seus dons para observar + captar os sentimentos dos outros comprometidos por 1) inquietação em torno de sua realidade (universo solipsista — são todos atores numa peça que escrevi) e 2) inquietação em torno da confiabilidade de seu próprio aparato perceptivo (requerer um movimento suplementar; se eu fosse ela, o que eu estaria sentindo seria...)

Sensação de descontinuidade como pessoa. Meus diversos eus — mulher, mãe, professora, amante etc. — como todos eles se unem? E inquietação em momentos de transição de um "papel" para outro. Será que vou conseguir fazer isso daqui a quinze minutos? Ser capaz de incorporar, habitar aquela pessoa que esperam que eu seja? Isso é sentido como um salto infinitamente arriscado, por mais que tenha sido executado com sucesso, de outras vezes.

Forma mais geral disso: descrença (em parte "bem fundamentada") da capacidade dela de estabelecer um "compromisso" com outra pessoa

A partir de tudo isso (existe muito mais), pode-se inferir que:

Ataque brutal contra o ego dela, sua autoestima, quando criança. A insegurança de sua mãe, competitividade com uma filha inteligente —

O "contrato" que Eva fez com a mãe — ela era a terrena, sensível, criativa; ao passo que Eva tinha mais cérebro, sagacidade. Mas depois o pai cortou suas asas. Ela queria ser boa na escola — agradar à mãe cumprindo o papel estabelecido para ela — mas queria também não se dar bem — porque, com razão, detestava a mãe por aquela definição limitadora aplicada a ela, queria frustrar a mãe.

Se uma criança sente que o pai ou a mãe quer diminuí-la, ela se dá conta de que existe um universo hostil e persecutório do qual ela precisa se *defender* — e também precisa apaziguar o pai e a mãe — também precisa lidar com a própria raiva e sentimento de impotência. Em última instância, a criança não tem ego nenhum senão aquele que é confirmado pelos pais; se eles não amam você, deve ser porque acham que você é ruim, e você deve ser — eles não podem estar enganados. Portanto você acha que é ruim, mas detesta os pais por não amarem você — o que produz culpa, porque eles são bons. Portanto você começa a se castigar, o que reduz o sentimento de ódio (uma parte dele agora voltado contra você mesma, ao lado deles) + torna possível amá-los mais — amor pessoal.

No caso de Eva, o "outro mundo" alucinatório que sempre invade este mundo (em fantasias, lampejos de alucinação) é:

Uma afirmação simbólica, uma iconografia, dos juízos dela hostis às pessoas à sua volta (originalmente os pais) Uma forma de autopunição — ela "assombra" a si mesma ou se faz assombrar — por aqueles maus sentimentos

Uma fantasia simbólica da retaliação dos outros, se eles conhecessem os sentimentos verdadeiros dela

As imagens alucinatórias devem ter se originado numa experiência dos pais como demoníacos, persecutórios — ela faz uma "caricatura" deles; tais imagens são uma forma de humor — mas depois foi estendida ou generalizada ao mundo inteiro, assim uma árvore ou uma sombra ou uma cadeira pode se tornar um monstro. Mas não se pode ter uma experiência *primária* do mundo inteiro (o campo perceptivo) como demoníaca. Primeiras pessoas. De fato, primeiro uma parte de uma pessoa — o peito da mãe.

(A percepção do mundo *começa* como sinédoque — ver partes como todos. A estrutura do verdadeiro conhecimento seria descobrir todos mais verdadeiros + mais verdadeiros, s[em] perder a percepção concreta das partes.)

Ver partes de um corpo (uma forma de lampejo de alucinação, a visão de Brobdingnag) é uma forma de agressão, como Vera [*a psicoterapeuta de Eva*] disse para ela. Ela faz a caricatura da pessoa desmembrando-a, reduzindo-a, colocando-a em seu lugar; e também assustando a si mesma, dando a si mesma a permissão para a ansiedade, o autodesprezo, o retraimento. Simultaneamente ela desarma a pessoa e a torna mais ameaçadora do que antes. Um microcosmo da visão que ela deve ter aplicado aos pais —

A generalização de alucinações sobre pessoas ao mundo todo das coisas também serve a um duplo propósito:

Dilui a acusação contra os pais dela — não são só eles, é o mundo inteiro

Reforça a autopunição, o preço para ela no sentido da totalidade.

Portanto, reduzir a culpa. Ela é menos culpada porque não os acusa *tanto*, ou não os denuncia. (Ela faz isso com outras pessoas, com coisas etc.) E porque ela sofre mais.

Mas a necessidade generalizada de sofrer permanece. O preço daquele ódio original contra eles nunca parece estar pago. Daí, fantasias masoquistas — que também se adaptam a um padrão mais especificamente sexual, segundo o qual a pessoa tem de se sentir forçada — sentir que não tem *escolha* — a fim de permitir a sensação sexual.

Mais cedo, ela me contou, a principal arma de autodefesa era a zombaria. Nunca podia falar nada "a sério". Medo de rejeição, "traição". Se eu lhe mostrar meus sentimentos verdadeiros, você não vai me amar [*existe um ponto de interrogação na margem*] — você vai zombar de mim — rejeitar minha dádiva. Por isso vou retaliar. Vou zombar de você.

Uma espécie de inteligência — mas ao mesmo tempo uma inteligência de que ela desconfia. Experimentar sua mente sobretudo como um meio de agressão, uma arma voltada contra outras pessoas, ela iria querer se livrar de sua mente. Tornar-se sem mente equivale à capacidade (liberdade) de amar. Daí, Gert. (Tornar-se uma "mulher de verdade" etc.)

Joan deu para Eva amor bastante para permitir que ela tivesse coragem de falar "a sério" — s[em] zombaria.

Daí, Joan disse para Eva que tinha feito dela um ser humano. E Eva reconheceu que era verdade. E no entanto em algum ponto tem medo de romper com Joan, como se a permissão para ser humana pudesse ser revogada. (Pensamento mágico que representa apenas um *papel* em seu vínculo com Joan, mas não devia ser menosprezado.)

(Algo análogo a isso em meu vínculo com Irene.)

...

Transcender a visão "ruim" da qual eu sempre estive consciente, que sempre me fez sentir culpada.

Sempre me "escondi atrás dos meus olhos". (Lillian Kesler viu isso ano passado na casa de Richard + Sandy. [*Amigos de SS, o poeta e tradutor Richard Howard, de quem ela continuou próxima ao longo de toda a vida, e seu parceiro então, o romancista Sanford Friedman.*]) Porque eu queria ver, mas não queria que soubessem até que ponto eu vejo — os outros irão usar isso contra mim — e não revelar o que vejo, ou ao menos só uma parte.

Mas por que irão usar isso contra mim? Porque saberiam que estou enxergando por dentro deles — no máximo da minha benevolência, eu ainda os situaria num esquema que acredito que posso transcender (ou transcendo); e, muitas vezes, vendo seus fracassos, suas fraquezas. Fazendo que encolham — até um pedaço seco de toucinho (meu sonho sobre minha mãe) ou uma almôndega pequenina e bem-feita.

Mas isso não é tudo — ou cometo contra mim mesma (o eu que consegui ser agora) uma injustiça. Também vejo que tenho um terrível dom para enxergar a infelicidade das pessoas. Um talento que desenvolvi quando criança com minha mãe. Ela o incentivou, é claro. Era uma forma de obter meu amor, o qual, nas circunstâncias, talvez não estivesse prontamente disponível. Ela me mostrava sua infelicidade + fraqueza. Eu tinha pena dela — e isso me dava um motivo para amá-la (um meio, o imperativo que eu buscava) para transcender e suprimir meu ódio e ressentimento em relação a ela. Mas também — subjacente — me fazia desprezá-la, e desprezar a mim mesma. Criei uma distância intransponível entre nós. Eu a adoraria, teria pena dela, exerceria meus poderes de empatia com ela e evitaria sobrecarregar uma mulher tão frágil com *minhas* necessidades e *minha* raiva. Eu seria gentil, eu seria generosa. Mas também me tornei sua superior. Era mais forte que ela. Tinha necessidades, mas era forte o bastante para não pedir ou esperar que ela (nem ninguém) as satisfizesse. E, com minhas próprias necessidades insatisfeitas, exceto por mim mesma, eu podia até tentar satisfazer as dela. Portanto eu também a estava tratando com paternalismo — de tanto que eu temia sua raiva (vivendo em terror constante de que ela se retirasse de repente + arbitrariamente desse acordo, cancelando até mesmo a tosca imitação de afeição confiável por mim que ele garantia). Eu também escarnecia dela. E assim, de um modo perverso, eu era de bom grado a cúmplice numa relação em que ela estava satisfazendo uma necessidade minha subsequente. O que se tornou uma necessidade muito poderosa — para ser forte; para sentir, para me conhecer (qualquer que fosse a aparência exterior, o servilismo, as escravidões), mais forte que "os outros".

Portanto eu cresci tentando ao mesmo tempo ver + não ver. Tentando esgotar o máximo de minha energia intelectual, minha energia de ver, em coisas "de fora". Ideias, arte, política, ciência, cultura. E, além disso, vendo pessoas, tentando fazer a mediação entre esses dois modos problemáticos (mas ainda sedutores) de ver.

Ver a dor das pessoas > o que leva à compaixão
    (desejo compulsivo de ser cuidadora, guardiã, benfeito-

ra de alguém) o que resulta, no fim, em um sentimento de opressão, estar presa numa armadilha, desejo de fugir do relacionamento.

Ver imperfeições (éticas) das pessoas, falta de nobreza, + amor-próprio mesquinho + falta de ambição por si mesmas, o que as leva a serem diminuídas.

O advento de Irene em minha vida foi o grande ponto de virada. Ela me apresentou a uma ideia que me era profundamente estranha — como parece inacreditável, agora! — a de ver a *mim mesma*. Eu achava que minha mente era só para ver fora de mim! Porque eu não existia no sentido em que os outros + tudo o mais existia. Todo o resto era um "objeto", mas como eu podia ser um objeto para mim mesma? Etc. etc.

Então eu quis aprender com Irene aquele modo novo de ver. Nas mãos de Irene — com uma volúpia terrível, ávida.

Será que, antes disso, ao longo da minha vida, eu jamais imaginei que era vista por outras pessoas? Não, eu não imaginei. Mas como pude ser tão resignada? Quando foi que desisti de esperar que alguém me visse? Deve ter sido incrivelmente cedo. (Todas aquelas rupturas radicais: a sra. Enright indo embora depois de seis me[ses], depois Rosie, meus pais indo + vindo, Rosie indo embora quando eu tinha quatro ou cinco anos, depois a morte de meu pai, a colônia de férias no verão, as ausências de minha mãe, ser mandada para Verona [*a casa do avô paterno de SS em Verona, Nova Jersey*].)

[*Na margem:*] Verificar isto

E pouco depois eu devo ter começado a me esconder, ter

certeza de que eles *não podiam* me ver. (O hábito de roer as unhas começou na colônia de férias, a asma no inverno seguinte.) Sempre (?) aquele sentimento de ser "demais" para eles — uma criatura de outro planeta — portanto eu tentava me diminuir, para que eu pudesse ser perceptível (digna de amor) para eles. Com a resolução inabalável de, naquele processo, não sacrificar nada que eu era "de verdade". Aquela redução de escala, aquele achatamento, era só uma questão de eu ser bastante inteligente e "observadora". Ver o que eles queriam. Ver o que podiam suportar. Tentando não dar a eles menos do que eu devia (sem resultados ruins) nem mais (e sobrecarregar a capacidade deles, deixá-los com medo, com a sensação de serem burros, alienados, levá-los a me odiar por lhes dar a sensação de serem burros).

Mas como eu poderia saber ou decidir que eu era "mais" do que eles — toda centrada em minha mente fabulosa, que viajava pelos cosmos? Mesmo que fosse verdade que potencialmente eu tivesse uma mente assim (mas como eu *poderia* ter?), como eu poderia saber? E como eu tive coragem de reivindicar tal prerrogativa para mim mesma? Sem nenhum apoio ou estímulo ou ajuda de ninguém? Parece uma loucura — aquela suposição, e os passos que dei para ser digna disso. (A fantasia do Prêmio Nobel, a busca do instrumento apropriado para minha ambição.) E o tempo todo em busca da conciliação com os outros — ser amada, ser cuidada. Mas com certeza eu agia de má-fé. (Com sabedoria, suponho.) Se eles não compreendessem, eu sempre teria minha ambição, minha mente, meu ser secreto, meu conhecimento do meu destino para me sustentar. Portanto eu estava limitando minhas apostas. Se eles compreendessem, bem + bom. (Mas certamente eu não ia abrir mão da coisa mais importante, minha mente, a fim de obter o amor deles.) E se eles não compreendessem, "*tant pis*" [*dane-se*]. Eu sobreviveria.

Mas não devo subestimar aquilo de que abri mão — enquanto protegia fielmente meu eu "real" tal como o entendia. Abri mão, antes de tudo, de minha sexualidade. Abri mão de minha capacidade de compreender a mim mesma como pessoa "comum"; abri mão da maior parte das vias de acesso a mim mesma, aos meus sentimentos. Abri mão da confiança em mim mesma, da minha autoestima nas relações pessoais — em particular com homens.* Abri mão de me sentir à vontade no meu corpo. Sobraram apenas alguns tipos de relacionamento — aqueles em que me especializei em particular. Amizade pedagógica dessexualizada.

Renunciei a tentar ser atraente. Renunciei ao direito de ser "má" ou frágil como todo mundo é "mau" ou "frágil" de tempos em tempos. Não que eu não fosse, como todo mundo! Mas eu me detestava por isso mais do que a [maioria] das pessoas se detesta — castigava a mim mesma, jogava minha autoestima mais alguns centímetros para baixo. Eu não devia ser "melhor" do que os outros? Sendo assim, aquilo que seria bom o suficiente para eles dificilmente seria um padrão adequado para mim. Ao mesmo tempo que eu também pensava que, em certos aspectos, eu ainda não tinha *subido* para alcançar os padrões deles.

Daí, muitas coisas. Meu padrão de intimidade impulsiva sequiosa violenta com as pessoas — seguido por uma anulação gradual. Toda aquela necessidade insatisfeita de contato que cresce + cresce + depois explode em cima de uma pessoa nova que aparece na minha vida e parece me "ver" inteira de uma forma nova e generosa. Eu me seduzo com minha esperança, com minha visão remota do que há de rico naquela pessoa — + encubro os limites que são igualmente discerníveis. E então, rapidamente, só consigo ver limites. E então vem [sic] as evasões, + a culpa, + a luta para

246

recuar as fronteiras da relação — retirar uma parte da promessa de intimidade — sem romper inteiramente. (Quando, muitas vezes, com razão ou não, é isso na verdade o que eu quero fazer.)

Agora isso já não é mais verdade. Anotei aqui a fim de fazer o registro completo. Mas foi verdade periodicamente até há bem pouco tempo. Minhas relações com Barbara e Don [*Eric Levine, amigo de SS, estudioso de cinema*], porém (*"toutes proportions gardées"* [*guardadas as devidas proporções*]) sobrecarregadas com circunstâncias desse tipo, foram ambas conduzidas de um modo muito mais maduro, compreensivo — contra todas as expectativas.

Meu universo, portanto, em contraste radical com o de Eva, é subpovoado. Não experimento o mundo como se ele estivesse me invadindo, ameaçando, atacando. A inquietação primal é a ausência, indiferença, "a paisagem lunar".

Do que posso inferir muita coisa a respeito de meus primeiros cinco anos. Obviamente nem minha mãe nem Rosie tinham intenção de me fazer mal, abater meu espírito, me incutir uma opinião ruim sobre mim mesma. Ninguém zombava de mim ou fazia que me sentisse burra ou feia ou desastrada. Elas me davam a sensação de que o mundo era feito de pessoas mecânicas, em geral educadas (embora por vezes incompreensivelmente irascíveis) e incrivelmente tacanhas e *burras* que, eu devo ter pensado, não conseguiriam ser tão burras assim se não fossem tão preguiçosas ou distraídas ou submotivadas. Poderiam ser inteligentes, poderiam ver, se tentassem. Mas ninguém queria tentar. Pareciam tão indolentes, tão inertes — e tão previsíveis na maioria de suas reações. Seu contato era duro + insensível + fora do ritmo (como minha mãe) ou opressivo + pesado demais + sufocante (como Rosie). Portanto a lição era: fique longe de corpos. Talvez ache alguém para conversar. Assim, minha primeira alucinação sobre uma família de pessoas minúsculas dentro da tubulação do esgoto, que eram meus amigos.

Minhas primeiras e ansiosas tentativas de tornar Judith uma companheira enfiando alguns "fatos" em sua cabeça... Mas não deu certo. Por quanto tempo achei que ia conseguir? Então, em vez disso, eu tinha a companhia dos mortos imortais — o "grande povo" (os vencedores do Prêmio Nobel) do qual um dia eu ia fazer parte. Minha ambição: não ser a melhor entre eles, mas apenas um deles, estar na companhia de pares e camaradas.

Ainda hoje, muito disso perdura. A antiga compulsão de povoar o mundo com "cultura" e informação — dar densidade, seriedade ao mundo — encher a mim mesma. Quando estou lendo, sempre tenho a sensação de que estou comendo. E a necessidade de ler (etc. etc.) é como uma fome terrível, devastadora. Portanto muitas vezes eu tento ler dois ou três livros ao mesmo tempo.

Diana [Kemeny] disse, muito tempo atrás, que "fatos" eram "tóxicos" para mim. O que ela quis dizer?

E aquelas centenas de imagens de filmes pregadas nas minhas paredes. Isso também é para povoar o universo vazio. Eles são meus "amigos", eu digo para mim mesma. Mas com isso quero dizer apenas que eu *os* amo (Garbo, Dietrich, Bogart, Kafka, Věra Chytilová): eu os admiro; eles me fazem feliz porque quando penso neles sei que não existe apenas gente feia de chumbo neste mundo, mas gente bela; eles são uma versão alegre daquela companhia sublime a que aspiro. Eu nunca "fantasio" no sentido de Eva. Ela me disse que não conseguiria suportar ter todas essas imagens à sua volta — olhando para ela. Elas ganhariam vida o tempo todo. Seriam uma "invasão".

Para mim, são reforços! Elas estão no meu time; ou melhor, eu estou (espero estar) no time delas. Elas são os meus modelos. Elas me protegem do desespero, do sentimento de que não há nada melhor no mundo do que aquilo que eu vejo, nada melhor do que eu! Elas não ganham vida, não falam umas com as outras nem olham para mim: elas não têm e não podem ter, em nenhum sentido, consciência de mim, muito menos me julgar, conspirar contra mim etc. São só retratos de pessoas distantes, que eu não conheço. São apenas o que são. Fotografias em molduras na parede da minha sala que eu escolhi, emoldurei, montei.

Portanto o problema não é como evitar que ganhem vida coisas que devem ser neutras, sem vida, indiferentes à minha existência. Minhas velhas soluções: "cultura", minha mente, minhas paixões pelo pensamento, pela arte, pela distinção ética + espiritual.

Eu *percebo* valor, eu *confiro* valor, eu *crio* valor, eu até crio — ou garanto — *existência*. Daí minha compulsão por fazer "listas". As coisas (música de Beethoven, filmes, empresas de negócios) não existirão a menos que eu anuncie meu interesse nelas, nem que seja anotando seus nomes.

Nada existe a menos que eu o mantenha (por meu interesse, ou meu interesse *potencial*). Isso é uma ansiedade suprema, sobretudo subliminar. Daí, devo sempre permanecer, em princípio + ativamente, interessada em *tudo*. Tirando tudo do conhecimento como minha atribuição.

10/8/67

Mãe: —

Minha aguda ansiedade + temor de que ela envelheça, *pareça* velha — a certa altura, cheguei a desejar morrer primeiro porque não suportaria *vê-la* assim — seria algo parecido com "obsceno".

Por que isso era tão terrível? Por uma razão, porque sua beleza era sua única qualidade que eu admirava genuinamente. Quando eu lhe dizia que ela era muito bonita, eu falava com sinceridade. E ficava tão contente, tão agradecida por conseguir, pelo menos uma vez, dizer para ela algo que eu sentia de verdade com todo o coração.

E também porque eu sentia vagamente que eu seria culpada. Minha existência sempre fora um tanto penosa para ela nesse aspecto — se eu, digamos, tinha dez anos de idade + era filha dela, isso estabelecia um limite no processo de Dorian Gray. (Como ela — e eu, em parte — adorávamos quando as pessoas pensavam, como acontecia muitas vezes, que éramos irmãs.) E se havia algo capaz de deixá-la infeliz assim, só podia ser por minha culpa. Ela me havia feito — e eu havia aceitado a designação de — autora da sua felicidade. (Ao me deixar saber que ela não amava Judith, ao me dar a sensação de que ela não tinha amado papai. Só existia a mãe *dela*, cuja menção, por pequena que fosse, sempre a fazia chorar — e a mim também.)

Minha mãe voltou da China quando eu tinha quase seis anos, ou havia acabado de completar seis anos, aquela mulher trágica, uma Níobe, uma vítima da vida. E eu fui eleita para reanimá-la, lhe dar transfusões, mantê-la viva durante o tempo de minha infância.

Como eu ia fazer isso? Sendo *amiga* dela. (Sacrificando minha própria infância, minha necessidade de aprender, de ser independente; tornando-me adulta de uma vez só.) Bajulando-a.

Eu era o pulmão artificial de minha mãe. Eu era a *mãe* da minha mãe. E incumbida por minha mãe de ser também a mãe de Judith. Eu me sentia lisonjeada por minha mãe por ela me confiar uma missão tão adulta, + alegre + triunfal por ter derrotado tão completamente minha irmã na competição pelo amor da minha mãe, e culpada com a extensão de meu triunfo (como se *eu* tivesse feito minha mãe não amar minha irmã — como se eu a tivesse seduzido para se afastar de Judith — sendo mais esperta, mais interessante; e por saber como lisonjear minha mãe) e com pena de Judith e, em algum ponto, profundamente crítica em relação à minha mãe por sua insensibilidade + injustiça com Judith. Portanto tentei me aproximar de Judith + fazer amizade com ela. Mas não deu certo.

Minha mãe sempre me "compelindo" a eximi-la por ter sido uma mãe negligente ou sem generosidade por ser "infeliz". Cansada o tempo todo. Ela andava bebendo + tomando remédios na época?

A sombra da mãe dela. Como se, ao chorar pela morte da mãe depois de tantos anos, mamãe estivesse me dizendo — eu sou uma criança, tenho catorze anos de idade (embora possa parecer mais velha). Não sou uma mulher, não sou mãe. E eu era a sucessora da mãe da minha mãe. (Ganhei até o nome dela.) Eu assumo exatamente no ponto em que ela partiu quando morreu. Minha mãe ainda é uma garota infeliz. Tenho de educá-la. (Empregar grande habilidade de manipulação — a fim de salvá-la da humilhação de *saber* que é isso que estou fazendo, que é isso que ela deseja que eu faça — e a fim de salvar um pouco de mim para mim mesma, sem me contaminar pelas frustradas tentativas de "compartilhar", por mentiras, por adulteração.)

Tenho medo da minha mãe — medo da sua rispidez, sua frieza (raiva fria — a xícara de café chacoalhante); em última análise, é claro, medo de que ela simplesmente desmorone, desapareça gradualmente para mim, nunca saia daquela cama. Qualquer pai ou mãe, qualquer afeição (embora eu tenha concordado em fazer um contrato fraudulento para obter isso) é melhor que nenhum.

Meu projeto supremo: manter minha mãe na superfície, viva. Meus meios: bajulação, ilimitadas afirmações de como eu a admiro e adoro, e rituais repetidos de aviltamento de meu próprio valor. (Confesso, diante de suas censuras, que sou fria + sem coração + egoísta. Choramos juntas por eu ser tão ruim, depois ela sorri + me abraça + me beija + eu vou para a cama. Obtive o que desejava. Também me sinto suja, insatisfeita, corrompida.)

Para mantê-la viva também tenho de diverti-la, distraí-la do pleno conhecimento da minha infelicidade. (Como um pai ou mãe balançando um brinquedinho na frente de uma criança prestes a chorar.) Observando seu narcisismo, que também me repele, eu o encorajo, eu o alimento com lisonja. O tempo todo eu a observo com ansiedade para ver se minhas palavras estão tendo o efeito desejado, se eu estou tendo sucesso na tarefa de deixá-la animada.

Mas, é claro, ao mesmo tempo, também detesto o narcisismo dela. Significa envolvimento com ela própria e não comigo — portanto rejeição a mim. Sinto desprezo por ela ser tão *fraca* a ponto de se preocupar com a forma como os "outros" a veem — a tal ponto que ela dedica muito tempo para se lavar, maquiar, vestir etc. Eu me sinto *superior* a ela porque sou inteiramente indiferente a essas coisas — e prometo que sempre serei assim, mesmo quando ficar adulta. Vou ser um tipo de mulher inteiramente diferente. Eu a desprezo pelo prazer que ela tem com a minha admiração. Ela não me vê. Será que ela não vê que eu *quero* algo dela? (Embora eu também seja sincera no que digo.)

E mais tarde — na minha adolescência — passei a me sentir mais dividida a respeito de minha mãe ainda ser bela, ainda ter uma aparência muito mais jovem do que sua idade cronológica. Ainda me sinto orgulhosa dela, me vanglorio disso com as amigas; mas em segredo está virando uma coisa "pavorosa" para mim. Mais um exemplo de fraude/mentira. A mentira mestra sobre quem + o que ela é. Eu desejo que ela envelheça + perca seu bom aspecto, como todo mundo. Pare de ser excepcional, para que eu possa parar de julgá-la pelas regras especiais (indulgentes).

Mas se tenho medo da minha mãe, ela também tem medo de mim. Num nível mais específico, medo do meu julgamento. Medo de que eu ache que ela é burra, inculta (escondeu a revista feminina *Redbook* embaixo do cobertor quando entrei para beijá-la e dar boa-noite), fascinante, moralmente deficiente.

E eu, gentilmente, faço o possível para não olhar, não registrar na consciência ou jamais conscientemente usar contra ela o que eu vejo, ou (no mínimo) não a deixar tornar-se [ciente] disso + quando a vejo.

Mas há mais uma coisa. Difícil de definir. Como *poderes* mágicos que minha mãe atribuiu a mim — com a compreensão de que, se eu renunciar a eles, ela morrerá. Tenho de persistir, alimentá-la, inflá-la.

Meu próprio envelhecimento: o fato de aparentar ser muito mais jovem do que sou parece

Uma imitação da minha mãe — parte da escravidão a ela. Ela é que estabelece o padrão.

Que continuo mantendo a promessa secreta para protegê-la — que eu mentiria sobre a sua idade, ia ajudá-la a parecer jovem (qual meio pode ser melhor do que também eu ser mais jovem do que sou para estabelecer que ela é mais jovem?)

A maldição da minha mãe (detesto tudo em mim — sobretudo as coisas físicas — sobretudo as coisas físicas — é como ela). Eu senti meu tumor + a possibilidade de uma histerectomia como uma solicitação dela, um legado dela, a maldição dela — parte do motivo por que fiquei tão deprimida com isso.

Que estou traindo minha mãe — pois pareço mais jovem quando isso não serve de nada para ela. Agora ela está envelhecendo + parece velha; mas eu não, continuo jovem — aumento a diferença de idade entre nós.

Uma armadilha que ela preparou para mim — agora as pessoas acham que David + eu somos irmão + irmã + isso me agrada imensamente, me deixa animada. E eu lembro minha mãe + eu me vanglorio da minha idade enfiando o número nas conversas quando isso não é na verdade necessário, acrescento um ano à idade de David quando falo dele — e depois aprecio a surpresa (lisonjeira?) no rosto das pessoas. Portanto posso sentir que não sou como ela — não sou fraca, narcisista — mas também tenho medo de ser, na verdade.

Minha tarefa: evitar que minha mãe veja de fato a si mesma. Estimando que isso seria um conhecimento que ela não conseguiria suportar. Portanto encorajar sua burrice — uma vez que eu a tenha diagnosticado. Enquanto isso, então, saber — pelo que eu sabia — que eu era muito mais forte que ela. (Quanto mais forte somos, mais sabemos, mais podemos ver.)

[*Na margem:*] uma definição

Mas, ao mesmo tempo, sendo tão fraca. Duplamente fraca porque 1) eu era criança e 2) eu havia perdido as defesas naturais de uma criança — a falta da consciência de si, expressões de agressão + frustração, acessos de raiva etc. Eu tinha dado trégua a mim mesma por minha própria visão. (Eu tinha visto demais — a fraqueza dela, sua falta de autoestima, a fraqueza de seu ego.) Seria cruel demais tirar vantagem dela com base no que eu tinha visto. Além disso eu estava tentando ser sua protetora. Não era essa a promessa que havia feito a mim mesma por motivos que estavam muito longe de ser egoístas? Parecia minha melhor oportunidade de obter algum amor + atenção, qualquer que fosse.

Logo, destruir minha mãe — abatendo-a — derrotaria meu propósito, que era levantá-la.

E eu não havia prometido ser uma pessoa adulta? — ela dizia que não gostava de crianças — o que significava que eu perdera o direito de exprimir necessidades "infantis" ou censurá-la por ter me "decepcionado" no papel de mãe.

Eu sentia medo dela — eu a tratava de forma paternal — ela sentia medo de mim — eu me encolhia a fim de ficar "menor", esconder mais de mim mesma para que não parecesse ameaçadora para ela — fazendo isso, eu a desprezava e desprezava a mim mesma (por minha covardia, minha carência, minhas mentiras) — ela ficava mais próxima de mim — então eu recuava, para meus prazeres privados (a mente, minhas fantasias, livros, meus projetos) — então ela me censurava por eu ser velha + ter coração duro + egoísta — então era dominada pela culpa + remorso por ter me esquecido de mim mesma (!), por ter decepcionado minha mãe — depois uma orgia de temerosas críticas a mim mesma + minhas promessas de melhorar — ela me perdoa, eu estou feliz, eu me sinto bem, dou início ao meu programa de "ser boa" (ser mais atenciosa com ela, fabricando um eu do qual ela possa gostar) — mas as recompensas por isso não são tão excelentes como eu esperava, ou então eu me canso delas — minha atenção vagueia ou eu me distraio ou eu fico metida e "atrevida" — depois ela fica ferozmente zangada, me dá tapas, bate a porta na minha cara, fica dias sem falar comigo — estou numa agonia, em geral sem compreender exatamente o que é que eu fiz, isto é, por que é que ela está furiosa comigo, mas ela muitas vezes me faz esperar em estado de tormento + suspense por horas ou dias — então, muitas vezes de modo totalmente arbitrário, aquilo parece ter passado — nunca senti que eu pudesse mudar o estado mental da minha mãe quando ela estava zangada, quando ela havia de fato decidido ficar zangada nada era capaz de mudar isso (motivo por que desisti dos ataques de raiva numa idade ainda tão precoce — eles não me levavam a lugar nenhum). Só ela podia cancelar sua raiva, quando misteriosamente lhe agradava. Portanto a raiva era a única emoção que eu podia afetar por minhas artimanhas e manipulações de mim mesma + dela. A raiva tem vida própria. Portanto, a raiva dela devia ser rechaçada o tempo todo. (A *minha* raiva eu sabia de antemão ser totalmente carente de eficácia!) Tudo menos a raiva — qualquer substituto, qualquer desonestidade. Porém, ainda assim, eu continuava a sentir um medo terrível da minha mãe —

daquelas raivas em geral inexplicáveis. (Eu sabia que devia tê-las provocado, mas nunca tinha essa intenção — eu sentia que fora descuidada, desatenta, burra por um momento, eu escorregava, era como um erro; eu tomaria mais cuidado da próxima vez.)

Além disso eu desprezava a mim mesma pelo medo que sentia da raiva da minha mãe. Da minha incontrolável submissão + choradeira quando ela erguia a mão para me bater. (Durante a guerra, minhas fantasias de ser capturada pelos nazistas ou japoneses e me manter inabalável + estoica sob tortura. O estoicismo que eu cultivava na hora das injeções semanais + quando eu estava de cama com asma — bálsamo para minha autoestima retraída. Eu *era* valente, eu *conseguia* suportar.)

Bem no fundo, eu não sentia que minha mãe sequer *gostava* de mim. Como ela poderia gostar? Ela não me "via". Ela acreditava no que eu lhe mostrava de mim mesma (aquela versão cuidadosamente remendada). Eu sentia que ela *precisava* de mim, só isso. Em face de suas repetidas ausências e viagens, eu incentivava isso; eu me empenhava em criar para ela um "eu" de que ela fosse capaz de precisar, alguém em quem pudesse confiar mais e mais. Uma parte do tempo, quer dizer. Em outras ocasiões, ela parecia não precisar de mim nem um pouco + eu ficava abatida com vergonha, com uma sensação de humilhação com minha própria presunção. E outras vezes, quando ela precisava de mim sem que eu tivesse tentado extrair qualquer coisa dela, eu me sentia oprimida; tentava me esgueirar, fingia que não havia notado seu apelo.

Uma das coisas que eu sentia que agradavam minha mãe era uma admiração erótica. Ela brincava de flertar comigo, me excitava; eu brincava de estar excitada (+ eu *estava* excitada por ela, também). Portanto eu agradava minha mãe — e de certo modo eu triunfava sobre os namorados, ao fundo, que solicitavam o tempo dela, quando não seu sentimento profundo (como ela me dizia repetidas vezes). Ela era "feminina" comigo; eu fazia o papel de menino tímido e encantado com ela. Eu era delicada; os namorados eram grosseiros. Eu também brincava de estar apaixonada por ela (como quando copiava coisas de *O pequeno lorde*, que lia quando tinha oito ou nove anos, como chamar minha mãe de "Querida".)

Como, em certo sentido, eu era também a mãe da minha mãe (e da minha irmã) desde uma idade precoce — dez anos, mais ou menos — eu tive uma forte fantasia compensatória: minha própria maternidade futura

[*Na margem:*] Não foi mais tarde?

Eu ia ter um filho — David. Eu ia ser uma mãe *de verdade*. E nenhuma filha. Essa era uma fantasia de sair da infância, alcançar a verdadeira idade adulta; liberdade. Também a fantasia de dar à luz eu mesma — eu era ao mesmo tempo eu mesma como mãe (uma *boa* mãe) e como uma filha linda e satisfeita.

A velha charada: eu "vejo" alguém. Mas então como pode essa pessoa me "ver"?

Eu vejo alguém, eu sou mais forte (mais sábia) do que ele? Vendo-o, eu devo ser "mais" do que ele é. Então como ele pode, ao mesmo tempo, sendo mais fraco (mais tolo), me ver? Ele pode pensar que pode, mas está enganado. Ele só vê uma parte de mim.

Era esse o problema com Irene, + com Diana. Como eu achava que elas podiam me ver, eliminei toda possibilidade de eu ver (dissecar, avaliar, interpretar, entender, julgar) a elas.

\Será que meu "aspecto" é sempre agressivo, um ato de hostilidade contra o outro? Não. Mas nunca é *menos* do que um ato de autoafirmação, uma experiência ativa da minha própria força.

Mas experimentei minha *força* (minha mente, meus olhos, minhas paixões intelectuais) como algo que me condenava ao isolamento perpétuo, separação dos outros. Tenho de me tornar "fraca" para me aproximar deles (assim eles vão deixar que eu chegue perto deles). Ou então devo deixá-los cheios de si, enchê-los de substância, torná-los "mais fortes".

[*Na margem:*] De um jeito ou de outro, preenchendo a lacuna. Minha longa série de relacionamentos pedagógicos — não para perpetuar a relação mestre-aluno mas para criar uma companhia de pares para mim mesma.

Sempre a frustrante sensação da disparidade entre minhas energias, minhas ambições e as das outras pessoas. Os outros estabelecem objetivos tão pequenos para si, tão banais, tão carentes de vitalidade.

Em minha paisagem primordial, existem outras pessoas ao meu lado. Não sou solipsista como Eva; nunca me atraiu a fantasia de que o mundo é algo que inventei dentro da minha cabeça, que as outras pessoas não existem de modo tão real quanto eu, que estão todas seguindo um roteiro que eu escrevi. Não, as pessoas *existem* — e são reais. Mas isso é tudo. São todas pessoas mínimas, quase inertes, que quase não vivem nem sentem nem pensam. Tenho de ensiná-las como pensar + como viver para que eu tenha alguém com quem conversar, alguém de quem gostar, alguém para admirar. Tenho de deixá-las cheias de si — como quem enche balões de ar. Não, na verdade não. A substância, para ser convincente, deve ser densa, pesada, bem compactada. As pessoas são preguiçosas demais para fazerem isso sozinhas. Tenho certeza de que conseguiriam se fizessem, se tentassem de verdade. Mas não parecem impulsionadas pelo tipo de visão + energia que me impulsiona.

12/8/67

Meu fascínio (quase obsessão) com o tema do vampirismo psicológico. Trocas de energia. Vibrações e emanações boas + más.

A proposta de Eva de mandar um telegrama para Irene. *Produção de culpa cessou. Última entrega feita ontem. Fábrica comprada pelo cartel de munições.*

Meu sentimento de ser "secundária". Foi uma conversão radical demais do meu ser; violentei a mim mesma; não foi orgânico, foi em demasia um ato da vontade (dar um pulo para a frente, na esperança de que o resto de mim com toda a bagagem viria depois na hora devida, me alcançaria). Em algum ponto dentro de mim ainda a sensação de ser "inautêntica". Esse não era o *meu* destino, a minha língua nativa. Eu me expatriei. Opção minha, é claro; mas em algum lugar eu sei que estou falando um idioma estrangeiro.

Irene a autora, a patrocinadora, + portanto fiadora de meu novo ser. Meu pânico quando ela retirou seu patrocínio. Minha profunda convicção de que ela devia continuar a me patrocinar, me certificar.

Mas eu tenho de entender que não foi ela que inventou o sistema, embora seja um expoente muito qualificado do sistema.

260

E o mistério de nos últimos quatro anos ela ter desistido da maior parte. Pôr o sistema em questão? Mas como pode alguém (ela) desistir? Ela está querendo alguma coisa; ela está fazendo isso para me castigar, para que eu me sinta culpada — um ato de vingança. Portanto acho que eu a vampirizei. A dádiva está envenenada. Eu fiquei imobilizada. Começo a fabricar + entregar meus baldes de culpa — como penitência, como restituição, como um modo de aplacar Irene. Mas ela não vai se deixar aplacar. (Por um tempo, a isca de que ela podia voltar para mim se eu fosse "culpada" o bastante, provando que assumi para mim mesma *toda* a responsabilidade, de que eu não havia ganhado "nada" por nossa troca de autoconfiança, autoafirmação.)

[*Na margem:*] até dois verões atrás

Eu fui o pulmão artificial da minha mãe. Eu queria que alguém fosse o meu pulmão artificial. (Portanto, o projeto de reforçar Irene — seu ego, sua mente — para que ela pudesse assumir esse papel.) Um fim para o sentimento escondido das energias + dádivas das outras pessoas, tudo isso ao mesmo tempo que eu me certificava de que "dava" mais do que "tomava". Em troca, um aprendizado aberto + confessado no qual eu não tinha o direito a uma recompensa "justa", nada de recíproco; porque os termos da situação eram que minhas dádivas eram inúteis, tolas. Minhas dádivas eram todas potenciais; minha recompensa estava toda no futuro.

O que tenho para ver não são só os dons naturais de Irene (ser cidadã nativa do país a cuja cidadania eu aspirava), mas o fato de que aqueles dons tinham se tornado *corrompidos* — e que isso deve ter acontecido muito antes de Irene + eu nos conhecermos. Desde o tempo em que ela se envolveu com o *Village Voice* ([Ed]

Fancher, Dan Wolf [*cofundadores do jornal, junto com Norman Mailer*] depois Mailer, Alfred [Chester], [*a artista americana*] Barbara Bank, Harriet [Sohmers] etc. Ser o vulcão erótico cubano para os intelectuais judeus neuróticos e dessexualizados. Mrs. D. H. Lawrence trazendo as luzes da carnalidade + sentimento verdadeiro em relação às vítimas urbanas. Irene entendeu que podia *explorar* seus dons, que eles eram uma propriedade, que tinham um "valor", um valor elevado, no mercado humano.

Irene despencando de nossos belos voos de fantasia intelectual com um baque paranoico toda vez que surgia um sinal de demanda ética (como naturalmente acontecia comigo).

O projeto de desmitificar Irene. *Junto* com o projeto de solucionar seu poder sobre mim nos termos míticos em que ele também, verdadeiramente, postulava.

Irene exigindo ser definida como "inocente" — não aceitando ser definida como "boa" (minha proposta). Ela queria ser absolvida de qualquer responsabilidade final por seus atos. De certo modo, ela insulta a si mesma... Naquele tempo, é claro, eu não entendia nada disso, nada do que estava em jogo. Só sabia (sentia), vagamente, estupidamente, que era muito melhor (maior) ser tida como "boa" do que "inocente". Boa significa que tem conhecimento e "além disso" é boa. Eu não conseguia entender por que ela estava se recusando a ser elogiada mais do que desejava, por que estava rejeitando meu maior tributo, o que ela queria de mim quando insistia para que eu a achasse inocente. (Para mim, "boa" tinha tudo de bom que há em inocente e *mais.*)

[*Na margem:*] num táxi indo para casa voltando de uma projeção no MoMA às dez da manhã

Quando Irene + eu nos juntamos, prometi achá-la sempre "maravilhosa". Esse foi um dos termos de nosso contrato e qualquer violação disso era uma traição, um ataque, uma rejeição. Mas pense no que alguém teria de ser (a condição do ego etc.) para fazer disso uma *condição* de uma relação. Limitar o livre exercício da mente da outra pessoa.

E como isso se encaixava no meu quadro neurótico. Como eu sempre quisera, desejara descobrir alguém maravilhoso! A vida inteira. E ninguém nunca me havia ajudado bastante (*me levara*) a fazer isso. Ninguém nunca explicitamente me negara o direito de "vê-los", manter-me à distância, compreendê-los, achar erro neles. Todos (que eu conheci) sempre quiseram em algum ponto ser vistos, ser compreendidos. (Até minha mãe, até Philip.) Agora, eu desejava aquela interdição! (Não me veja. Eu vou ver você.) Para alguém com a arrogância, a certeza, o *talento* de forçar isso.

Todos os sonhos são modelos de *autoanálises*. Sonhos pobres são as declarações ou análises simplórias do "problema" de alguém. O sonho bom é o mais complexo, a declaração ou dramatização menos redutora. (Versus a ideia comum de que um sonho bom é aquele em que triunfamos, nos comportamos bem, despertamos... nos sentindo felizes etc.) A parte importante do sonho é a declaração analítica, não a resolução narrativa.

Minhas duas paisagens-modelo: o deserto (seco, áspero, vazio, quente) e os trópicos (molhados, cheios até demais, quentes). Uma polaridade, mas com algo em comum — um clima quente uniforme com um ciclo de um ano. Minha "surpresa" no ciclo das estações (sentindo que é algo contingente, quase um "erro", toda vez que chega o inverno em Nova York). Meu temor (recusa) de que *frio* seja mais profundo, mais absoluto do que minha aflição acerca do vazio, "*le vide*".

Esse é um ingrediente importante na minha fobia de nadar. Medo da imersão no oceano como algo *frio*. A paisagem interior--modelo da minha mãe — quase nada da natureza, exceto que devia ser quente (estar com um vestido leve, ou vestir uma roupa de banho). É um Grand Hotel. Quarto grande, banheiro grande, bar com pista de dança, restaurante, terraço, piscina, talvez um campo de golfe. Ir + vir de um desses lugares para outro, pois ficam próximos. A presença contínua e garantida do "serviço", a situação de ser *servida*. Eximindo-a da pressão da demanda para ser mais ativa, mais autônoma; para fazer as coisas para si mesma — + outros (como eu). O que é indolência ou preguiça dentro de casa não conta quando estamos num hotel resort. Também os tipos de contatos brandos, neutros, refinados que temos num hotel. O sistema de decoro que é "dado"; ela não tem de pedir isso, de criar isso, de estar continuamente aflita com a possibilidade de isso ser violado. Ela sabe como se comportar; supostamente os outros sabem como se comportar também, senão não estariam (não se atreveriam) a estar ali; eles assinaram um contrato para se comportar bem, por assim dizer, antes de assinarem o registro de entrada. Um processo de autosseleção; eliminação da ralé.

Como Eva apontou, se eu não tivesse dado a grande guinada de "Kant" para "Mrs. D. H. Lawrence", eu nunca seria capaz de escrever ficção.

O passo primeiro e absolutamente essencial foi — é claro — terminar meu casamento. Minha vida com Philip foi escolhida + projetada para ser o contexto em que eu seguiria adiante + adiante pela estrada de "Kant". Os tipos certos de recompensas + o tipo certo de privações. Foi na verdade, em seus próprios termos, um imenso sucesso + mostrou ótima capacidade de julgamento da minha parte.

O teste para o "novo ser" foi Harriet. Atravessar alguns bloqueios "objetivos" (minhas inibições sociais + esnobismos, minha ignorância mundana + falta de sofisticação).

Então veio a iniciação verdadeira — por meio de Irene. A transformação da minha subjetividade.

Se o exterior correspondesse à vida interior nas pessoas, não poderíamos ter "corpos" como temos. A vida interior é complexa demais, variada demais, fluida demais. Nossos corpos encarnam apenas uma fração de nossas vidas interiores. (A base legítima da infindável aflição paranoica sobre o que está "por trás" das aparências.) Visto que eles ainda *teriam* vidas interiores da energia + complexidade que eles têm agora, os corpos das pessoas teriam de ser mais parecidos com gás — algo gasoso embora tangível-visível como nuvens. Então nossos corpos poderiam rapidamente se metamorfosear, expandir, contrair — uma parte se desprenderia, poderíamos fragmentar, fundir, colidir, acumular, desaparecer, rematerializar, inchar, afinar, engrossar etc. etc. Como está, ficamos tolhidos como uma presença material no mundo, uma presença branda porém largamente determinada (determinada sobretudo com relação ao tamanho + dimensão + forma) — quase inteiramente inadequada àqueles processos que depois se tornam processos "interiores". (Isto é, longe de serem manifestos por inteiro, que precisam ser descobertos, inferidos; capazes de se esconder etc.) Nossos corpos se tornam vasos, então — e máscaras. Como não podemos expandir + contrair (nossos corpos), nós os enrijecemos muito — inscrevemos tensão neles. O que se torna um hábito — se torna estabelecido, para então reinfluenciar a "vida interior". O fenômeno da blindagem do caráter que [o psicólogo austríaco Wilhelm] Reich focalizou.

Um projeto imperfeito! Um ser imperfeito!

É claro, talvez nós não tivéssemos tanta subjetividade se o "exterior" fosse mais bem projetado para registrar a vida interior. Talvez a subjetividade tal como a experimentamos (toda a pressão, a força, a energia, sua paixão) seja precisamente o resultado de tal "confinamento" dentro de nosso ser. (Como a pressão que se forma quando um gás é aquecido no interior de um recipiente de metal.)

(Será esse o propósito da disparidade — o seu bem? Mas este é um pensamento panglossiano demais.)

É claro, é isso. É aquilo de que todos os sábios sabiam — + quando a demanda de uma conciliação de "interior" e "exterior", eles sempre postulam uma subjetividade que parece (comparada com o que temos de melhor) radicalmente esvaziada, branda, monótona, vazia. Platão, a visão gnóstica, a comunidade do jogo das contas de vidro de Hesse etc.

É por isso que os anjos não têm corpos (ou têm corpos "angelicais") — não, sobretudo por causa da aversão neurótica (cristã) da carne.

A fonte (da minha parte) da culpa que sinto em relação a Irene: que eu agi, desde o início, com *má-fé* — eu nunca "realmente" desisti de tudo, nunca realmente me humilhei, nunca realmente pensei que eu era burra (como ela exigia).

266

Abarcando toda a questão do "primeiro eu" versus o "segundo eu" (meu novo ser ao qual Irene me iniciou) estava o quadro mais amplo: o *eu* visionário *nunca* foi questionado. A questão em que eu me envolvi com Irene foi "apenas" a de qual o estilo concreto da consciência. Em algum ponto, em parte sabendo disso e em parte não, eu estava trapaceando. Eu ia, eu tinha intenção de "usar" o conhecimento dela como ela jamais poderia usar (falta de "nobreza" etc.), como ela *jamais* poderia colocá-lo em marcha. Eu tinha uma estrutura (maior —) em que situar a sabedoria dela. Portanto eu me fazia uma aprendiz dela — de verdade, com todo o coração. Mesmo quando me dei conta de que aquilo significava humilhar a mim mesma, entregar minha mente, declará-la incompetente + rasa + perseguida pela morte + um instrumento inadequado para a vida justa — eu fiz tudo isso, não sem luta, mas no fim, eu fiz. No entanto todo o tempo eu sabia que havia "mais". Mais para "mim". Mais viria depois — quando eu tivesse a sabedoria dela, quando eu tivesse ingerido aquilo + tornado meu.

E agora me sinto profundamente culpada. Como, de certo modo, eu sempre senti. Sinto que sou uma vampira, uma canibal. Eu me alimento com a sabedoria das pessoas, a erudição, os talentos, os encantos. Tenho um gênio para localizá-los + para me tornar uma aprendiz + tornar isso meu.

Isso faz de mim uma ladra? Não exatamente. Não sinto — jamais — que eu esteja tomando isso das pessoas. Eu não as deixo mais pobres depois que vou embora. Como eu poderia? Não são coisas que se possam levar embora. As pessoas continuam tendo isso, mas agora eu também tenho. (Essas coisas só podem ser abandonadas — Irene? — por seus proprietários, nunca roubadas.)

É isso que importa? A quem estou fazendo mal? Resposta: a elas. E a mim. Pois, mesmo se não existe questão possível de roubo ou esvaziamento ou diminuição do Outro, estou agindo debaixo de falsas desculpas. Elas não sabem o que eu quero delas? Pelo menos não sabem — não podem saber — com que volúpia, com que obsessão eu quero isso delas. E eu não posso contar para elas. Pois se soubessem, não dariam para mim.

Não dou nada em retribuição? Claro. Dou muita coisa. Talvez, em certos casos, mais do que obtenho em troca. É uma dádiva compulsiva (favor, generosidade) a fim de rechaçar minha própria sensação opressiva de culpa (além de me sentir uma predadora).

E — este é o ponto-chave — eu sempre deixo as pessoas quando "aprendi" tudo que posso, quando tive minha dose. Eu as "esgoto" para *mim mesma* e depois quero passar para fontes novas.

Eu vasculho o mundo à caça da fonte de outras pessoas (?) a fim de levar meus baldes + derramar todas essas contribuições na minha superfonte. Ninguém deve ver toda a extensão, toda a riqueza armazenada ali. Meu segredo mais profundo! Elas devem ver apenas minhas habilidades e meus produtos — aos poucos — que são possíveis por meio desses recursos laboriosamente acumulados.

18/9/67 Nova York

Livro estético: *O benfeitor*
Livro ético: *Morte em questão*

E agora? O terceiro estágio?

S[øren] K[ierkegaard] tinha razão. A estética não basta. Nem a ética.

"Forma" nova de falar a verdade (verdade no sentido existencial, não como "correção").

Tenho dificuldade para descrever movimentos físicos das pessoas — detalhe (?)

...

Menos coerência ou unidade de tom em *Morte em questão* do que em *Benfeitor*?

Benfeitor é um *reductio ad absurdum* da abordagem estética da vida — isto é, consciência solipsista (que não reconhece *fundamentalmente* a existência do que está fora do eu). Eu estava pensando na descrição do dândi em *Mon coeur mis à nu* [*Meu coração desnudado*, de Baudelaire].)

[*Sem data, outubro*]

[Gertrude] Stein — explorar o que acontece quando abandonamos a ideia de que uma coisa segue outra (que "isso" decorre "daquilo").

Cage + Thoreau sobre silêncio e redução —

...

Questionar a ideia do "desenvolvimento lógico" de algo, algo que tem uma "lógica interna". Sempre aceitei isso como natural.

17/11/67

Meu problema neurótico não é primeiramente comigo mesma (como no caso de Sandy [Friedman]) mas com outras pessoas. Portanto, escrever sempre funciona comigo, até me tira das depressões. Porque é escrevendo que eu (mais) experimento minha autonomia, minha força, minha falta de necessidade de outras pessoas. (Sandy tem, ao escrever, a experiência mais aguda de sua fraqueza.)

Au fond, eu gosto *de fato* de mim mesma. Sempre gostei. (Meu mais forte investimento em saúde?) É só que eu acho que os outros não vão gostar de mim. E eu "entendo" o ponto de vista deles. Mas — se eu fosse as outras pessoas — eu gostaria muito de mim.

Medo de contato. Eu "vejo" as outras pessoas. Mas não em relação comigo. Isso é obscuro, um mistério — ou simplesmente sem nuances (ele "gosta" de mim, ele não gosta de mim). Fico embaraçada para falar disso. Parece presunçoso.

Eu, no meu canto, com minhas necessidades monstruosas. E todas elas lá! Prometo não fazer papel de boba.

…

Construtivismo [Kazimir] Malevich, [Vladimir] Tatlin (cf. torre) [—] frouxa imitação em Bauhaus, [Walter] Gropius um

palerma, não entendia os russos — só queriam fazer coisas belas
— rapidamente esmagados

O maior período na arte moderna russa foi no início da década de 1920, mas eram avançados demais + isolados demais

teatro nas ruas — milhares no Ataque do Palácio de Inverno [*SS está se referindo à posterior recriação do acontecimento no filme* Outubro, *de Eisenstein*]
o ateliê de papel de Maiakóvski (Rosta [*Agência Telegráfica Estatal Russa, para a qual Maiakóvski trabalhou*]) — lançava novidades todo dia

1968

[*Na primavera de 1968, SS foi ao Vietnã do Norte passar duas semanas (3-17 de maio) a convite do governo norte-vietnamita como integrante de uma delegação de ativistas americanos contrários à guerra — uma viagem que suscitou muita controvérsia e também proporcionou a base de seu livro* Viagem a Hanói, *publicado naquele mesmo ano. Na maior parte, suas anotações são também transcrições do que seus anfitriões lhe diziam (não encontrei nenhuma anotação retificando ou questionando o que SS estava ouvindo; esses cadernos são antes os de um repórter que de um crítico), agendas e, como tinha o costume de proceder, SS fez anotações factuais e históricas sobre os lugares que estava vendo e listas de palavras vietnamitas e seu significado em inglês. Em consequência, escolhi reproduzir apenas alguns exemplos de tais entradas, e citei em sua integridade a mais introspectiva, cética e analítica que consegui encontrar. De fato, de certo modo, é mais consciente do que as outras notas ou, no meu ponto de vista, pelo menos,* Viagem para Hanói *conseguiram ser.*]

[*Sem data, maio, mas provavelmente 5 ou 6 de maio em Hanói.*]

A diferença cultural é a coisa mais difícil de compreender, de superar. A diferença de "*moeurs*" [*costumes*], estilo. (E quanto há nisso de asiático, quanto há nisso de especificamente vietnamita eu seguramente não consigo definir na minha primeira viagem à Ásia.) Modo diferente de tratar o convidado, o estranho, o estrangeiro, o inimigo. Relação diferente com a língua — combinado, é claro, ao fato de que minhas palavras, já simplificadas e em velocidade reduzida, são mediadas por um tradutor, ou, se falo inglês com eles, falamos numa língua de bebês.

Somado à dificuldade de estar reduzida à condição de criança: atividades programadas, guiada, recebendo explicações, mimada, paparicada, mantida sob vigilância. Somos crianças individualmente — e, o que é ainda mais irritante, um *grupo* de crianças. Eles são nossas babás, nossos professores. Tento descobrir as diferenças entre cada um deles (Oanh, Hien, Pham, Toan) e me preocupo por eles não verem o que há de diferente ou especial em mim. Sinto-me continuamente tentando agradar-lhes, dar uma boa impressão — conseguir a melhor nota da turma. Eu me apresento como uma pessoa inteligente, de boas maneiras, cooperativa, fácil de entender.

A primeira impressão é de que todos falam no mesmo estilo e têm as mesmas coisas para dizer. E isso é reforçado pela exata repetição do ritual de hospitalidade. Um quarto despojado, uma mesinha de centro, cadeiras. Todos apertamos as mãos, depois sentamos. Sobre a mesa: dois pratos de bananas verdes passadas, cigarros, biscoitos úmidos, um prato de doces da China embrulhados em papel, xícaras de chá. "*Cac ban* [Chào đón]..." [*Bem--vindo, em vietnamita*]. Alguém entra através de uma cortina e começa a servir o chá.

Nos primeiros dias, tive a impressão de que não havia esperança. Existia uma barreira que parecia impossível atravessar. A sensação de que eles eram muito exóticos — impossível para nós travarmos relações com eles, entendê-los, nitidamente impossível para eles entenderem a nós. Uma inegável sensação de superioridade em relação a eles; eu podia ~~entendê-los~~ (e até me relacionar com eles, só que não nos seus termos). Eu sentia que minha consciência incluía a deles, ou poderia incluir — mas a deles nunca poderia incluir a minha. E eu pensava com desespero que eu estava perdida para aquilo que eu mais admirava. Minha consciência é complexa demais, conheceu uma variedade grande demais de prazeres. Eu pensava no mote do filme de [*1964, de Bernardo*] Bertolucci [*Antes da Revolução*] — "Quem não viveu antes da revolução nunca provou a doçura da vida" — e o mencionei para Andy [*o escritor e ativista americano Andrew Kopkind*]. Ele concordou.

Mais do que sem esperança. Uma provação. Claro, eu não estava arrependida de ter vindo. Era um dever — um ato político, um lance de teatro político. Eles estavam representando seu papel. Nós (eu) temos de representar o nosso (o meu). O peso de tudo tinha a ver com o fato de o roteiro ser inteiramente escrito por eles; e eles também estavam dirigindo a peça. Não havia nenhuma dúvida em minha mente de que isso era como devia ser. Mas meus atos não pareciam fazer mais do que cumprir sua obrigação. E interiormente eu estava muito triste. Porque isso significava que eu não podia aprender nada com eles — que um revolucionário americano não podia aprender nada com a revolução vietnamita, como eu acho que se pode aprender (por exemplo) com a revolução cubana, porque — dessa perspectiva, pelo menos — os cubanos são muito parecidos conosco.

Nós tínhamos um papel: éramos americanos amigos da luta vietnamita. Uma identidade coletiva. A viagem para Hanói era uma espécie de recompensa, uma forma de apoio. Estávamos recebendo um convite — um agradecimento por nosso esforço — e depois seríamos mandados de volta para casa, com a fidelidade reforçada, a fim de prosseguir nossos esforços isolados como julgássemos adequado.

Existe, é claro, uma cortesia especial nessa identidade coletiva. Não nos pedem — nem separada nem coletivamente — para justificar por que merecemos essa viagem. O fato de sermos convidados e nossa disposição de vir parecem pôr todos nossos esforços no mesmo nível. Cada um de nós faz o que pode — é o que parece estar pressuposto. Ninguém faz perguntas sobre o que fazemos, de maneira específica ou concreta, em favor da luta. Ninguém nos pede para explicar, muito menos justificar, o nível e a tática de nossos esforços. Somos todos "*cac ban*".

Todos dizem: "Sabemos que o povo americano é nosso amigo. Só o governo americano é nosso inimigo". E desde o início tenho vontade de berrar de exasperação. Louvo a nobreza da atitude deles, mas lamento sua ingenuidade. Será que acreditam de fato no que estão dizendo? Será que não entendem nada sobre os Estados Unidos? Uma parte de mim está pensando neles como crianças — crianças lindas, inocentes, teimosas. E sei que não sou criança — embora esse teatro exija que eu represente o papel de criança.

Tenho vontade de voltar ao mundo adulto de textura tridimensional em que vivo — mesmo enquanto acompanho meus (deles) assuntos neste mundo bidimensional de conto de fadas ético em que estou cumprindo uma visita.

Aqui é monocromático. Tudo está no mesmo nível. Todas as palavras pertencem ao mesmo vocabulário: luta, bombardeio, amigo, agressor, imperialista, vitória, camarada, os colonialistas franceses, as tropas fantoches. Resisto ao achatamento de nossa língua, mas logo me dou conta de que devo usá-la (com moderação) se pretendo dizer algo que seja útil para eles. Isso inclui até as expressões locais mais carregadas como "as tropas fantoches" (em vez de ERV [*Exército da República do Vietnã, o Exército do Vietnã do Sul*] e o movimento — eles se referem a nós! — e o "campo socialista" (quando morro de vontade de dizer "comunista"). Com algumas já me sinto à vontade, como: "o front" em vez de "Vietcongue", e "imperialismo" e "povo negro" e "zonas liberadas". (Percebo que quando digo "marxismo" é em geral traduzido como "marxismo-leninismo".)

É da palavra *psicologia* que sinto falta.

Toda explicação de algo tem seu eixo numa data: em geral ou ago[sto] de 1945 (data da revolução vietnamita, a fundação do Estado) ou 1954 (expulsão dos colonialistas franceses). Antes e depois... O conceito deles é cronológico. O meu é tanto cronológico quanto geográfico. Estou continuamente fazendo comparações culturais cruzadas — pelo menos tentando fazer isso. Esse é o contexto da maior parte das minhas perguntas, porque não partilhamos um contexto comum.

Nos primeiros dias comparo constantemente a revolução vietnamita com a revolução cubana. (Minha experiência dela em 1960 e minha sensação de como se desenvolveu a partir do que ouço dos relatos de outras pessoas.) E quase todas as minhas comparações são favoráveis aos cubanos, desfavoráveis aos vietnamitas — pelo padrão do que é útil, instrutivo, imitável, relevante para o radicalismo americano. Quero parar de fazer isso, mas é difícil.

Gostaria muito que alguém aqui fosse indiscreto. Falasse de seus sentimentos "pessoais" ou "particulares". Fosse levado pelos sentimentos. Recordo os cubanos como desmazelados, impulsivos, falantes compulsivos (maratona). Aqui tudo parece formal demais, medido, controlado, planejado e hierárquico. Todos são especialmente corteses, porém (de certo modo) apáticos.

Os traços fortemente hierárquicos desta sociedade me chocam e logo me desagradam. Ninguém tem nada de servil, mas muita gente conhece seu lugar. Evoca as maneiras populistas da revolução cubana. A deferência que vejo algumas pessoas prestarem a outras é sempre generosa e graciosa. Mas existe claramente a sensação de que certas pessoas são mais importantes (valiosas) do que outras e merecem uma parcela maior dos poucos confortos disponíveis. Como a loja para estrangeiros (pessoal diplomático, hóspedes) e pessoas importantes do governo aonde fomos levados no terceiro dia a fim de comprar calças e sandálias de pneu. Nossos guias nos disseram, com muito orgulho e sem nenhuma vergonha, que aquela era uma loja especial. Achei que eles deviam perceber que a existência de tais estabelecimentos era algo não comunista.

Irrita-me sermos levados de carro para percorrer distâncias pequenas — dois carros, na verdade — Volgas grandes, feios, pretos, que ficam esperando com seus motoristas na frente do hotel toda vez que temos de ir a algum lugar. Por que não nos deixam — pedem para — andar? Melhor ainda, deviam fazer questão de que fôssemos a pé. Será por causa da cortesia? (Para os hóspedes, só o melhor.) Mas *esse* tipo de cortesia, me parece, poderia muito bem ser abolido numa sociedade comunista. Ou será porque acham que somos estrangeiros fracos, decadentes? (Ocidentais? Americanos?) Horroriza-me pensar que eles possam achar que caminhar é algo abaixo de nossa dignidade (como pessoas importantes, convidados oficiais, celebridades ou o que for). Não existe da parte deles nenhum movimento nesse sentido. Percorremos as ruas abarrotadas de bicicletas em nossos carros grandes e pretos — o motorista tocando a buzina para chamar a atenção das pessoas a pé ou de bicicleta, e muitas vezes para que abrissem caminho.

O melhor, é claro, seria se nos dessem bicicletas. Mas é claro que eles não podem levar a sério esse pedido. Pelo menos eles vão achar graça? Será que acham que estamos sendo tolos ou mal-educados ou estúpidos ou sei lá o quê, quando levantamos a questão?

Toda vez que vamos a Hanói as pessoas ficam olhando fixo, muitas vezes de boca aberta. Acho isso muito agradável, não sei ao certo por quê. Não é um olhar particularmente amistoso, mas sinto que estão nos "apreciando", nos ver é uma experiência agradável para eles. Perguntei para Oanh se ele achava que muita gente ia perceber que éramos americanos. Respondeu que isso não ia ocorrer a muitas pessoas. Então quem eles acham que somos?, perguntei. Provavelmente russos, disse ele. E, de fato, algumas vezes pessoas nos disseram "*továrich*" e mais algumas palavras russas... No geral, porém, as pessoas não falam nada para nós. Observam com ar sereno, apontam, falam sobre nós com as pessoas ao lado. Hien diz que o que se fala com frequência a nosso respeito é que somos muito altos. Com uma surpresa simpática.

A versão monocromática da história vietnamita é repetida para nós muitas vezes. Três mil anos rechaçando invasores estrangeiros. O presente estendido para trás no tempo. Os americanos =

os colonialistas franceses = os japoneses (brevemente) = milênios de "feudalistas do Norte" — leia-se "chineses". Houve até uma ofensiva do Tet no [*século XIII*]. A grande batalha no rio Bach Dang em 1288 é contada como outra versão da vitória sobre os franceses em Dien Bien Phu.

O tempo todo falando frases declarativas simples. Todo discurso ou explanatório ou interrogativo.

O que quer que façamos, estamos trancados dentro de nós mesmos. E, no entanto, fazer qualquer coisa indica a extensão do contato que estabelecemos com aquilo que não somos nós mesmos.

É um eu muito complexo o que um americano traz para Hanói.

O Vietnã pareceu muito real quando eu o vi [numa] mostra, num filme documentário, *O Paralelo 17*, de Joris Ivens.

Quando crianças viet[namitas] brincam de "capturar o piloto", o mais alto deve ser o americano.

O primeiro filme longa-metragem norte-vietnamita foi feito em 1959. Agora existem quatro estúdios de cinema no país.

Tive sorte de começar a viagem em Phnom Penh [no Camboja] — onde passei quatro dias esperando o avião da ICC [International Control Comission] — e mais sorte ainda (embora Bob [*Robert Greenblatt, um matemático de Cornell que trabalhava em tempo integral no movimento contra a guerra*], Andy, + eu tenhamos praguejado contra nossa má sorte) por termos ficado retidos no Vientiane [no Laos] durante mais quatro dias. Isso ao menos me permitiu certa perspectiva.

...

Hanói aproximadamente 1 milhão de pessoas antes do bombardeio, agora (1968) cerca de 200 mil...

Phạm Văn Đồng [*então primeiro-ministro do Vietnã do Norte*]: discurso faz dois ou três anos, contra a "doença da retórica" entre os quadros — generalidades — aconselha os quadros políticos a prestarem mais atenção à literatura — quer aprimorar a língua vietnamita...

Revolução traída por sua língua

...

Sentimentalismo
Austeridade: inventividade vietnamita — uma sociedade...
    [em que] tudo [é] para usar
Castidade: enfermeira dormia no quarto c[om] guias, motoristas
    Fidelidade
    Nada de calção ou peito nu no Camboja

AK [Andrew Kopkin] se pergunta: onde fica o Ego entre os Viets?

[*Em Hanói:*]

Nenhum monge

A pobreza [da cidade] — mesmas cores (sem verde, vermelho, amarelo) — azul-escuro, bege, cáqui

Organização da RDV [República Democrática do Vietnã] vida
— disciplina — elitista?

Unidade de milícia treinando no jardim da praça

Uso de sirenes no teatro de ópera

* Contraste: independência do RDV + independência dos sa-
télites do Leste Europeu

Alto-falante é ligado às 10h30 — anuncia alertas + música
— cantada por operários de gráficas

Adultos enxotando crianças que andam atrás de nós

7/5/68

Noite: oito-onze horas.

Visita para nos mostrar as armas americanas usadas no Vietnã
do Norte.

Bombas comuns (explosivos) — 45 a 1360 quilos

Armas antipessoas — a) balas dum-dum,
b) bombas de fragmentação — CBU, i) cilíndricas,
ii) redondas — bombas borboleta, — c) armas incendiárias,

i) fósforo branco, ii) napalm — Napalm A, Napalm B, iii) alumínio com óxido de ferro, iv) magnésio

CBW — armas químicas e biológicas — desfolhantes, substâncias tóxicas, gás venenoso

Fotos de vítimas, crânios, corte transversal no cérebro, arroz atacado por napalm

10/5/68

O sr. Trung, editor de *Nhan Dan* [*o jornal oficial do Partido Comunista do Vietnã*]:
Amor pelos Estados Unidos
Falado com voz suave
Efeito do movimento dos Estados Unidos — LBJ errado na avaliação da nossa força e do sentimento do povo dos Estados Unidos. Nos Estados Unidos os favoráveis à agressão são minoria.

Para travar guerra é preciso ter finanças, tropas, armas, apoio de amplas massas de pessoas — guerra de pessoas — começada s[em] armas.

Preferências séries de debates — resistência ao alistamento — "tradição de liberdade nos Estados Unidos" — assinaturas + anúncios em jornais — diferentes formas + tendências no movimento, mas riqueza no caráter — 500 mil em 15 de abril cercando o Pentágono — tem de ter um forte caráter organizacional — capaz de chamar o movimento de comunista —

["]Sabemos que nossos amigos comunistas nos Estados Unidos não são em grande número["] —

Movimento para salvaguardar a liberdade + prestígio dos Estados Unidos — "a outra América" — não só as tropas dos Estados Unidos

["]Movimento ajudou a mandar Mr. Averell Harriman para Paris["]

12/5/68

de noite na União dos Escritores:

Morrison [*Norman Morrison, o quaker de Baltimore que se imolou no dia 2 de novembro de 1965, diante do gabinete do secretário da Defesa do Pentágono, Robert McNamara, em protesto contra o envolvimento dos Estados Unidos no Vietnã: era um herói no Vietnã do Norte durante a guerra*] seu comportamento patriótico + benfeitor para a RDV.

Ho [*líder do Vietnã do Norte, Ho Chi Minh*] em 1945: "O povo é bom, só os governos são ruins".

...

Morrison é um grande homem porque resolveu o problema fora de si mesmo — ele não é vietnamita, não é comunista — ele não [tinha de agir] desse modo.

...

[*As anotações seguintes foram feitas por Andrew Kopkind e recopiadas no caderno com a letra de SS. Incluí apenas alguns fragmentos, entre eles referências às atividades de SS no Vietnã do Norte tal como registradas por Kopkind.*]

13/5/68 Manhã

Café — Conversa com Oanh sobre russos. Oanh diz "sabemos" que há divisões na embaixada russa. Alguns russos "depravados" — [Tom] Hayden diz que eles são como "americanos em Saigon" — Oanh diz que os vietnamitas estão surpresos com o que descobriram sobre a Rússia — "produto da má educação" na União Soviética — Oanh também tem notícias sobre a segunda reunião de Paris [conversações de paz]; acordo em questão que só os norte-vietnamitas + cidadãos dos Estados Unidos [*sic*] sejam autorizados. Também notícias da greve geral na França em apoio aos estudantes.

Um alerta — tudo livre em poucos minutos — sem tempo para abrigo (ou interesse)

Chovendo fraco — segui de carro alguns quarteirões até o Ministério da Educação... velha casa de campo ou escritório francês — recebido e levado ao encontro de um diretor sorridente e seis jovens professores — camisas cáqui, verdes e azuis — em redor da mesa comprida — chá, biscoitos, doces, cigarros — fios elétricos expostos na parede — professores de várias matérias.

Professor Ta Quang Buu — assinou o acordo de Genebra
Professor: Antes de 1956, nenhum ensino superior — retorno ao século XVII + antes — depois ensino superior c[om] caracte-

rísticas nacionais — franceses se esforçaram para eliminar trad[i-ção] (Professor corrige a tradução de Oanh) — eu fui formado sob a dominação francesa — sei francês + inglês. Alunos educados a partir de 1954 sabem russo.

...

Apesar das atrocidades da guerra, professores e alunos não foram mobilizados [*essa frase está destacada*] — 6 mil professores em faculdades — 5 mil professores em escolas [secundárias] prof[issionalizantes] — cerca de 200 mil alunos ao todo ([escolas] profissionalizantes + faculdade[s]) *não* são convocados para o exército. Gov[erno] + partido prestam atenção especial à formação técnica + planejamento econ[ômico] dos quadros + aprimoramento da qualidade —

[Professor:] A dificuldade mais grave é o isolamento intelectual — mas temos avançado na ciência teórica + aplicada —

...

ss apresenta esboço da educ[ação] nos Estados Unidos — educ[ação] nos primeiros doze anos mas não é séria — precisa rev[olução] para mudar condições da sociedade + da política para produzir isso

...

Salão de auditório do hotel — perto do abrigo — mesa comprida — cerca de trinta pessoas, na maioria homens, poucas mulheres — sala iluminada, ventiladores rodando, Hien traduz — homem c[om] fios nos ouvidos ao lado (surdo?)

...

(interrupção por um tempo longo — dez minutos — alerta. Ninguém vai para o abrigo, mas as conversas param)

P[ergunta]: Marcha do povo pobre [*Refere-se ao protesto de massa nos Estados Unidos na primavera de 1968 organizado pelo reverendo Ralph Abenathy, que se tornou o líder da Conferência da Liderança Cristã do Sul depois do assassinato de Martin Luther King.*]

Psicologia dos Estados Unidos (longa resposta de ss).

[P:] O que as pessoas comuns acham da guerra, efeitos do duplo critério do Tet no povo dos Estados Unidos + vietnamita? Será que ss acha que o povo dos Estados Unidos não acredita na propaganda? — Vasta maioria dos vietnamitas também não questiona a propaganda.

...

Jantar + depois pequeno teatro... R[obert] G[reenblatt] + eu saía toda hora... ss ficou — voltou + conversou c[om] suecos + estudantes. Mark Sommer [*o jornalista americano*] m[uito] ingênuo — no jantar conversamos de novo sobre sua atitude complacente — ele cumprimentou os vietnamitas por sua humanidade (não terem se desumanizado com a guerra, a crueldade dos americanos) — como elogiar os negros por seu senso de ritmo — a humanidade dos vietnamitas não é uma questão; a nossa é. Longa discussão sobre *nossa* cumplicidade com a sociedade dos Estados Unidos — ss atacou Mark — ele é mesmo muito imaturo + leviano — Depois que ss voltou, conversamos de novo sobre a "barreira" aqui — a barreira é em si mesma uma expressão — reflexo de superfície — da realidade vietnamita. Existe também algo mais por baixo, mas não podemos subestimar o que está na superfície —

...

SS vai ver prisioneiros [dos Estados Unidos] — dois, um há três anos, outro há um ano — Nenhuma indicação do local onde ficam presos — os dois cumprimentam com uma reverência da cabeça — um (três anos) se curva muito, o outro, de leve — ambos de "pijama" mas diferentes — listrado + liso

O de três anos é mais "solícito", o outro, seco. Oanh + três outros na sala, pequeno posto militar, mais ou menos dez homens do hotel...

Ambos [*prisioneiros de guerra*] disseram que recebem cartas dos Estados Unidos em intervalos regulares — fotos da família

Tenente-coronel de alto escalão e major, ambos c[om] serviço na Força Aérea — Guerra da Coreia + mais antigo — Segunda Guerra Mundial. O mais velho disse que não sabia nada sobre os Acordos de Genebra. Eles recebem informação — Sabem da Marcha dos Pobres, Abernathy, RFK etc.

SS contou para eles as mudanças na política americana —

SS falou com eles separadamente...

Um compreendia um pouco de vietnamita — respondeu quando o funcionário falou em vietnamita que ele podia pegar fruta + doce

[Os prisioneiros de guerra] receberam material para ler sobre [a] guerra — livro de Felix Greene [*Greene, primo de Graham Greene, foi repórter do* San Francisco Chronicle *no início da década de 1960, opositor do envolvimento dos Estados Unidos no Vietnã e simpatizante dos norte-vietnamitas*], *Vietnamese Courier.*

[Os prisioneiros de guerra] se curvam em reverência e se retiram.

...

[*Daqui em diante, as entradas são de SS.*]

Amor da "revolução" para ocidentais: romance final do primitivismo, da vida simples [/] povo

Sociedade descentralizada, honesta c[om] amor

...

[*Sem data, junho*]

Diana [Kemeny] — nenhuma transferência neg[ativa]; não admite raiva, lágrimas; minha cúmplice; me conta algo em minúcias

Uma de minhas estratégias:
Desarmar as pessoas: pessoas são perigosas, devem ser apaziguadas

...

[*Sem data, a não ser "julho de 1968 Paris"*]

Cinema "mínimo"
(gato aleatório de Warhol em *Harlot*)

Bertolucci: torna cada tomada autônoma; portanto reduz a montagem

Fazer filme sobre a linguagem — cada pessoa fala sua própria linguagem.

...

Keats: "Embora uma discussão nas ruas seja algo que se deva odiar, as energias empenhadas nisso são boas".

Comprar *Architecture + Politics in Germany 1918-1945*, de Barbara Miller Lane

...

7/8/68 Estocolmo

Agora vejo que meu padrão de associação com homossexuais masculinos possui mais um significado muito importante além daqueles que eu já compreendia (dessexualizar a mim mesma; ter companhia masculina — que eu desejo — mas que seja segura, não ameaçadora etc.) Também significa a recuperação indireta da preservação da minha feminilidade! Tudo que é "feminino" está *"en principe"* [*em princípio*] envenenado para mim por minha mãe. Se ela algum dia... *fez* isso, então eu não quero fazer. Se ela gostava, eu não posso gostar. Isso abrange tudo, de homens até perfumes, móveis bonitos, roupas da moda, maquiagem, coisas enfeitadas ou elegantes, linhas suaves, curvas, flores, cores, ir ao salão de beleza, tirar férias ao sol!

[*Na margem:*] Sem falar de álcool, jogo de cartas + TV. Graças a Deus que minha mãe não gostava de crianças, comida, filmes, livros e estudar!

Pobre de mim. Mas muito sagazmente descobri uma saída de emergência para algumas dessas coisas me aproximando de uma série de homens que admiram e imitam coisas "femininas". Eu aceito isso neles. (Eles — não mulheres, não minha mãe — comprovam isso.) Portanto também posso aceitar isso. E assim na última década fui aos poucos acrescentando mais coisas "femininas", gostos + atividades em minha vida. Posso amar a "art nouveau" (só curvas, vidros opalescentes, flores malucas). Posso gostar de flores. Adoro dançar. Adoro roupas lindas. Quero (bem, na minha cabeça eu quero, embora na verdade não queira!) ir a festas e dar festas. Quero um belo apartamento com móveis maravilhosos. Eu [gosto] de usar cores vistosas.

Como eu era diferente até há onze anos (no fim do meu casamento): sem flores, sem cores (minhas roupas eram só de panos pretos, cinzentos + marrons para me esconder — para cobrir o máximo que podia de mim mesma) nenhuma leveza de nenhum tipo. A única coisa boa era trabalhar, estudar, minhas ambições intelectuais + morais, ficar "forte" (porque minha mãe é "fraca").

Assim, como entendi de repente esta manhã — quando acordei no hotel aqui, peguei um exemplar já lido de *La Quinzaine Littéraire*, passei os olhos numa resenha do romance novo de [Carlos] Fuentes, li depressa a descrição de uma personagem mulher que coleciona objetos de "art nouveau" — que meu envolvimento com o mundo homossexual masculino nos últimos onze anos não é apenas uma coisa ruim para mim, um sintoma neurótico, um recuo, uma defesa contra a emergência de minha própria sexualidade + plena maturidade. Também tem sido — em vista de meus problemas iniciais — algo muito positivo. Fui ajudada por isso — embora eu ache que, a esta altura, já tenha obtido tudo que podia dessa estratégia inconsciente e já não tem *mais* nenhuma utilidade para mim. Porque posso ser mais autenticamente mulher (porém ainda forte, ainda autônoma, ainda adulta) mais autenticamente do que qualquer homem!

Que estranho ter pensado tudo isso — instantaneamente, embora eu tenha levado meia hora para escrever — só por ver três frases sobre "art nouveau". (Quando penso nos muitos livros inteiros que li + possuo sobre "art nouveau" — as conversas com Elliott [Stein] etc.)

Tive dificuldades tão imensas pensando sobre mim mesma, mantendo-me ligada a mim mesma neste último ano. Apenas as mesmas velhas e bolorentas reflexões. Nenhuma ideia ou descoberta nova desde o grande pacote em Martinica faz um ano...

Tem sobretudo a ver com a ausência de Diana na minha vida, suponho. Nunca escrevi tão pouco no meu diário — assim tenho usado o *mesmo* caderno — este — por mais de um ano, + ainda não estou nem perto de enchê-lo.

Outro minipensamento. Quando tive essa ideia (eu com uma ideia nova!) esta manhã na cama, fiquei tão satisfeita de ter um pensamento novo — faz um tempo danado que isso não acontece! Este ano eu tinha certeza de que minha mente estava uma ruína +

eu estava ficando tão burra quanto todo mundo — eu queria fazer algo para expressar meu prazer. Então falei alto, de modo bastante consciente: "Puxa, o que você acha? Uma ideia!". Ou alguma coisa assim. E o som da minha voz neste quarto sem ninguém, senão eu, me deixou profundamente deprimida.

Eu nunca falo sozinha — nunca sequer experimento fazer isso — e agora entendo por quê. Acho muito doloroso. Então eu sei *de verdade* que estou sozinha.

Talvez seja por isso que escrevo — num diário. Dá a sensação de ser "certo". Eu sei que estou sozinha, que sou a única leitora do que escrevo aqui — mas o conhecimento não é doloroso, ao contrário, me sinto *mais forte* por isso, mais forte a cada vez que escrevo algo. (Daí minha preocupação no ano passado — me senti tremendamente *enfraquecida* pelo fato de eu não poder escrever no diário, não queria, estava bloqueada ou sei lá.) Não posso falar para mim mesma, mas posso escrever para mim mesma.

(Mas será assim porque eu penso *de fato* que é possível que um dia alguém que eu amo e me ame vai ler meus diários — + sentir-se ainda mais ligada a mim?)

"Quero ser boa."
"Por quê?"
"Quero ser aquilo que admiro."
"Por que não quer ser aquilo que você é?"

19/9/68 Estocolmo

Revista trotskista italiana, *La Sinistra* (ed. Savelli)

Li no mês passado: onze contos de Tchékhov; Melville, *O vigarista*; [Maksim] Górki, *Mãe*; [Evguéni] Zamiátin, *Nós*; Tolstói, *A sonata a Kreutzer*; *A invenção de Waltz*, de Nabókov; *Nostromo*, de Conrad; três livros de Agatha Christie

Conseguir *Estilo e ideia*, de Schöenberg

Ensaios para escrever: Artaud, Adorno, Psicotécnica (liberdades espirituais + disciplinas psicológicas), Notas para uma def[inição] de E[evolução] C[ultural]

...

1969

[*Sem data, junho. O diário em que estas entradas aparecem vem com a indicação na capa: "Política".*]

"Sem teoria revolucionária não pode haver movimento revolucionário." Lênin (1902)

Terá sido Rosa Luxemburgo "uma aliada espiritual dos mencheviques" (Lichtheim) ou uma boa comunista (Staughton Lynd? [*o ativista americano contra a guerra*]. Como decidir isso.

A experiência dupla de 1968 — o Maio francês, o Agosto tchecoslovaco.

"A solução está na efetiva insurreição das mentes." Saint-Just. Ler *L'Esprit de la Révolution* de Saint-Just etc.

("Insurreição... deve ser o estado permanente da República." Sade)

294

"1848 foi surpreendente apenas porque as pessoas construíam utopias como se fossem castelos na Espanha." — Baudelaire

Ivan Illich [*o crítico social católico austríaco, que SS conheceu no final da década de 1960*] mencionou que haveria uma transformação radical na sociedade se fosse aprovada uma única lei simples: nada dentro das fronteiras do país pode se deslocar a mais de cinquenta quilômetros por hora. Pense que mudança isso vai causar nas prioridades + qualidade dos bens produzidos. Um país assim produziria carros que durariam cinquenta anos.

"A pessoa se torna tola assim que deixa de ser entusiasmada." ([Claude-Adrien] Helvétius)

Tudo aquilo que não nos leva para a prisão leva à cooptação.

Ler sobre:

A guerra do Chaco (1935)
O massacre em Madagascar em 1947
O massacre de 45 mil argelinos em Setif em 1944
As ocupações das fábricas no norte da Itália em 1919-20
O movimento estudantil em Boston antes da Primeira Guerra Mundial

...

1970

4/2/70 Paris

O pensamento nunca é (?) "pesado" — é a ansiedade que o acompanha.

O desejo de tocar/ser tocada. Sinto-me agradecida quando toco alguém — além de afeição etc. A pessoa me permitiu provar que tenho um corpo — e que existem corpos no mundo.

Ser uma grande comedora = desejo de afirmar que tenho um corpo. Identificar recusa de comida com recusa do corpo. Irritação com pessoas que não comem — até angústia (como inicialmente C[arlotta del Pezzo [*amante de SS durante esse período*]) e repulsa (como com Susan [Taubes]). Lição dos últimos cinco meses: eu não tenho de comer muito.

10/2/70 Nova York

Longa conversa com Stephen [Koch] esta tarde — imensamente útil.

Não tenho tantas opções quanto imaginava — de fato, só duas: arrancar o sentimento pela raiz, dizer para ela [Carlotta] que vá para o inferno — ou *jouer le jeu* [*jogar limpo*].

Claro, vai ser a segunda. A idade da inocência acabou.

Isso não é o fim da história — só o começo da fase 3.

A Fase 1 foi julho-agosto: paixão, esperança, desejo. A Fase 2, data do meu regresso para Nova York no dia 2 de setembro, até esta última semana em Paris: desejo intensificado, obsessão, sofrimento, paralisia no trabalho, castidade mágica, inocência (ainda), alegria com o sentimento de ser amada, esperar com paciência que nossa vida juntas comece.

Agora Fase 3. A hora de jogar limpo, Carlotta não pode ser o centro da minha vida, só (possivelmente) uma parte de um centro plural que vai incluir trabalho, amigos, outros casos. Devo permitir que ela tenha sua liberdade para ficar comigo quando ela quiser e depois ir embora de novo. Tenho de aprender a usar, e desfrutar genuinamente, a liberdade que tal situação me permite.

Devo parecer forte — o que significa que eu devo realmente ser forte. Não tenho de oferecer a ela meu sofrimento, meu desejo por ela, como prova do meu amor. Não devo sequer lhe dizer tantas vezes que eu a amo. Não devo tentar persuadi-la, com palavras, que vai ser bom para ela ficar comigo. (Isso lhe desperta o medo da dependência.) Não devo pedir que ela me tranquilize, que diga que me ama. Não devo lhe perguntar quando vai voltar para Nova York, só [dizer] que espero que volte.

Acima de tudo, não devo me comportar como se o que aconteceu nesta semana seja decisivo (pedir a ela que me assegure que é decisivo). Nada é decisivo para ela. Mas se eu lhe pedir que me diga que não é, ela vai se sentir encurralada — como se estivessem cobrando dela um compromisso.

Devo mostrar que estou interessada em (obter prazer de) meu trabalho, David, meus amigos. Se eu negar tudo isso por ela, será um sinal de fraqueza — e ela se sentirá ameaçada. (Para mim, é claro, é um sinal de força — e uma prova do meu amor.)

Tenho de ser forte, permissiva, irrepreensível, capaz de me alegrar (com ou sem ela), capaz de cuidar de minhas próprias necessidades (mas reduzindo a ênfase na minha capacidade, ou desejo, de cuidar dela.) Recordar o que ela disse outro dia sobre me achar tão diferente da maneira como eu parecia ser no início (autônoma, "fria")? Aquela era a pessoa por quem ela se sentiu atraída originalmente. Ela ainda deve sentir isso em mim de vez em quando. Não posso jamais lhe mostrar toda minha fraqueza. Tenho de limitar minha sede de sinceridade.

Não posso persuadi-la com palavras a me amar, confiar em mim, ficar comigo. Isso tem de ser feito com ações. Ela tem de vir para mim livremente. Preciso agir como se esperasse que ela fizesse isso — mas não dizê-lo, acima de tudo não pedir para ela confirmar isso. Preciso agir como se dez dias com ela fosse tão bom quanto dez meses.

Posso dizer para ela que me sinto mais forte (em mim mesma, em meu amor por ela) por causa da semana passada — mas não que "nós" estejamos mais fortes. Isso já é uma exigência de compromisso.

Não devo lhe pedir que me peça para esperar por ela, para ser paciente, para ter esperança. Devo simplesmente mostrar que, na verdade, estou fazendo essas coisas — sem ansiedade, sem sofrer demais.

Conversa com Eva [Berliner]:

O significado do "colapso nervoso" de Carlotta na semana passada: Veja, eu faria se pudesse, mas não posso. Para que o comportamento seja eficaz (isto é, autoinocentador) o colapso deve ser "total", o que exclui para mim até o mais ligeiro gesto de consolo ou apoio. Pois se ela pudesse fazer tal gesto, significaria que ela é capaz de se preocupar comigo (ter um sentimento de responsabilidade) e portanto que o colapso não era total e, se não era total, então supõe-se que exigências poderiam ser feitas a ela etc. (Isso, não o sadismo — consciente ou inconsciente — explica por que ela não pôde dar o menor apoio naqueles últimos dias.)

O que tenho de superar: a ideia de que o valor do amor aumenta quando o eu definha. O que Carlotta não quer — e alguém deveria querer? — é que eu esteja disposta a abandonar (desmerecer) tudo por ela. O que a atraiu em mim foi eu ser uma pessoa com interesses, sucesso, força.

Aprendi com Irene uma lição ruim, ela de fato queria que eu abandonasse tudo por ela e media de fato meu amor pela soma daquilo que eu estava disposta a abandonar.

O estado em que Carlotta se encontrava na semana passada: ela não tem nenhum "eu". Essa "coisa" estava fazendo que ela agisse. Este é o problema dela: não ter um "eu" de verdade. Ou seja, odiar a si mesma. Ou seja, acreditar que ela é uma assassina — que é fundamentalmente ruim para as pessoas. (Daí a falta de sentido da ideia de "responsabilidade" para uma pessoa sem um "eu".) Mas ninguém pode dar um "eu" a Carlotta. Mesmo se pudesse, seria algo que consideraria ameaçador. Uma pessoa capaz de dar para nós um "eu" também pode tomá-lo de volta.

Eva disse: Eu teria medo de alguém disposto a abandonar tudo por mim.

Carlotta quer de mim, primeiro, o espetáculo da força — a garantia de que ela não é capaz de me destruir. Isso, neste momento, é muito mais do que minha garantia de que ainda a amo.

12/2/70

Conversa com Stephen [Koch]:

Americano	Europeu
Análise >>> interior modificação	intuição >>> ação
Psicanálise	astrologia
Automanipulação — objetivo da autotranscendência	não se pode mudar nossa natureza

Deve existir algo melhor do
que minha natureza

Fala incessante (pôr tudo para
fora)

Ajude-me

Que esquema explica por que
então eu fiz X e agora fiz Y

Eu fiz porque...

Quero ser melhor do que sou

Tese de fronteira dos EUA
(vamos mudar — valor da
mudança em si mesma)

Que conselho você me dá?
(O que eu devia fazer?)

Sabe o quanto eu amo você?
(tipos diferentes de amor)

Ser sozinha é distintivo
(antinatural)

Tenho de ser sozinho (tudo
desaba — entendo o que
sinto)

em última análise todo mundo
é sozinho

É vulgar (desnecessário, cria
problemas) falar muito; ou a
gente sabe ou não sabe

Não seja tão "lógica"

Tome minhas últimas palavras
(ações) como eu — por que
para você é um problema se eu
falei algo diferente antes? Na
hora eu me sentia diferente

Ninguém pode dar conselho a
ninguém (perigoso, fútil)

amor = amor

Coisas acontecem — eu
controlo muito pouco

Devo assumir a responsabilidade de tudo que faço; sou a autora da minha vida	Futilidade da ideia de nos obrigarmos a fazer o que não queremos
Fazer planos O que vou fazer? Isto é, o que eu devo fazer?	Futilidade da pergunta: o que eu devo fazer?

Sou uma "cabeça de decisão". Generalizo a partir da minha experiência. Minha fonte principal de autoestima é que eu posso decidir e ajo (me obrigo) mesmo quando não quero fazer algo. Estou "no controle" de mim mesma. Função da inteligência: superar-se.

Carlotta uma "ocasionalista" — tecido de pouco nexo causal entre atos (afirmações). Ela não se sente presa pelas próprias "intenções".

Um mês atrás eu disse para Don [Eric Levine]: estar apaixonada significa estar disposta a arruinar-se por outra pessoa. Mas não agora! Em Paris eu definia o amor como generosidade espetacular (total).

Tenho uma visão antecipatória da minha vida.

Carlotta jamais diria que uma ação sua foi um "erro", porque ela não se vê agindo com base num julgamento feito por cálculos — mas só com base em sentimentos e capacidades. Sentimentos não podem ser um erro. Algo que ela fez pode ser ruim — ou triste — mas não um erro. — Muitas vezes falo de ações que executei como erros porque pressuponho que um elemento de julgamento, avaliação consciente (isso é eficaz? Quais são suas consequências a longo prazo?) participa, devidamente, de minhas ações decisivas.

Carlotta não está trancada dentro de um problema ambivalente — como Eva esteve muitas vezes. Ela age mediante movimentos pendulares violentos, mas não porque tenha, digamos, sentimentos ambivalentes por Beatrice [*amante de Carlotta quando SS a conheceu*], o que a leva a mover-se na minha direção, depois experimenta ambivalência em relação a mim, o que a faz voltar para Beatrice, depois tem saudades de mim etc. Ela não é ambivalente a respeito de nenhuma de nós duas!

Carlotta não usa todo o crédito (obter os devidos benefícios de autoestima) pela maneira heroica como se livrou da heroína. Não: eu parei, portanto... mas: para mim foi possível parar.

O fato de Beatrice ser "chinesa" fez Carlotta sentir-se segura. Eu sou amada, mas não demais — não de forma expressiva demais nem possessiva demais nem inquisitiva demais.

Um dos fatores psíquicos mais fortes em favor de Beatrice: C. se sente agradecida a ela, em dívida com ela — por se sentir "melhor" nos últimos quatro anos. O fato é que ela está. Beatrice deve ter sido mesmo boa para ela. Mas também é verdade que Beatrice sutilmente (nem tão sutilmente?) incentiva — promove — essa sensação de endividamento em Carlotta. Seus comentários para mim em nossa conferência de cúpula no Hotel Santa Lucia em Nápoles no dia 1º de agosto: "Dei para Carlotta quatro anos da minha vida". "Você percebe como ela é frágil?"

Em Milão, um dia, falei para C.: "Não vê que você é a autora da sua vida?". Ela respondeu que não era verdade.

15/2/70

As funções do seminário que estou tendo esta semana referente a C., com Stephen, Don, Eva, Joe [Chaikin], Florence [Malraux]: a fim de erguer uma estrutura de compreensão (visões de mundo comparativas, consciência comparativa) para transcender a dor, a angústia, a falsa esperança — armar a estratégia (ter "esperança" realista, não cometer erros) — experimentar o domínio (por meio de um esforço da inteligência) para neutralizar a derrota emocional, sentimento de impotência — me aproximar mais dos amigos, experimentar as maneiras como eles são inteligentes, sensíveis, amorosos, e portanto podem me alimentar (a experiência de que não estou sozinha, embora abandonada por C.)

Estar apaixonada (*l'amour fou* [*amor louco*]) uma variante patológica do amor. Estar apaixonada = vício, obsessão, exclusão dos outros, demanda insaciável de presença, paralisia de outros interesses e atividades. Uma doença do amor, uma febre (portanto exaltadora). A pessoa "se apaixona". Mas isso é uma doença que, se é preciso tê-la, é melhor muitas vezes que de modo infrequente. É menos louco se apaixonar muitas vezes (menos impreciso, pois existem muitas pessoas maravilhosas no mundo) do que só duas ou três vezes na vida inteira. Ou talvez seja melhor sempre estar apaixonada por várias pessoas em qualquer momento.

Qualidades que me excitam (alguém que eu ame deve ter pelo menos duas ou três):

1. Inteligência
2. Beleza; elegância
3. *Douceur* [*gentileza, doçura*]
4. Glamour; fama

5. Força

6. Vitalidade; entusiasmo sexual; alegria; charme

7. Expressividade emocional, ternura (verbal, física), afeição

Uma descoberta importante nos últimos anos (constrangedora) foi até que ponto eu reajo ao número 4 — Jasper — até Dick Goodwin, Warren Beatty — agora C.

Inteligência significa ter uma sensibilidade (articulável, verbalizável) que se não for de fato original que pelo menos seja uma marca pessoal definida. Que eu possa ficar impressionada com as coisas que a pessoa diz. (Philip tinha isso — Irene — Jasper — Eva)

Glamour requer um espaço entre a pessoa e uma imagem (título) que precede a pessoa. "Este é X o — Jasper o pintor, Carlotta a duquesa. Warren o astro do cinema." (Mas não Eva, a professora alemã — um papel em vez de uma imagem. Nenhum espaço "entre" a pessoa e um papel.)

Referente a: conversa com Ivan Illich:

Escolas são uma instituição para a produção de crianças. Cf. [Philippe] Ariès [*autor de História social da criança e da família*]

Substituir "aprender" por "ser ensinado". Agora os alunos não querem aprender, e sim ser ensinados.

Pressuposto por trás do conceito de "moderno", "ocidental", da escola:

1) universal e, idealmente, compulsória

2) específica para uma idade (para "crianças")

3) grade curricular

4) provas >>> certificados

5) papel do professor

Educação, uma loteria na qual teoricamente todo mundo tem chance de chegar ao Prêmio Nobel. Reforça e institucionaliza a sociedade de classes, as relações hierárquicas.

Por que não invocar a Primeira Emenda da Constituição contra as escolas (como não deve existir uma religião "estabelecida", também não deveria haver grade curricular); e também a Quinta Emenda (prova = autoincriminação); e as leis antitruste (desejo de estabelecer um padrão educacional uniforme)? Em vez de fazer questão de que todo mundo seja educado durante a "infância", por que não conceder a todos, ao nascer, um *Educard* que daria o direito a cinco anos de educação, sacados (usados) quando a pessoa quisesse — com dividendos, talvez, se a pessoa adiasse uma parte da educação para os anos da idade "adulta".

Com Ivan, depois que Bob Silvers [*editor fundador de* The New York Review of Books *e amigo de SS por toda a vida*] saiu:

Da virtude, da bondade, da santidade eu faço um "ídolo". A ânsia que sinto de bondade corrompe a bondade que tenho. — E sempre achei que meus ídolos fossem a melhor parte da minha consciência! (Meu ídolo = minhas aspirações morais; meu panteão privado — Nietzsche, Beckett etc.; meus "padrões" para mim mesma.)

Eu desprezo o convívio (muita gente) na ânsia do tipo de plenitude que só é possível no diálogo (verbal, em geral, às vezes físico) com outra pessoa.

306

Ivan diz que antes de agir ele está consciente da possibilidade de cometer um erro, mas nunca fica recapitulando suas ações. Está consciente de cometer pecados — por exemplo ser frio, explorador, cruel. Podemos ser perdoados por uma pessoa contra a qual pecamos. Mas não podemos perdoar a nós mesmos. O que podemos fazer com a consciência de ter pecado? Nada. Viver com ela. (Sermos perdoados não cancela o pecado.)

O processo de morrer (*sterben*) versus morte (*todt*). Processo de morrer = a pessoa deseja ser "livre". O inglês não tem duas palavras para morte + morrer (*Sterben/Todt; nekros/thanatos*) como não tem duas palavras para esperança (*l'espoir/l'espérance*).

Toda vez que uma mulher é violentada (e assassinada) numa cidade grande, isso é um linchamento. Movimento Feminista. Como a metáfora ilumina. O que é sexual (isto é, "privado" segundo a sociedade dominada pelos homens) se torna crime político (isto é, público/social) — enraizado na sujeição pública, ideológica das mulheres.

Dialética da relação entre consciente e consciência:
— função da linguagem (linguagem promove consciência/ um aumento de consciência não é filosoficamente debilitador (cf. *Memórias do subsolo*, de Dostoiévski, e Nietzsche), mas sim, o que é mais importante, moralmente debilitador)

Antes da "escola" existiam formas coletivas de treinar a consciência em todas as sociedades tradicionais: ritual, peregrinação, mendigar, silêncio, liturgia.

Ivan: Não existe corruptor maior do que a palavra de Deus

Não será arrogância espiritual da minha parte me sentir corrupta (comprometida) toda vez que não estou presente na plenitude do meu ser? Uma espécie de histeria moral? (Problema de *Persona* [*filme de Ingmar Bergman de 1966*] — Será que Martin tem a resposta?) Negação da realidade criatural.

Não falamos a língua, falamos (em qualquer momento dado) uma língua particular. Não fazemos música em geral, mas trabalhamos, num determinado momento, dentro de um sistema tonal específico.

Hoje as crianças estão abertas à morte (*todt* — ser morto) ao passo que morrer como processo (vivo) é cada vez mais sem sentido para elas. Daí, não é argumento nenhum dizer que cigarros causam câncer ou que o vício da heroína acaba sendo fatal, pois essa é uma das razões delas. O gosto pelo apocalipse (ser morto). Pelo menos a morte por meio de drogas, digamos, é autoprovocada, individual, em oposição à morte no holocausto nuclear.

Depois de três meses de silêncio no deserto, falar é um ato físico violento. (Por quanto tempo?)

Ivan em busca de resposta para algo que falei: "Espere… Estou sentindo o gosto, mas ainda não consegui encontrar as palavras".

Faço um ídolo de minha consciência moral. Minha busca do bem é corrompida pelo pecado da idolatria.

17/2/1970

Estou no exílio (Estados Unidos) do meu exílio (Europa).

Abandonada. Lutando para não me sentir abandonada.

Kleist (Teatro de Marionetes): Se não temos o centro de gravidade dentro de nós mesmos, ele estará em outra parte (em outra pessoa?) o que abre infinitas possibilidades de distorção. A ambivalência de Carlotta — (diferente de Eva) ela não projeta isso em outras pessoas (ela é gentil demais, afetuosa demais, essencialmente não é uma pessoa crítica em relação aos outros) mas sente a profunda ambivalência em relação a si mesma. Experimenta a si mesma como pessoa profundamente dependente, e despreza a si mesma por isso.

Referente a: telegrama dela: "Paris parece muito distante".
— O que devo entender é que nada a respeito de Paris foi uma experiência positiva para C. Foi para mim: por mais dolorosa que tenha sido, eu estava com ela.

Importância, para C., da ideia de ser "civilizada". Ser civilizada significa ter autocontrole, conseguir ser alegre e simpática quando sentimos desespero. A capacidade de rir no telefone com um conhecido no meio de um grande sofrimento privado é "civilizado", para ela — para mim, dissociado e causador de ansiedade. [Ser civilizado] significa manter as coisas separadas — diferentes estados de ficar com pessoas, diferentes estados de automanifestação e de autorrevelação — com a norma de ser agradável com as pessoas com quem estamos.

Carlotta vê a si mesma como "decadente". Até que ponto isso é profundo? Será que só aristocratas podem ser decadentes? Ela não vê a si mesma nem como "comprometida" ("autocomprometida") nem como "corrupta" — epítetos que devo aplicar a mim mesma (embora eu jamais fosse me definir como decadente).

Com o telegrama de C. hoje, voltamos à casa 1. Será que ela — e quando? — vai encontrar energias para fazer outro movimento nas peças do tabuleiro?

C. se tornou o primeiro grande evento intelectual (nesta última semana) desde minha viagem para Hanói. E [põe] minha consciência em questão. Assim como minha viagem a Hanói me fez reavaliar minha identidade, as formas da minha consciência, as formas psíquicas da minha cultura, o significado de "sinceridade", linguagem, decisão moral, expressividade psicológica etc., a viagem para Paris — dor, perda, abandono, o advento da angústia + insegurança — me fez reavaliar quase tudo acerca das formas do meu pensar e do meu sentir (como digo para Don, Stephen, Eva — sobretudo Don) — "o seminário". Sinto um grande ganho de sabedoria, de perspectiva — até mesmo de maturidade emocional. Os últimos oito dias foram equivalentes a um ano de trabalho com Diana. Melhor, mais rico, em certos aspectos, do que o diálogo psicanalítico — essa análise doméstica com amigos — porque posso analisar as formas culturais (judaicas, americanas, psicanalíticas etc.) da minha consciência, não apenas suas fontes na minha psicobiografia individual.

Tenho a sensação de domínio, no meio de toda dor e angústia por ser abandonada. Uma investida da inteligência como essa — percepções não apenas verbalizadas, mas prolongadas num extenso discurso de busca e de final aberto — me faz saber que estou viva e crescendo. É uma fonte de vitalidade — experimentar de modo palpável a sensação da vida em mim — quase tão grande quanto estar apaixonada. Sinto mais uma vez, e me regozijo, que não estou morrendo — ainda estou ocupada nascendo.

Estados Unidos versus Europa de novo:

C. não vê a si mesma como produto de sua história, mas como veículo de sua natureza. Para mim, sou o produto de minha história. E nisso redunda toda minha "natureza" — E como compreendo até que ponto minha história é, em parte, arbitrária — seu resultado, minha natureza, logicamente parece modificável, transcendível.

O pensamento psicanalítico nos torna sensíveis ao elemento contingente do eu — como produto de uma história que é contingente, e não a expressão de uma dada natureza. Se simplesmente aceitamos a nós mesmos, isso nos persuade de que somos "passivos"... Daí o otimismo essencial desta cultura. A psicanálise fincou raízes aqui, mais do que em qualquer outro lugar da Europa, porque ela respalda a viabilidade da "busca de felicidade".

Carlotta é profundamente pessimista acerca do amor, das relações humanas, da possibilidade de felicidade. Em última análise — por maiores que sejam minha melancolia e meu desespero — eu não sou. Acho que é possível fazer isso, abrir caminho, evitar as ciladas (por meio da boa vontade, da sorte, da inteligência, da vigilância, da paixão, da arte, da vitalidade — o que for).

O maior de todos os perigos é que ela desista de mim.

Amo C. mais do que nunca, mas meu amor já não é mais inocente — e nunca mais será. Isso me deixa muito triste — tenho uma enorme sensação de perda justamente aí, muito distante da minha aflição de acabar por perdê-la. Mas era inevitável, suponho; no fim, talvez seja melhor. Carlotta teria de ser muito e excepcionalmente coesa e sã para não haver criado situações que destruíssem a inocência do meu sentimento por ela. E isso é pedir demais dela — e de qualquer um.

Não é nenhum acaso eu ter me apaixonado pela primeira vez, depois de tantos anos, um ano antes de David e eu nos separarmos. Ele foi importante demais em minha vida nos últimos seis anos para eu me doar de verdade a alguém. Ele foi a segurança, o refúgio; o muro; segurança por ser preciso, amado, necessário, literal e moralmente. Um relacionamento que não precisava de nenhuma justificativa — autojustificador, inteiramente funcional, e delimitado. Mas também não foi nenhum acidente eu ter me apaixonado por alguém que me convida a exercer meus talentos de mãe, agora que perco o objeto em que eles eram exercidos (pois David está crescendo). Estar "com" Carlotta ainda que só por um tempo — não consigo mais imaginar viver com ela o tempo todo e acho que posso me satisfazer com menos (talvez isso acabe comprovando que assim é melhor para mim, e não só melhor para ela) — ainda exigiria muito da minha capacidade de dar sem egoísmo, generosamente, sem cobrança — descobrir meu prazer em dar prazer a ela, minha felicidade em fazê-la feliz — ser tolerante e forte. O sentido de C. representar o papel de criança com qualquer amante é que ninguém pode esperar receber, ser apoiado, tranquilizado por ela. Ela oferece sua presença (não confiável) — a beleza de sua pessoa; seu charme; sua vitalidade; seu páthos; seu humor e inteligência. Mas ela não faz nenhuma promessa (lealdade, fidelidade, confiança, assistência prática) — sobre isso é extremamente escrupulosa e honesta. São os outros, aqueles que a amam, que fazem promessas a ela. (Todos que amaram Carlotta devem ter compreendido tudo isso desde o início.) E ela lhes diz que não vai ficar surpresa, nem vai fazer censuras, se não conseguirem cumprir as promessas que fizeram (ou se mudarem de ideia). Ela sempre acha que estão prometendo demais — e que ela não vale a doação que fazem de si mesmos, e que vão ficar, devem acabar ficando decepcionados com ela.

Carlotta é excepcionalmente isenta de raiva, ira, rancor, hostilidade. É uma pessoa profundamente gentil. Amo isso nela. (Faz que eu me lembre de mim mesma.) Mas essa deve ser uma razão de sua história extremamente autodestrutiva. Raras vezes ela soube se defender, exceto se afastando (fugindo, se anulando). Por que será que jamais desenvolveu sequer uma capacidade normal de hostilidade? Isso só pode ser explicado por fatos de sua infância. Insegurança demais para permitir a raiva. Mas se não existe raiva vivenciada, a pessoa se sente vulnerável demais — então a ansiedade deve se elevar a níveis insuportáveis. Assim, já aos dezoito anos, ela teve de procurar o recurso extremo da heroína a fim de se desprender da ansiedade. (Como ela me disse um dia, se não tivesse tomado heroína, teria cometido suicídio.)

Me lembro de August Robertino [*amigo de Carlotta*] dizer para mim: "Quem ama Carlotta abre mão de muita coisa". E como fiquei surpresa e comovida quando ela retrucou tranquilamente para nós dois: "Mas eu também abro mão de muita coisa".

Será que posso amar de modo não possessivo, permissivo — sem me encolher, estabelecendo minhas próprias defesas e rotas de fuga estratégicas, de um lado, ou reduzindo a quantidade e a intensidade do meu amor, de outro lado? Eu gostaria de tentar, com Carlotta. Não só porque estou tão completamente apaixonada por ela que não tenho outra opção senão tentar o que for possível — embora seja essa a verdade. Mas também porque deve ser muito bom para mim. Tenho tendências tão fortes para me entregar a alguém por quem estou apaixonada — de querer abrir mão de tudo, ser totalmente possuída e também possuir totalmente. O que vislumbro como talvez possível com Carlotta é a contradição de meus simbióticos casamentos gêmeos siameses no passado. Talvez eu tenha aprendido a amar plenamente (como na verdade nunca fiz) e permanecer autônoma e ser capaz de ficar sozinha sem me angustiar — ao mesmo tempo. Isso seria uma tremenda vitória, uma grande mudança nisso que C. chamaria de minha "natureza" (mas que teimosamente insisto em acreditar que é menos do que isso).

Ao contar para Eva que falar tanto francês (com Florence) acaba deteriorando meu inglês — eu disse: "Parece que ultimamente só tenho espaço para uma língua". Ela riu e respondeu: "Mais um exemplo do seu gosto pela monogamia".

Sinto-me inautêntica numa festa: exigência judaico-protestante de "seriedade" implacável. Ir a uma festa é uma atividade "baixa" — o eu autêntico fica comprometido, fragmentado — representamos "papéis". Não estamos plenamente presentes, não saímos do âmbito da representação de um papel. Não dizemos (não podemos dizer) toda a verdade, o que significa que estamos mentindo, ainda que, ao pé da letra, não contemos mentiras.

Carlotta não tem nenhuma parcela desse tipo de consciência (tipicamente puritana). O convívio tem seu valor, e padrões de presença adequados a si mesmo. A satisfação desses padrões significa que somos "civilizados". Não existe para ela nenhuma culpa associada à situação de estar numa festa assim, como existe para mim. Ou melhor, talvez alguma culpa se prenda à insociabilidade, ficar desacompanhada. As mentiras, ou contar verdades parciais, que a sociabilidade exige, são parte da civilidade. Nenhuma exigência interior de autenticidade completa na cultura católica.

O meu puritanismo é truncado, de segunda classe. Festas me deixam deprimida (me sinto rebaixada) ao passo que em geral não me sinto deprimida, corrompida ou rebaixada se vou ver um filme ruim ou uma peça de teatro ruim. Contanto que eu seja espectadora, voyeur (por mais que aquilo me afete interiormente) em essência eu não violei nem rebaixei a mim mesma. Traço uma fronteira entre participação e voyeurismo. As únicas festas a que vou e me sinto limpa (e em geral não deprimida) são aquelas em que me comporto como espectadora — a festa se transforma num filme — e eu discuto sobre a festa com a pessoa que me acompanhou ou com uma pessoa que eu já conheço e está na festa; e encaro conhecer pessoas novas como uma intrusão na minha atividade essencial. Ou então uso a festa como décor, pano de fundo para, de um modo diferente, estar privadamente com a pessoa com quem fui à festa (como na época em que eu ia a festas com Irene ou ia a festas para dançar com Paul [Thek]).

Se eu fosse uma rematada puritana, também ficaria preocupada de ser corrompida por espetáculos. Mas não fico.

Não me sinto culpada por ser insociável, embora às vezes eu me arrependa disso porque minha solidão é penosa. Mas, quando eu me desloco para dentro do mundo, tenho uma sensação parecida com uma queda moral — como procurar amor num prostíbulo. Até mais, em algum ponto eu tomo minha insociabilidade como prova da minha "seriedade", um atributo que considero necessário para minha existência como ser moral. Que estranho conjunto de pressupostos, como vejo agora em comparação com os de Carlotta. Carlotta nunca deixa estabelecido, nem para si nem para os outros, que ela é "séria". De fato, o conceito quase não faz sentido para ela. Carlotta sempre ficava ligeiramente admirada (e, suponho, em algum ponto alarmada) quando eu lhe dizia — como fiz repetidas vezes, Deus me perdoe — que meu amor por ela era "sério", que eu sou uma pessoa "séria". Agora vejo, pela primeira vez, como isso deve ter parecido engraçado para ela.

Para C., emoções — ações — existem. A qualidade e a duração delas se tornam autoevidentes. Não existe a menor necessidade de uma certificação prévia delas como "sérias", ou para esse tipo de avaliação retrospectiva. Para ela, deve parecer um tipo de retórica pretensiosa, despropositada.

Um abismo maior para C. do que para mim entre emoções e ações. Muitas vezes eu uso "vontade", o dever ético, para dar o salto. Se não temos a ideia de baixar esse tipo de ponte (e nos obrigarmos a atravessar), deve ser mais fácil ser indeciso. Protestantes + judeus são muito mais apegados à vontade + o "dever" do que os católicos. Isso deve ser muito forte nela — mais do que o caráter dos geminianos, padrões neuróticos etc.

Carlotta — Europa do sul, cultura católica — usos do convívio (festas, jantares etc.) para se desligar. Cultura protestante-judaica usa o trabalho. Temos autorização para nos desligar do eu autêntico, privado e pleno no trabalho — no cumprimento das rotinas de uma ocupação, uma profissão, um emprego — porque o trabalho em si é um imperativo moral: satisfazer as exigências da disciplina do eu e a necessidade de se relacionar em comunhão com os outros. O trabalho é experimentado como disciplina — cujo pano de fundo é a ascese — muito embora também dê prazer. Temos autorização para nos tornarmos "despersonalizados" no trabalho, esquecer o eu (perder contato com os sentimentos e as necessidades mais íntimas) — na verdade tudo isso é necessário se vamos nos entregar por completo ao trabalho. A festa e outras formas de convívio não são, está claro, absolutamente ascéticas — ao contrário. A despersonalização é hedonística, não utilitária, não moralizada.

Carlotta nunca pergunta a si mesma se ela se comportou "autenticamente", nunca examina a si mesma a fundo para ver se suas ações de fato correspondem a seus sentimentos, nunca perde a esperança de estar em contato com seus sentimentos "reais". Ela experimenta seu problema não como se fosse a questão de saber o que ela sente de verdade, mas de viver com os sentimentos (contraditórios) que ela tem — e não ser despedaçada por eles.

Europa do norte, Estados Unidos:

A cultura protestante propunha o eu como um mistério para o eu. Daí a ascensão da introspecção, a escrita de diários, o silêncio nos países protestantes. (Cf. Suécia, em especial quanto ao último ponto.) A cultura católica não propõe o eu como psicologicamente misterioso, apenas como complexo, contraditório e pecador. Carlotta não experimenta seu eu como alienado (oculto) dela mesma, mas sim como contraditório a ponto de ser quase intolerável. É o problema da coexistência (coexistência pacífica) com seu eu que ela não resolveu, não o problema de contato consigo mesma, o que eu sinto ser o meu problema (e a minha tarefa).

Vejo a vida como um conjunto de projetos/tarefas. C. não. Isso torna muito mais fácil, para mim, tomar decisões ou pelo menos concluir que uma decisão deve ser tomada (e depois me obrigar a tomar uma decisão — ainda que eu tenha de inventá-la). Obviamente, meu quadro mental corresponde muito mais às condições sob as quais o trabalho no mundo é executado. E todos sabem que muito mais trabalho é feito em países protestantes do que em países católicos. Essa opinião é sem dúvida exacerbada numa mulher num país católico — porque há pressões positivas fortes sobre todas as garotas, que desencorajam o quadro mental que cria a capacidade de trabalho. Habilidades intelectuais, exceto aquelas que envolvem o desenvolvimento da sensibilidade, não são incentivadas nas garotas. A força executiva ou administrativa é menosprezada como algo "agressivo", castrador, inconveniente, não feminino. Mulheres não são incentivadas a trabalhar, não só em países católicos como em toda parte, apenas em situações em que elas recebem ordens — ou cumprem integralmente as tarefas rotineiras (como no trabalho doméstico). Ser criativa ou dirigir uma empresa, para uma mulher, é agressivo, por definição cultural. Uma mulher agir como ser autônomo, independente, capaz de tomar decisões, é, por definição cultural, não feminino — ainda que a cultura permita, e até lisonjeie, um pequeno número de mulheres excepcionais que desafiam a proibição e agem desse modo, apesar de tudo. Então o quadro [mental] de Carlotta, com respeito a vontade, ação, tomada de decisão, é não só aparelhado pela cultura dela como é pesadamente marcado pelo fato de ser mulher.

Tradicionalmente as mulheres representaram os valores "do Sul", os homens os valores do Norte — dentro de qualquer país determinado. Mulheres são mais fáceis, mais brandas, mais afáveis, menos responsáveis, menos intelectuais, menos sérias acerca do trabalho, mais espontâneas, mais sensoriais (embora não sejam mais sexuais — a sexualidade permanece como uma parte do domínio masculino da vontade, força, tomada de decisão, tomada de iniciativa, exercício do controle, comportamento antecipatório).

Tese simples (simples demais?): o próprio fardo do projeto atrapalha nossos sentimentos — e no final acaba por amputá-los, promove a dissociação entre os sentimentos e nós. Concebo minha vida de forma linear, como uma série de projetos. Planos, o exercício da vontade, perícia no julgamento e bons instintos na tomada de decisão tornam possível que eu me desloque pela linha da minha vida, passando de um projeto para o próximo. Em tudo isso, será de admirar que os sentimentos — ainda assim, no meu caso (mesmo em meus velhos tempos de ignorância), uma poderosa força motivadora na escolha e na execução de todos os projetos — possam ficar um pouco perdidos?

Carlotta jamais concebeu sua vida como uma série de projetos — a vida não é uma linha, ou uma rodovia — é basicamente um grupo de eventos independentes. Tais eventos podem ser discutidos basicamente em separado. Podem ser comparados uns com os outros e cada um pode ser entendido como um reflexo de (ou pelo menos como um aspecto parcial de) algo que todas as ações dela têm em comum — como seu alicerce — a "natureza" dela. Todas as suas ações exemplificam a natureza dela. De fato, ela usa suas ações para descobrir sua natureza — suas ações e sua capacidade de uma ação específica. Assim, ela descobriu seu sentimento relativo a ir para Nova York — a extensão de seu pânico, medo de mim, culpa em relação a Beatrice etc. etc. — por sua incapacidade de deixar Paris comigo e ir para Nova York. Mas não existe nenhuma ideia de uma "ação-chave", mais importante e mais autorreveladora que as outras (mesmo de um grupo de ações-chave). Daí, em certo sentido, nenhuma ação é irrevogável — irrevogavelmente autodefinidora. Assim, ela não se define como corajosa — por causa da ação mediante a qual se libertou da heroína. Ela não define nosso relacionamento (e essa é minha mais forte fonte de esperança) como encerrado porque ela nos abandonou (abandonou nossos planos) e voltou atrás quanto a ir para Nova York.

Ela não tira conclusões — de maneira geral — de suas ações, embora, é claro, as ações de fato revelem para ela o estado de espírito e capacidades particulares num momento específico. Isso produz sua crença na abertura (e imprevisibilidade) do futuro.

Sei que o futuro é aberto e imprevisível. Meu estilo, porém, é querer me aproximar do futuro — torná-lo previsível — pelo menos o futuro imediato (três meses, seis meses, um ano) ou o futuro mais distante com respeito às minhas relações mais íntimas. Um futuro todo aberto e imprevisível me deixa horrivelmente ansiosa. Não consigo imaginar como eu poderia funcionar (porque suponho que funcionar de maneira eficaz, criativa — não atabalhoada — acarreta fazer planos). Claro, tenho plena confiança de que eu poderia funcionar de algum modo — mas num nível inferior — ainda que eu não tivesse nenhuma certeza à minha frente. Porém jamais me ocorreu de fato, agora me dou conta, que isso pudesse ser uma limitação indesejável (e, no caso do amor, uma limitação extremamente dolorosa e destrutiva). É como se eu tivesse de atravessar a pé uma floresta sem poder me informar se ela está cheia de lobos ou não. Claro, vou atravessar a floresta de um jeito ou de outro — mas parece apenas burrice, um risco inútil, eu não poder me informar primeiro, quando sei que a informação está acessível.

[*Há duas linhas verticais ao lado desta frase na margem.*] Só agora vejo os limites de minha visão da vida — como limito com cuidado a surpresa, o risco, fontes de mudança imprevistas.

O fato é que tenho sido frouxa e aberta a riscos em questões de trabalho — tolerante e relativamente isenta de ansiedade em situações de trabalho que parecem suscitar quantidades intoleráveis de ansiedade e insegurança na maioria das pessoas. Mas é inacreditável como tenho sido cautelosa, autoprotetora, sem inventividade, propensa à ansiedade e carente de apoio em questões de amor. Sou muito mais calma, solta, aventureira no trabalho do que no amor. Muito mais inventiva. Portanto facilmente me convenço de que, se "isso" não funciona, outra coisa vai funcionar — que sempre existe "algo mais". Exatamente aquilo que não sinto a respeito de pessoas — sejam amigas ou amantes.

[*Na margem:*] "escassez economia de amor."

Relaciono minhas ações umas com as outras. (Estou fazendo isso agora.) Tiro conclusões de minhas ações, não só em retrospecto, mas na hora em que as executo. Generalizo facilmente a partir delas. Claro, muitas vezes mudo de opinião — e reformulo minhas generalizações — mas essa forma de pensamento permanece habitual (não vou dizer "natural") em mim.

Carlotta tende a particularizar. Suas generalizações são fracas, vagas (ser "fraca", "decadente", "dependente") e na verdade não representam suas ações — nem derivam de uma avaliação ponderada sobre elas. Suas generalizações não são, na verdade, pensamentos e sim palavras abstratas usadas como emblemas de estados de sentimento. As palavras abstratas são, sobretudo, quase todas, comentários negativos sobre ela mesma. (São sintomas de quando ela não está se sentindo "bem".) E quando seu estado de espírito muda — seus sentimentos são muito variáveis — o uso das palavras (e a convicção) por trás dos sentimentos muda, míngua.

Tenho agido com o objetivo inconsciente de tentar deixar meus sentimentos a salvo. A meta de banir ou subjugar maus sentimentos, promover bons sentimentos que — uma vez instalados — eu possa ter confiança de que vão permanecer onde estão, sempre acessíveis para mim (para a minha vontade) a fim de serem usados numa ação. Isso é uma coisa que quero dizer quando asseguro a C. que meu amor por ela é "sério" — que ele está a salvo, não vai mudar (dou a mim mesma em garantia). Não é de admirar que ela reaja a isso com apreensão, e também com incompreensão. Para ela, deve parecer uma coisa muito louca de se fazer.

Quero "prometer" a mim mesma. Um motivo é a ansiedade (querer encontrar um porto seguro, ficar livre do debilitante medo do abandono).

[*Na margem:*] Resquício de infância

Esse é o lado neurótico. O outro, a razão saudável é minha ideia (inconsciente, de toda a vida) de uma vida de projetos múltiplos, muitos níveis de atividade. Se algo — idealmente, minhas relações privadas mais íntimas — ficar bem estabelecido, seguro, vou ser livre para voltar minha atenção para outras coisas: sobretudo o trabalho, mas também os amigos. Se não estou segura no relacionamento mais profundo, não posso na verdade dar minha atenção também para outras coisas. Estou sempre virando a cabeça para trás, a fim de ver com ansiedade se as outras pessoas continuam lá.

Carlotta não quer prometer a si mesma. A simples ideia já desperta nela pensamentos de estar presa numa armadilha com outra pessoa, tornar-se dependente, perder sua liberdade. Claro, em algum ponto ela também deseja ser salva. Mas só pode aceitar segurança numa situação com alguém que ela possa testar, contestar, recusar. — O problema de C. é que ela não consegue imaginar a segurança como liberação, fortalecimento. Será que tenho razão ao pensar que pode ser assim — pelo menos para mim?

E C. não tem a menor ideia de estar em segurança com alguém que se ama a fim de ser mais livre (da ansiedade, da fome de amor) para poder fazer outra coisa especificamente, executar seus projetos. (Tenho certeza de que Beatrice sabe disso.) Mais uma vez, ela não tem nenhum projeto. Não existe nenhuma atividade de natureza pública — exceto talvez a criação de sua aparência pessoal: suas roupas etc. — em que ela se sente competente ou até imagina, de modo típico, comodista, irresponsável, que ela se torna competente. Sua falta de amor-próprio, autoestima, é tão grande que provavelmente não julgaria de valor nenhuma atividade em que ela fosse competente — e por certo isso a exime de tentar, de forma responsável, adquirir competência em qualquer atividade que ela de fato admire.

De volta ao ponto anterior: para Carlotta, conhecer os próprios sentimentos não é, em nenhum momento determinado, um problema essencial. Pode vir a se tornar um problema, porém, se pedirem que expresse seus sentimentos em palavras — com muita razão, de certo modo — quando fala sobre seus sentimentos, ela tem a sensação de que está violentando a si mesma, porque uma fala ou descrição prolongada sobre estados de sentimentos sempre traz a mácula, ou a tentação, da generalização. Falar sobre sentimentos em si mesmos isola os sentimentos (pelo menos parece fazer isso). O problema dela não é a identificação dos — ou o contato com — seus sentimentos, mas o que fazer a respeito deles — quais, entre as várias ações, eles podem mostrar que ela pode adotar. Em geral ela vê diversas possibilidades de ação, porque experimenta os próprios sentimentos como múltiplos, divididos. O problema só é mais fácil quando a ação é experimentada como uma demanda do exterior de sua vida privada — Ken [*o costureiro Ken Scott, com o qual Carlotta trabalhou de modo intermitente*] esperava que ela fizesse o desfile de 20 de janeiro — ou de uma esfera de sua vida privada, quando ela situou explicitamente a responsabilidade acima do sentimento — sua mãe quer que ela passe dez dias em Ísquia em agosto.

Como o problema é a escolha entre alguns sentimentos para a execução de uma ação, toda ação que ela executa é, *au fond*, experimental. Muitas vezes hesita antes de cumprir a ação — e enquanto a executa ela experimenta ondas de dúvida quanto a estar correta ou quanto a poder prosseguir com a ação (desse modo reforçando sua ideia de si mesma como uma pessoa fraca, psicologicamente frágil, vulnerável). Ações não parecem facilmente reais — pelo menos não antes que ela já tenha praticado tais ações por muito tempo. E, como ela me disse, é por isso que ela só ama de verdade alguém — acredita plenamente na realidade de um relacionamento de amor — depois de estar "com" a pessoa (de alguma forma) por um ano. Carlotta desrealiza seu comportamento mediante essa noção de período de experiência, reversibilidade, contingência, arbitrariedade em tudo o que ela faz — e já que as situações só se tornam reais para ela depois de muito tempo (talvez nunca se tornem plenamente reais) ela tem o espaço — de compromisso incompleto, por assim dizer — para se comportar de maneira autodestrutiva, instável, errática, autocomplacente, irresponsável.

[*Na margem:*] Nada disso nas palavras dela

Assim ela testa seus próprios compromissos na ação ou na situação com a pessoa — se sobreviver a tais testes, eles merecem (sobrevivência do mais apto); se não, eles não eram corretos. Mas assim também ela aumenta seu fardo de ódio de si mesma, porque em algum ponto ela sabe que se comporta de maneira destrutiva com as pessoas a quem ama.

Deve ser em parte porque esse fardo de autorreprovação e autocondenação é tão grande que ela encara os acontecimentos de sua vida como, sobretudo, "independentes". O tecido causal entre os acontecimentos, na visão de C., é muito tênue. Tanto quanto possível, ela o minimiza. Provavelmente, tal como está agora, seria intolerável para ela ver quantos nexos existem entre as coisas que faz. Sustentar a si mesma por inteiro (poderia perceber a si mesma como um todo — intuitivamente ou mediante o exercício da inteligência discursiva?) — como a soma de suas partes — seria até mais doloroso do que suportar a si mesma como uma coleção de epítetos disparatados, empregados a esmo, além das partes separadas.

Carlotta tem dificuldade para "suportar" a si mesma, simplesmente. Portanto ela faz um investimento em certo grau de inexatidão — o que está fazendo quando, em suas palavras, "exagera" (por exemplo, "Estou desesperada", "Minha vontade é sumir") — seus sentimentos. E também um grande investimento na capacidade de se desligar — prazeres do convívio, *dolce vita*, mesmo tipo de conversa fiada que Beatrice proporciona e que cuidadosamente contorna todas as verdadeiras questões de sentimento. (Aqueles telefonemas alegres duas vezes por dia para Milão em julho + agosto.) Exagero — inexatidão — obscurecem os contornos exatos do fardo do eu. A distração suprime temporariamente a consciência disso.

Como tudo isso difere dos meus procedimentos! Descobri que a lucidez — e a exatidão, no limite do pedantismo — me proporciona a única possibilidade que conheço de fazer algum contato com meus sentimentos. Os exageros de C. sempre me deixam apreensiva e confusa. Não consigo entender por que ela prefere dizer algo que não seja estritamente a verdade, quando o assunto é importante ("sério"!). Eu e ela concordamos quanto a isso — e mesmo assim eu sei que não é verdade, ou pelo menos que é mais complicado. A explicação, claro, é que problemas diferentes — ansiedades diferentes — estão em jogo quando falo e quando ela fala. Ela não é tão viciada em diálogo criativo quanto eu.

[*Na margem:*] Verbalizar seus sentimentos não a ajuda em nada a conhecer melhor seus sentimentos. Mais para ela do que para mim, trata-se de uma atividade puramente criatural, convivial. (Para mim, é o meio principal da salvação!)

O outro procedimento — descobrir distrações, desligar-se — é também alheio a mim. Claro, eu posso fazer e faço isso às vezes, mas nunca sem ter a sensação de que estou violentando a mim mesma. Se minha saúde depende de seu saber — experimenar — meu eu íntimo em seu todo, escapar para um eu "social" dá uma sensação simplesmente ruim. O que eu quero não é me desligar, porque a situação ruim de onde parti era me sentir desligada.

Vivo acossando a mim mesma (faço isso há anos). Agora estou acossando Carlotta também. Ela está evitando enfrentar a si mesma. Ela está fugindo de mim. — Isso, está claro, é a maneira mais triste em que sou capaz de resumir a situação. É muito mais que isso.

18/2/70

Falei para C. que ela pode me ajudar — estar ligada a ela me faz crescer, me torna mais viva. Essas quatro páginas que escrevi nos últimos dias são a prova concreta disso. Eu gostaria que ela pudesse ler essas páginas. Mas isso provavelmente é ser benevolente demais comigo mesma, com meu desejo: estou tratando Carlotta — por meio desse desejo — como se ela fosse igual a mim. Como se ela precisasse de palavras, pensamentos, análises, diálogo. Ela não consegue entender isso dessa forma.

Será que quero mostrar o que escrevi porque acho que seria bom para ela (a ajudaria a sentir-se melhor consigo mesma) ou porque quero lhe impor a prova da fecundidade e do valor (para mim) do meu amor por ela? As duas coisas, é claro. Mas sobretudo esta última — e é por isso que devo desconfiar muito desse desejo. Ele atua em causa própria: eu imagino que, se ela soubesse quanto eu ganhei por amá-la, ela amaria mais a si mesma. Claro, eu desejo isso. Mas [no] fim será que eu quero que ela ame a si mesma mais do que ela pode me amar?

Muito do que escrevi para criticar minha volúpia de virtude — minha descoberta de que cometi idolatria, transformando o bem num ídolo — está exposta ao ataque de ainda estar tolhida no âmbito da dialética da idolatria. Fiz uma crítica moral da minha consciência moral. Metaidolatria.

Um ataque semelhante poderia ser feito acerca de minhas ideias de consciência comparativa referentes a: Carlotta e eu. Sinto como se eu tivesse descoberto os limites de meu próprio estilo de sentir e agir sem espontaneidade, de modo estudado, calculado, planejado, linear, dependente do discurso. Admito ver as vantagens (espirituais, psicológicas, práticas) e a validade da consciência de Carlotta. (Despida de suas motivações neuróticas e das recaídas de autodestrutividade, ela oferece um modo igualmente completo de ver as coisas e de agir no mundo.) Admito ter detectado as devastações da razão em mim mesma. Mas não estou exagerando a força do trabalho da razão no vislumbre que tive de uma visão de mundo mais orgânica, menos problemática, menos carregada de consciência? Os elementos da visão de mundo de Carlotta que esmiucei só existem nestas páginas como algo empacotado pela minha razão. Não dá a impressão de que eu estava apenas propondo mais um projeto para mim.

Esta entrada parece dedicada à autocrítica — quero dizer, meta-autocrítica.

Não quero tornar minha sabedoria um produto que estou empacotando para meu próprio uso, e para uso daqueles que amo. Mas como me libertar, me soltar?

Sei que temo a passividade (e a dependência). Usando minha mente, algo me dá a sensação de ser ativa (autônoma). Isso é bom.

O que quero deixar de fora da atividade são meus procedimentos de automanipulação. Quero parar de "mirar" em mim mesma, apenas mirar. (Deve haver muito disso no livro zen sobre a arte do arqueiro de [*o filósofo e escritor alemão do século XX Eugen*] Herrigel.) Mas ainda não sou capaz de fazer isso. Estou assustada demais. [*Há uma linha vertical na margem ao lado das últimas duas frases.*]

Acho que em algum lugar devo temer que essa espontaneidade — seguir a direção dos sentimentos muito mais do que faço — acabe por levar, pelo menos em mim, à passividade. Não pode ser assim, mas não vou saber de fato antes de ter as experiências.

É tudo uma questão de sentir realmente dentro de mim mesma, assim não vou ficar sempre preocupada de ter de sair, ir atrás e abrir caminho. E devo abandonar os padrões de eficiência (eficácia) na ação. Não é preciso que uma ação necessariamente leve àquilo que entendemos como um "resultado". Se eu estivesse mais dentro dos meus sentimentos — toda uma gama de sentimentos, não só meu amor por Carlotta — eu não ficaria mesmo tão interessada em resultados. Eu não teria o espaço psíquico, pelo menos não tanto assim. Eu experimentaria meus sentimentos de um modo mais imperativo, e satisfazê-los pondo-os em prática seria uma experiência maior, mais gratificante — assim eu não pensaria tanto sobre "o que vai acontecer depois" (ou "agora") nem daria tanta importância se as consequências posteriores fossem, de fato, desagradáveis ou frustrantes para mim.

Eu seria mais fiel a mim mesma, menos fiel à minha "vida". Ia parar de tratar minha vida como se suas dimensões já fossem determinadas (ou determináveis), um navio cuja responsabilidade de carregar com bens de primeira classe é minha.

20/2/70

Conversas com Eva:
Toda dor enfurece. Por que não estou em contato com minha raiva? O que eu sinto? Depressão. Mas isso significa que estou "deprimindo" outra emoção. Desespero, então. Mas desespero é uma conclusão que tiramos de uma história de dor (está acontecendo de novo).

Todo mundo que teve uma infância ruim tem raiva. Eu devo ter sentido raiva no início (cedo). Depois eu "fiz" algo com isso. Transformei isso em — o quê? Raiva de mim mesma > medo (de minha própria raiva, da retaliação dos outros). Desespero. A capacidade de ser justa e correta — e de dissociar.

Eva diz que falo da raiva como alguém que nunca fez psicanálise.

Será que Carlotta está com raiva? Sem dúvida, ela deve ter tido uma infância horrível — embora conscientemente ela não saiba NADA a respeito — de outro modo ela não seria como é, não teria começado a tomar heroína aos dezoito anos etc. A única pista que ela me deu foi quando disse: "Minha mãe me dá a sensação de que é minha filha" — logo ela que é a filha de todos os amantes — precisa visitá-la com frequência (ainda que só por pouco tempo): é o único relacionamento em que ela se sente mais adulta. (Num grau mais baixo, ela se sente mais adulta do que Giovannella [*Zannoni, produtora de cinema e amiga de Carlotta e de SS*] + Robertino — tem carinho e é muito sensível ao elemento infantil que há neles.)

21/2/70

De uma carta de Whittaker Chambers para William F. Buckley, Jr. — falando de um homem assassinado de modo estúpido: "Essa realidade atravessa minha mente como uma ferida cujas bordas se esforçam para curar-se, mas não conseguem. Assim, um dos grandes pecados, talvez o maior pecado, é dizer: Ela vai curar, ela curou, não existe nenhuma ferida, existe algo mais importante do que essa ferida".

...

22/2/70

Minha decisão nos primórdios da infância: "Juro por Deus, eles não vão me pegar!" (decisão absoluta de sobreviver, não ser apanhada) foi executada principalmente [*palavra seguinte na margem:* "Não??"] em termos do meu talento para a dissociação emocional, para me desligar dos sentimentos antes que eles me deixassem intoleravelmente infeliz ou confusa — o meio era fazer as coisas, se interessar por outras coisas. Existem mais coisas no mundo além de mim etc. Assim, uma das coisas mais sadias a meu respeito — minha capacidade de "assimilar", sobreviver, absorver o golpe, fazer, prosperar — está intimamente ligada a meu maior ônus neurótico: minha facilidade de me desligar de meus sentimentos. Como preservar a primeira e ao mesmo tempo reduzir a segunda? É difícil. Um risco. Será que Diana sabe disso?

Quando era criança, me sentia abandonada e sem amor. Minha reação a isso foi querer ser muito boa. (Se eu for admiravelmente boa, eles vão ter amor por mim.) Eu poderia ter reagido de modo bem distinto, com ódio contra mim mesma, com delinquência (vingança contra os outros, chamar atenção para mim mesma), me identificando com o papel de rebelde-crítico-fora da lei, como fez Eva. Em vez disso, falei: Vou ser admiravelmente boa — e merecer (atrair) amor — e procurar responsabilidade, autoridade, controle, fama, poder.

Quando C. disse em Orly [*aeroporto de Paris*] antes de eu partir: "Você foi um anjo", não foi inteiramente um elogio. Supus — minha velha ideia — que eu ia ganhar C. se fosse fantasticamente "boa" (generosa, paciente, amorosa, nunca tendo raiva). Mas parte do que a atrai em mim é eu ser durona, autônoma — não ser angelical, o que deve lhe sugerir (de modo inconsciente) que sou ingênua, infantil, inocente — e, como resultado, que não sou forte de verdade, da maneira como ela necessita.

Não devo ter medo de mostrar raiva para C. — medo de afastá-la de mim; indicar a ela que não a amo; mostrar que não sou "boa". (Claro, julgo isso precisamente como algo que não faz parte da virtude — é uma queda, é ignóbil, é humilhante.)

...

Posso exigir coisas de C., mas não com base no fato de que eu preciso dela. Isso a assusta

...

... um ensaio: Wittgenstein: Comentários sobre sua influência nas artes contemporâneas

...

[Pois] a ética e a estética [de Wittgenstein] são uma coisa só (*Tractatus*)

...

22/2/70

... [Carlotta] teme que a necessidade seja contínua, insaciável — que ela fique presa numa armadilha. Além disso não acredita que possa satisfazer as necessidades de outra pessoa — ela é fraca demais e indigna demais, ela é uma merda etc.

É importante continuar a indicar que ela satisfaz de fato minhas necessidades (que ela não é *só* "um polo de atração erótica", nas palavras de Colette) — porque isso é a verdade e me dá prazer dizer, e porque isso realça a autoestima dela (uma coisa de que ela carece tremendamente). Mas não devo lhe implorar que satisfaça minhas necessidades — apenas indicar que ela faz isso de fato.

23/2/70

Será que eu poderia escrever para C. daqui a algumas semanas: "Estou indignada, estou magoada, estou com raiva. Não vou permitir que você faça isso comigo"?

A dificuldade de manter contato com minha raiva (quando ela está dirigida às pessoas que amo) é que ela contradiz de forma direta minha ideia de como merecer amor: — sendo boa. Claro, não há nenhum problema em sentir raiva de pessoas que não conheço, pessoas que não vou conhecer bem, pessoas que não amo muito.

Ser boa! "Sou tão boa que chega até a doer!"

Minha idolatria: Desejei a bondade com volúpia. Quis a bondade aqui, agora, de modo absoluto, crescente. Daí, depreciação intrínseca da obra passada. É boa, mas não é boa o bastante... Existe sempre *mais* (mais bondade, mais amor). Agora desconfio que desejar o bem com volúpia não é o que uma pessoa boa de verdade faz.

2/3/70

Sobre conversa com Giovannella: ceticismo da sociedade de Roma (e do sul) — suspeita de idealismo; medo de ser ridícula; exigência de que a pessoa seja leve, tenha "senso de humor". O jogo de dizer coisas que ferem (não ser ferido é vencer o jogo). Sociabilidade compulsiva — viajar em bandos.

...

5/3/70

Acho que não estou pronta para aprender como se escreve. Pensar com palavras, não com ideias.

...

7/3/70

La Voie Lactée [A Via Láctea] de [Luis] Buñuel, que revi ontem, é um filme "maneirista". (Cf. o livro de [o historiador de arte alemão do século XX Gustav René] Hocke sobre o maneirismo, Die Welt als Labyrinth, espec[ialmente] capítulo sobre Arcimboldo, pp. 154-64). Arte maneirista: anões, sonhos, gigantes, gêmeos siameses, espelhos, mecanismos mágicos. Metamorfose: animado < > inanimado, humano < > animal; comum < > maravilhoso.

Ênfase no teatral: figurino, cenário.

...

10/3/70

[*Na margem:*] "*Lustra*": *período de cinco anos em que os romanos dividiam as fases ou estágios da vida.*

Ler o romance anarquista de juventude de William Godwin, *Caleb Williams*.

"*L'Homme qui medite est un animal dépravé*" [*O homem que medita é um animal depravado*] (Rousseau, *Discours sur* [...] *L'Inégalité*)! D. H. L[awrence] etc.

...

26/4/70

Romance sobre um médico — tentando curar...

Enquirídio = manual de sobrevivência

...

Imensa importância de David na minha vida:

— alguém que posso amar de forma incondicional, com confiança — porque sei que o relacionamento é autêntico (a sociedade garante isso + eu faço isso) — porque eu o *escolho*, porque ele me ama (nunca duvidei disso) —: minha única experiência de amor com todo o coração, generosidade, cuidado.

— minha garantia de idade adulta: — mesmo quando experimento minha infância, sei que sou uma adulta porque sou mãe.

(Ser professora, escritora etc. nunca me convenceu disso de modo inequívoco.)

— ordem, uma estrutura, um limite para qualquer tendência de autodestrutividade.

— prazer interminável na companhia dele — ter um companheiro, um amigo, um irmão. (Lado ruim: um acompanhante, um escudo contra o mundo)

— o que ele me ensinou, já que ele é tão filosoficamente perspicaz e me conhece tão bem

— aplacamento de minhas fantasias de ser menino. Eu me identifico com David, ele é o menino que eu queria ser — não preciso ser menino porque ele existe. (Má consciência disso: eu ficaria apreensiva se ele se tornasse homossexual. Tenho certeza de que não vai se tornar. Mas eu não devia proibir isso de forma inconsciente.)

...

25/5/70

Arte é a condição suprema de tudo.

...

Grotowski: "Na vida, a primeira questão é como ficar armado; na arte, é como ficar desarmado".

Não é verdade, mas é útil.

...

Olhada no romance de [Edwin] Denby [*Mrs. W's Last Sandwich*]. Não é promissor. Fico cada vez mais intrigada por *O tacão de ferro* [*romance de Jack London*]. Preciso de um filme americano. Isso é conveniente (ficção científica revolucionária), podia ficar barato — ao estilo de Godard etc. As duas ideias anteriores que tive — *O vigarista* [de Melville] + *Maldição em família* [de Dashiell Hammett] — ficariam mais caras + mais difíceis. (*Maldição em família* com Clint Eastwood?)

Um diálogo filosófico: "Razões para ser". Uma meditação sobre o suicídio, inspirado pela morte de Susan [Taubes]:

— Escolha
— Como as pessoas acham suas vidas suportáveis?
— Mudança, mobilidade
— A vontade (+ limites da)
— Visão trágica da vida
— A perspectiva lunar (Paul [Thek])
— Apetite (requinte)
— Projeto de ampliar o eu

[*Na margem:*] Será que eu sou propriedade minha

...

22/6/70 Nápoles

Mais do que nunca — mais uma vez — experimento a vida como uma questão de níveis de energia. Nos últimos dias andei afundando, desfalecendo, por causa da inesperada privação sexual/ afetiva. Não consigo encontrar outra fonte de vitalidade — em mim mesma — porque esperava encontrá-la, nessas semanas, em minha ligação com C. Esse eu não me torna pesada, burra, censurável. Eu me humilho pedindo descaradamente apoio, e deprimo C. mais ainda. Quando é que vou aprender a *não* pedir que ela me dê apoio?

Ah, livrar-me de minhas ideias fixas de como as coisas "devem" ser —

O que eu quero: energia, energia, energia. Parar de desejar a nobreza, a serenidade, a sabedoria — sua idiota!

Isto não é Paris, mas eu reagi — pelo menos nos últimos dias — como se fosse. Eu me senti rejeitada, fiquei desesperada etc. Agora está melhor, mas ainda tenho esperança de abrir caminho até C. Porque eu jamais reagiria a mim mesma como ela está reagindo, caso estivesse em sua situação. Mas ela é diferente e eu a respeito, tenho de parar de tentar (de forma encoberta, em parte inconsciente) levá-la a se comportar como eu me comportaria.

8/7/70 Nápoles

Sou fiel aos meus sentimentos. O que isso significa? Que se eu tiver um sentimento de que eu goste vou tentar continuar tendo esse sentimento? Que absurdo!

C. segue seus sentimentos, mas não é fiel a eles.

O rosto de C. quando criança (no álbum de fotografias que vi na casa dela esta tarde): quanta raiva e beligerância. Pronta para brigar, pronta para contradizer. Pareço muito vulnerável, sensível, dócil, nas fotografias com a mesma idade. Mas qual de nós na verdade é mais dura, mais rebelde? O jeito de menino de C. nas fotografias significava que tinha o direito de brigar, de ser fisicamente beligerante. Meu jeito de menino quando criança significava algo totalmente distinto — eu nunca brigava nem queria brigar; eu queria o direito de ser livre, de fugir. Eu não queria repreendê--los (eu devo ter renunciado a essa ideia muito, muito cedo). Eu só queria dar as costas para eles, ir embora.

9/7/70

C. diz que sempre se arrepende depois de comer — mesmo quando gostou da refeição — eu compreendo isso; agora sinto isso, também. Mas, em algum ponto dentro dela, C. também sempre fica triste depois de fazer amor. Sente que perdeu alguma coisa, matou alguma coisa (o desejo), que agora ela está mais fraca, é menos. Isso eu não entendo. Sempre me sinto contente depois de fazer amor — a menos que seja com uma pessoa de quem eu não goste de verdade (nesse caso, fico triste porque o sexo é como fingir amor e o que de fato quero, preciso, é amor). Mas mesmo então fico contente de me sentir viva, mais viva do que sempre me sinto quando estou em meu corpo. Amo qualquer um — pelo menos um pouco — que toque no meu corpo. Qualquer um que me toca me dá algo naquele instante: meu corpo.

Não devo dizer para C.: Como pôde pensar que *eu* seria capaz de uma coisa dessas, pensar isso? Ficar magoada, insultada, por ela pensar que sou menos comprometida, séria, pura — etc. Supondo tacitamente que temos os mesmos padrões — o que, infelizmente, não acontece. Eu sempre a protejo contra minha censura potencial de que *ela* é rasa ou desligada ou insensível. Levo essa censura potencial a ela e a transformo numa censura (inexplicável, injustificada) contra *mim*. Eu não devia. Ou antes, eu devo dizer: Você faria mesmo isso? É assim que você se sentiria? Que estranho! Eu não faria assim, não conseguiria. E basta!

* Outro título para o filme: *Brother Carl* [*Esse veio a ser o título do segundo filme de SS, feito na Suécia em 1970.*]

11/7/70

Parâmetros de um filme

[1] extensão dos planos
[2] composição dos planos
[3] movimento de câmera/imobilidade
[4] mudanças de plano

Ritmo de um filme determinado primeiramente pelo teor de [4]. Toda mudança de plano deve ter mais de *uma* justificativa: função polifônica, "discurso duplo" do filme (continuidade < > descontinuidade)

A maioria das pessoas acha que (1) é a chave do ritmo, mas não é. A duração do plano é subjetiva demais — depende da leitura, da legibilidade de um plano. Faça um plano fixo do close de um rosto com dez segundos de duração ser seguido por um plano geral fixo de rua movimentada com dez segundos de duração e a maioria das pessoas vai achar que a primeira tomada durou vinte segundos e a segunda durou cinco.

Para (2) notar o valor da assimetria. O operador de câmera, em geral, automaticamente, centraliza as figuras num plano. Não deixe que ele faça isso, a menos que seja o que você deseja.

*Vantagens de CinemaScope: todo aquele espaço extra — apresenta problemas formais que precisam ser solucionados! Usar isso no filme? (duzentos dólares de custo pelas lentes especiais — mesmo negativo; CinemaScope preto e branco não é comum. Cf. Buñuel, *Journal d'une femme de chambre* [*Diário de uma camareira*]).

Noël [Burch] diz que há mudanças de planos demais em DFC [*primeiro filme de SS, Duet for Cannibals*]. Em vez de quatrocentas tomadas, devia haver apenas umas duzentas. A maioria delas, diz ele, não tem *nenhuma* função. As únicas ideias que tive sobre mudanças de plano foram a) dramatúrgicas ou b) promover alguma sensação de desorientação espacial

a) = Agora! b) = Onde estamos?

A maioria das mudanças de plano de Godard é feita com tomadas de objetos que não fazem parte do plano anterior, e não com cortes diretos (um plano diferente da mesma coisa)

Bresson quase nunca usou outra coisa que não uma lente de 50 [mm].

O encouraçado Potemkin tem mais planos (por metro) do que qualquer outro filme de Eisenstein. Toda ação é fatiada — mosaico de planos. O oposto é [*o diretor húngaro Miklós*] Jancsó e [*o diretor francês Jean-Marie*] Straub — só plano-sequência (para que cortar?). Para exemplo de fatiamento, a sequência final de *Tempestade sobre a Ásia*.

[*Está traçada um quadrado em volta disto:*] Filmes

Nápoles:

Os milionários da Filadélfia (1959) [de Vincent Sherman] —
Paul Newman, Barbara Rush
Mario Bava, *Il Rosso Segno della Follia* (*O alerta vermelho da
loucura*, 1970) — Laura Betti

Paris, 9 de julho >:

Hitchcock, *Sob o signo de Capricórnio* (1949) — Ingrid Bergman,
Joseph Cotten, Michael Wilding, Margaret Leighton
Jean Eustache, *Le Cochon* (1970)
Michel Fano, *Le Territoire des autres* (1970)

Estocolmo, 13 de julho > 27 de setembro

- *Terence Young, *007 contra o satânico dr. No* (1962)
- Elliot Silverstein, *Um homem chamado cavalo* (1970)
- Michael Wadleigh, *Woodstock* (1970)
- • *May Zetterling, *Flickorna* (1968)
- • **Bergman, *Tystnaden* (*O silêncio*, 1963)
- Roman Polanski, *A dança dos vampiros* (1967)
- René Clément, *Le Passager de la pluie* (*O passageiro da chuva*, 1970) —
- Charles Bronson, Marlène Jobert
- Roy Anderson, *En* Kärlekshistoria (*Uma história de amor sueca*, 1970)

- *Michael Curtiz + Wm. Keighley, *Robin Hood* (1938) — Errol Flynn, Olivia de Havilland, Basil Rathbone, Claude Rains
- Tony Richardson, *Ned Kelly* (1970)
- Alf Sjöberg, *Barrabás* (1953) — Ulf Palme
- Claude Chabrol, *La Route de Corinthe* (*O espião de Corinto*, 1967)

...

Roma, 28 set.-9 out.

Buñuel, *Tristana* (1970) — [Catherine] Deneuve
[George Seaton] *Aeroporto* (1970) — B[urt] Lancaster, Dean Martin

Nova York, 9 -25 out.

Mike Nichols, *Ardil 22* (1970)
Cada um vive como quer (1970) [de Bob Rafelson]
Performance [Donald Cammel e Nicolas Roeg]

•

O que fiz entre as sequências em DFC devo fazer entre cada plano desse filme. Os melhores planos em DFC são os "planos de ataque" e o seguinte — isto é, os primeiros dois planos em cada sequência. O "plano de ataque" muitas vezes apresenta um problema de orientação espacial ou dramatúrgica, o segundo plano responde ao problema. Então a sequência perde força.

Quanto mais longo o plano, mais importante (privilegiada) será a mudança de plano — mais justificação será necessária para ela.

...

Toda mudança de plano deve criar tensão ou resolver a tensão.

Noël diz que sou como [*o diretor de cinema mudo francês Louis*] Delluc, Bergman, Bellocchio.

...

Complicar (mediante mudanças de plano) o itinerário espacial do filme.

...

Russos se concentraram em mudanças de plano — praticamente eliminaram os movimentos de câmera.

[*Em meados de julho, SS foi a Estocolmo para começar a trabalhar no filme* Brother Carl.]

16/7/70

... Estou trabalhando de novo no roteiro. Retiro coisas, mas depois adiciono coisas. De fato parece melhor a cada alteração, mas está longo demais. Receio que eu vá fazer um filme de três horas que seja impossível cortar. Às vezes me parece ambicioso demais, complicado demais. É sobre o sofrimento, a santidade, a corrupção moral, a neurose, a saúde, o amor, o sadismo, o masoquismo — em suma, tudo. Os personagens são medonhamente complexos. Eu me pergunto se vale a pena. Gostaria de fazer contos de fadas morais, como [*o cineasta italiano Pier Paolo*] Pasolini.

De [Emanuel] Swedenborg a Zarah Leander, [August] Strindberg a Gunnar Myrdal. [Suécia] é mesmo um país de personalidades fortes, obstinadas.

Gamla Stan [*Cidade Velha de Estocolmo; SS morava num apartamento lá, durante a filmagem de* Brother Carl]: Um mundo artesanal (linhas tortas, paredes desgastadas, superfícies desniveladas) é um mundo humano.

26/7/70

… Hábitos de desespero

3/10/70

Terminou — do mesmo jeito súbito, misterioso, arbitrário, imprevisível que começou.

Choro o tempo todo — meu peito, a garganta, os olhos, a pele do meu rosto estão grossos de lágrimas, estou com asma: quero oxigênio, quero que o ar me alimente — e ele não alimenta.

Não sinto ainda a grande dor. Ela virá quando eu partir na sexta-feira (dia 9). Agora tenho raiva da minha própria fraqueza.

Não consigo *acreditar* nesta situação que me deixa totalmente impotente. Eu luto para fazer algum contato com C. — para instruí-la ou seduzi-la a fazer algum contato afetuoso comigo — e tudo dá errado. O que quer que eu faça ou diga a deixa mais amarga ou vaga ou distante ou insensível ou intransigente ou apenas rude.

Não é como Paris, onde eu sentia como ela sofria — ainda que ela não pudesse estar me amando. Agora sinto algo pior, mais aterrador — uma dureza nela, uma incapacidade de sentir e amar, um egoísmo incrível. Alguns dias atrás ela disse que talvez nunca tivesse amado ninguém. Isso não é verdade, é claro. Mas talvez seja verdade que ela *só* pode amar de forma intermitente — assim como ela só pode "ser" de modo intermitente.

Ela não quer o tipo de amor que sinto por ela. Quer as intermitências do amor de D. D.

Deus me ajude — me ajude — a parar de amá-la se ela não me ama mais.

Não devo insistir porque a amei mais do que qualquer outra pessoa em minha vida. Ainda tenho essa vitória de sentimento — de *realmente* amar pela primeira vez — ainda que tenha terminado em derrota.

É uma derrota honrosa. Pus tudo em risco — dei tudo o que tinha — pela primeira vez. Fui ingênua o suficiente para imaginar que *tinha de* dar certo entre nós, por causa da imensidão e da certeza do meu sentimento, foi uma ingenuidade honrada e nenhum motivo para me envergonhar.

Vai ser um longo trabalho de recuperação. Tenho de abrir mão do meu amor, tenho de abrir mão do meu sonho — *sem* levantar de novo o muro que me impedia de sentir plenamente, até conhecer C.

[*Na margem:*] *Não quero aprender nada do fracasso desse amor.*

(O que eu poderia aprender é me tornar cética ou defensiva ou até mais amedrontada de amar do que já era antes.) Não quero aprender nada. Não quero tirar nenhuma conclusão.

Que eu siga em frente nua. Que me machuque. Mas que eu sobreviva.

15/10/70

C.: Hipnotizada (?) pela crença de que ela é capaz de transformação ("doente", "confusa")

Incapaz de generosidade moral — ela dá sua luz dourada, mas com cuidado, explicitamente, não promete nada

Todo o *ritmo* de nosso relacionamento foi dado por ela.

Bice é sábia, um abrigo; condescendente até certo ponto (eu) porque ela é chinesa, pouco ligada em sexo, insegura, sem paixão etc. Eu sou um risco. Você cobra, eu prometo — eu mesma, o milagre da transformação. Minha generosidade é pesada, opressiva. A de Bice é leve.

A fantasia de Joe [Chaikin] do homem com a fera que ninguém conhece (nomes) — leva-a para o porão + tenta matá-la, mas ela não morre — apenas fica sangrando — fica mais fraca — não reconhece mais o homem. O homem tem de voltar periodicamente ao porão a fim de reabrir a ferida

Romance # # 9?): *Mutantes*

Caspar Hauser — numa caixa até dezessete anos, nenhuma
    sensação de distância; ataque apoplético quando viu as
    estrelas
Super-homem
A menina porco
Visitantes de outros planetas
Drácula

Uma convenção de mutantes (história em quadrinhos Marvel)

17/10/70

Está diluindo. Cega — desviando os olhos. A última imagem: pernas nuas em meias roxas até a panturrilha.

19/10/70

Estou flutuando num oceano de dor. Flutuando não — mas nadando, mal — sem estilo. Mas não estou afundando.

Como ser atropelada por um caminhão. Estirada na rua. E não vem ninguém.

Vivo dentro de uma dor profunda.

Estar presa dentro de uma caixa pequena — que não pode ser colocada em lugar nenhum.

Um aborto. Raspar. Dor terrível — uma sujeira sanguinolenta.

Parada no meio de um túnel. Me sinto tonta. Toda minha energia voltada para recobrar minhas forças — não ser varrida.

...

19/11/70   Estocolmo

[*Um quadrado em volta disto:*] VIDA NOVA

Mais uma vez (quantas vezes?) *un petit effort* [*um pequeno esforço*]

Fantasia — exemplo perfeito da estética fascista

Mundo dividido em:

Bem — Mal
Luz — Escuridão
Rápido — Lento   Tipos de movimento: "voador"
                        "dançante" "corrido"

Leve — Pesado

Grande — Pequeno

Elegante — Desajeitado

Senhores < > gente "pequena"

[Leopold] Stokowski	fadas
Deus que faz a tempestade	bebês de animais
Diabo em Mussorgski	Mickey Mouse
Feiticeiro em [Paul] Dukas	

Imagem do maestro (Stokowski) delineada em silhueta contra a luz — extraindo a música da orquestra com sua batuta — em cima de um pedestal

Música um caso do mestre perfeito que lidera os servos ideais.

Todos os seres são clichês, tipos

Macho < > fêmea (fêmeas batem as pestanas — machos se inclinam para a frente)

Senhor < > servo (Cf. servo negro/miniaturas de centauros fêmeas na Pastoral de Beethoven

Todos estão em seu devido lugar (ou são rapidamente recolocados aí; o mundo está corretamente ordenado)

Fantasia é toda uma visão de mundo; uma moralidade, uma estética, uma cosmogonia (*Sacre du Printemps* [de Stravínski]), uma teologia (o diabo na *Noite no Monte Calvo* [*uma versão da composição* feita pelo compositor russo do século *XIX Modest*

Mussorgski, orquestrada por Stokowski e usada no desenho Fantasia,
de Disney] derrotado por *Ave Maria*)

Quadro: ideia de som como visualizado:

a trilha sonora — improviso sem comando
a orquestra (tocando Swing — relaxando, mal compor-
tada — enquanto espera Stokowski)

Chegada do Maestro — músicos se perfilam

Pastoral de Beethoven

Sobre sexo (namoro), brincadeira, natureza, ("iluminando"
o mundo), vida de família (Pégaso — mãe — criança negra
aprendendo a voar [—] tempestade > paz)

Suíte Quebra-Nozes [de Tchaikóvski] — outras raças, seus
cogumelos cômicos como chineses

30/11/70

De *O planeta do sr. Sammler* de [Saul] Bellow, p. 136 — "ten-
t[ando] viver com um coração civil"

Olaf Stapledon

Máxima de Victor Hugo: "Concisão no estilo, precisão no
pensamento, decisão na vida"

18/12/70 Paris

Filme sobre Santa Teresa

Estátua de Bernini
Sade visitou-a em Roma

? preto e branco

...

Ler *Mind at the End of Its Tether* [Mente no limiar de sua extinção] de H. G. Wells

Capítulo de W[illiam] James sobre "A alma doente" [em] *As variedades da experiência religiosa.*

...

"Escrever é apenas um substituto de viver." — Florence Nightingale.

1971

16/1/71 [*Aniversário de 38 anos de SS*]

Uma crise de respeito próprio.

O que me faz sentir forte? Estar apaixonada e trabalhando.

Tenho de trabalhar.

Estou sendo estragada pela autopiedade e pelo autodesprezo.

...

Estou sem equilíbrio.

Estou em busca da minha dignidade. Não rir.

Sou muito intolerante e muito indulgente (com os outros). Em relação a mim mesma, a intolerância predomina. Gosto de mim mesma, mas não me amo. Sou indulgente — a um grau extremo — com aqueles que amo.

Ideia para uma ficção a partir de um aforismo de Cioran: "Necessidade física de desonra. Eu gostaria de ter sido filho de um carrasco". "A filha do carrasco"...

2/2/71

É possível que eu deva uma segunda libertação a Simone de Beauvoir? Faz vinte anos que li *O segundo sexo*. Noite passada, li *L'Invitée* [*A convidada*]. Não, é claro. Eu ainda tenho muito a viver antes de me libertar. Mas pela primeira vez consegui rir. Mudança de classe (o mais importante), idade (mais vinte anos de experiência!), país e físico de Xavière, e aí está um retrato perfeito de C[arlotta]. Vejo a cilada de fora (a maneira como esse amor cristão, de autossacrifício, é provocado, junto com a paixão sexual), — não senti pena de mim, me desprezei um pouco menos. Parei, mais um pouco, de ter esperança — e me senti mais leve. Eu pude rir, com ternura, de mim mesma.

11/4/71 Nova York

Joe: Dois tipos de pessoas — aquelas interessadas em autotransformação e aquelas sem interesse por isso. Ambas requerem a mesma quantidade de energia — continuar a mesma ou mudar consome a mesma quantidade de energia.

Concordo com a primeira — e só me interesso por pessoas engajadas num projeto de autotransformação. Mas a segunda: eu gostaria de poder acreditar em algo tão otimista. Parece-me que mudar requer muito mais energia.

Aforismo de [*o escritor, poeta e satirista polonês*] Stanisław Jerzy Lec: "Quando você chegar ao fundo, vai ouvir alguém batendo embaixo".

O que significa pensamento siléptico?

... Morte de Stravínski esta semana. Recordo quando Merrill [*amigo de infância de SS*] e eu discutíamos se sacrificaríamos nossas vidas para dar a Stravínski mais um ano de vida — ou mais cinco anos. Eu tinha catorze anos, talvez quinze.

21/4/71

Estou sofrendo de uma falta de estímulo intelectual. Exagerei, reagi com exacerbação contra o meio acadêmico em que fiquei totalmente submersa na minha juventude. Foi um exagero. Então, a partir de Harriet, comecei um exagero equivalente na direção oposta. Isso se tornou cada vez mais radical, de modo que em anos recentes passei quase todo meu tempo com pessoas de mente medíocre. — Por [mais] que me agradassem (porque eram mais afetuosas, mais sensuais, mais sensíveis, tinham mais experiência "do mundo"), elas não me estimularam. Pensei cada vez menos. Minha mente ficou preguiçosa, passiva. Ganhei muito, mas também paguei um alto preço. E agora é esse preço que me humilha. Acho muitos livros difíceis de ler! (Especialmente filosofia.) Escrevo mal, com dificuldade. Minha mente está dura. (É isso que está criando o problema com o ensaio sobre a liberação feminina — mais do que minha depressão.)

...

Ideia para uma novela a partir do livro de [*o escritor e dissidente político iugoslavo*] Vladímir Dedijer hoje. "O clube dos suicidas." Uma história política, passada na Iugoslávia — pequeno país imaginário. Novo movimento social entre estudantes (ensino médio, universidade): formam-se clubes de suicidas. Jovens incumbidos de cometer "suicídios altruístas" a fim de despertar a consciência, chantagear o governo. Fazem reuniões, oficinas, grupos de conscientização, a fim de se preparar. Depois põem em prática. Ao todo, são 24 a cometerem — (alguns são mortos, perdem a coragem no final e são forçados por seus companheiros). O filho de Dedijer fez isso aos dezenove anos — pulou de um penhasco ao lado da casa do pai. Mais tarde, descobriu-se que os clubes eram organizados pela polícia secreta.

Dedijer tinha três filhos. O primeiro cometeu suicídio aos quinze anos, depois de ser interrogado + espancado pela polícia (sobre as atividades do pai) depois enviado para casa — se enforcou. O segundo se matou aos dezenove anos (clube dos suicidas). O terceiro tentou ano passado — não conseguiu — vagou pelas estradas nos Estados Unidos, tomou drogas, agora está numa escola de atletismo na Suíça.

Novela organizada como uma coletânea de "documentos" sobre os clubes. Como os estudos antropológicos de Oscar Lewis de Porto Rico + Cuba. Cartas, entrevistas gravadas em fita, relatório de pesquisador... termina com o pesquisador tentando ir embora do país e tem os documentos confiscados.

Ler [*o sociólogo francês Émile*] Durkheim sobre o suicídio altruísta.

Usar a história que Florence me contou sobre o pai dela [*o escritor e político francês André Malraux*] — no cemitério, depois do enterro dos irmãos dela, andaram um pouco e ele deu uma palestra de improviso sobe a história dos caixões, dos sumérios até o presente. Usar isso — pai de um dos suicidas; é um professor ou ministro do governo.

24/4/71

A densidade de Ivan Illich me consola — me torna mais presente para mim mesma, mais forte.

Jeanne [*a atriz francesa Jeanne Moreau*] esta semana: pura alegria. Como eu estava deprimida.

Eu acreditei em milagres — a vida toda. Finalmente decidi fazer um milagre. Fracassei. Tive vontade de morrer.

Eu sabia que era preciso pôr a vida na linha a fim de fazer um milagre. Não pode haver hesitação, nenhuma reserva. Então eu fiz. E fracassei.

A suposição em que baseei toda minha vida foi finalmente posta à prova. Eu — isso — fracassei no teste. Minha vida desmoronou.

Eu a construí? Da mesma forma? De forma melhor? Existe uma forma melhor? (Sem acreditar em milagres?) Ou "construir" é uma metáfora errada?

Foi como se toda minha vida estivesse crescendo na direção do que eu alcancei faz dois anos — estar finalmente aberta, inteiramente generosa, abrir mão de mim mesma. Eu fiz. Eu fui rejeitada.

Eu era pura. (Era?) E fui também pomposa? Isso foi errado?

BC [*o filme* Brother Carl] é sobre fazer um milagre. É o testamento daquela fé que eu ainda tinha: minha oração, minha confiança...
Fiz o filme. Carl deu certo. Eu fracassei.

A energia — e o prazer e a recompensa — por trás do milagre estava o desejo de simbiose. Um sonho puro, generoso. Mas uma energia imperfeita.

Será que me livrei da busca da simbiose ideal perfeita?
Será que nunca conseguimos nos livrar de um desejo tão profundo como esse?

Estou sozinha. Sei disso agora. Talvez eu sempre fique sozinha.

27/4/71

A solidão é infinita. Todo um mundo novo. O deserto.

Estou pensando — falando — em imagens. Não sei como escrevê-las. Todo sentimento é físico.

Talvez seja por isso que não consigo escrever — ou escrevo tão mal agora. No deserto, todas as ideias são experimentadas no corpo.

Toco um local central, onde nunca vivi antes. Escrevi a partir da margem, enquanto afundava no poço, mas nunca olhava diretamente para baixo. Extraí palavras — livros, ensaios. Agora estou lá embaixo: no centro. E, para meu horror, descubro que o centro é mudo.

Quero falar. Quero ser uma pessoa que fala. Mas, até agora, falar significava lidar com isso de modo insincero, olhos desviados de mim mesma.

Usei a mim mesma como se fosse outra pessoa... Ivan diz que está tudo em "A imaginação pornográfica" [*ensaio de SS*]. (Ou em *Morte em questão*, eu diria.) Mas eu não sabia. Eu não olhava para baixo, em vez disso me maravilhava com os pensamentos curiosos, mórbidos, radicais, que eu tinha — e achava que eu tinha sorte por não ter de pagar (com loucura, com desespero cerrado) por ser o veículo deles. Sortuda!

Eu tinha medo de ficar louca. Agora olhei — eu estou lá. Não estou louca. Não estou nem deprimida por ficar sozinha noite após noite, no apartamento.

[*O aforista alemão do século XX Georg C.*] Lichtenberg: "No caráter de todas as pessoas existe algo que não pode sem rompido — a estrutura óssea do seu caráter. Querer mudar é o mesmo que ensinar uma ovelha a caçar".

•

Tentando ampliar meu espaço interior.

[*Sem data, junho*]

McLuhan: os negros são mais fotogênicos na televisão do que os brancos — do pdv [ponto de vista] da televisão, os brancos já estão démodé.

Não confundir o *tema* (de um livro, filme) com seu caráter político. [*O escritor e jornalista francês Philippe*] Sollers acha que Céline é radical, culturalmente; suas opiniões são outra questão.

Escrever um livro sobre o corpo — mas não um livro esquizofrênico. Isso é possível? Um livro que seja uma espécie de striptease, um despir-se vagaroso, minuciosamente detalhado, no curso do qual todos os ossos-músculos-órgãos são identificados, descritos, violentados.

O maior diretor? D. W. Griffith, *hélas* [*infelizmente*]

Flora Tristan — francesa — feminista pioneira (1803-44) — elogiada por Breton

Escritores fascistas: Céline, [Luigi] Pirandello, [Gottfried] Benn, Pound, [Yukio] Mishima.

Temas de valor:

Destruir o mito burguês do artista, do criador (anti-*8 ½* [de Fellini])
Ação política de mulheres
O inimigo é humano, mas continua inimigo (cartas de Stalingrado [*dos soldados alemães*])
Ação espiritual de uma mulher

O *sagrado*

[*Sem data, dezembro*]

"O sagrado" + o mito burguês do artista criador alienado são antitéticos.

Experimentar o sagrado é o oposto de ser alienado. É estar integrado. Sempre implica relações com os outros — "um público".

"Sagrado" sempre envolveu risco de morte, aniquilamento.

Será possível que a ideia de "sagrado" seja uma mistificação? (Forma mais sofisticada de universalismo, negar conflito de classe e luta concreta.)

1972

[*Sem data, janeiro*]

Nota sobre o autor de um thriller (Dick Francis, *Forfeit*): "como esplêndido escritor de thrillers, ele agora chega ao auge da fama como jóquei em corridas de obstáculos". Pensar *nessa* ideia de escritor.

Bondade, bondade, bondade.

Quero fazer uma oração de Ano-Novo, não uma resolução. Estou rezando para ter coragem.

Exatamente agora, neste momento. Não estou com medo. Um peso tremendo que sinto quase o tempo todo não existe.

Por que tenho tanto medo? Por que me sinto tão fraca, tão culpada? Por que não tenho conseguido escrever para m[amãe], já faz um ano, nem abrir as cartas dela?

Tenho de ver C[arlotta], que voltou para Paris hoje com Gio[vannella Zannoni]. Preciso não ter medo… E visitar [Robert] Bresson e Yuyi [Beringola] + Hugo [Santiago, *argentinos exilados em Paris de quem SS se tornara amiga*], e [*a acadêmica francesa*] Violette [Morin], e Paul [Thek]. E escrever para Roger [*Straus, editor e amigo de SS*] + [*a psiquiatra de Nova York*] Lilly [Engler] + Joe [Chaikin]. Por que tenho sentido tanto medo nos últimos dois meses?

[*SS deve ter mostrado esta entrada para alguém, pois embaixo dela, com letra de outra pessoa, e sublinhado, está escrito:*] Por favor, não tenha medo!

10/3/72

[*O cineasta, diretor de teatro e poeta chileno Alejandro*] Jodorowsky:

Grotowski, o *fim* do teatro psicológico burguês, sua purificação final.
[Constantin] Stanislávski > Gordon Craig > Grotowski

"Eu vivia perguntando para [*o mímico francês*] Marcel Marceau: 'Por que você não fala?' Sabe por quê? Porque ele tem uma vozinha melosa, assim…".

Não consigo mais fazer peças — O quê?
Cerimônias mágicas. Rituais.

Três centros: barriga, peito, cabeça. Tocar música para cada um [dos] três.

(Fitas tibetanas.)
Uma sala de meditação.

Grotowski: um ator que se exercita como um monge. Jodorowsky: um monge capaz de representar.

Faz história em quadrinhos. (Seus modelos: Little Nemo, Popeye antes de 1938, Flash Gordon.)

"G. gosta de um teatro pobre. Certo. Eu também. (Mímica etc.) Mas também gosto de teatro rico. (Eu gosto de Cecil B. DeMille.)"

Comprar:

Goethe, *Afinidades eletivas*
Paul de Man, *Blindness + Insight*
Robert Coover, *Pricksongs and Descants*

Ideia para um romance:

Pesquisar jornais de Paris, final de 1934 — aventura em Galápagos de uma baronesa e três jovens, contada por [Paule] Thévenin...

Dr. Friedrich Ritter e Frau Dore Strauch von Koerwin chegaram às ilhas Galápagos em 1929 para morar lá — ambos alemães. Antes de ir, tomaram a precaução de extrair os dentes — substituindo por "*râteliers*" de aço. Queriam criar um Éden — que chamaram de Friedo (primeiras sílabas de seus prenomes). Em 1924 (?) a famosa baronesa Basquet von Wagner, acompanhada por três homens muito jovens, chegou à ilha. O completo desaparecimento da baronesa, que se intitulou rainha das Galápagos, e de dois de seus acompanhantes; a descoberta acidental do terceiro na praia junto com o cadáver de um *"pecheur de passage"* [*pescador de passagem*] se tornou grandes manchetes nos jornais no fim de 1934...

13/3/72

[*O fundador do* New American Review, *Ted*] Solotaroff — nossa geração (Chicago etc.): sabíamos tudo a respeito de valores, mas não entendíamos a ligação entre nossos valores e nossa experiência. "Avaliávamos" nossa experiência, a rejeitávamos em sua maior parte como indigna de nossos valores.

A atração de fumar na "art nouveau": fabrique seu próprio espírito, alma. "Estou vivo." "Sou decorativo."

10/5/72 Cannes/Cap d'Antibes

Dois filmes vistos aqui, de que ouvi falar, elogiados. Documentário de Herzog em estilo televisivo sobre pessoas surdas-mudas [*Terra do silêncio e da escuridão*]. O novo filme de Jancsó "sobre" Átila [*La Tecnica e Il Rito*] — sua meditação obsessiva sobre a guerra (luta armada), poder-dominação — um dos filmes mais eróticos que já vi (erotismo de homens). Um sonho sobre como se cria um carismático conquistador do mundo: elementos psicológicos oniricamente reconstituídos. O contrário da análise feita em *La Prise du pouvoir par Louis XIV*, de [Roberto] Rossellini, mas igualmente válido.

Feminismo: "GEDOK", uma organização de artistas feministas que começou na Alemanha em 1926 — foi desmantelada por Hitler na década de 1930.

Romaine Brooks. [Dora] Carrington, [Gertrude] Stein

Os Kurago — os homens de roupa preta que manipulam as marionetes de teatro Bunraku

Filme de [Masahiro] Shinoda sobre o drama de Monzaemon Chikamatsu de 1720, *Duplo suicídio em Amijizma* [*Shinjû: Ten No Amijima* (1969)]

21/6/72

Ideia para uma meditação-ficção (no estilo de *King Kong* [*de Kenneth Bernard*] em NAR [*New American Review*] # 14; "Sobre mulheres que morrem", ou "Mortes de mulheres", ou "Como as mulheres morrem".

Material:

> morte de Virginia Woolf
> morte de [*a soprano alemã*] Henriette Sontag (no México
> — cólera — em uma turnê — 17 de junho de 1854)
> morte de Alice James
> morte de [*a matemática russa*] Sófia Kovalévskaia (Esto-
> colmo, 1891)
> morte de Marie Curie (4 de julho de 1934 — anemia
> perniciosa causada por radiação)
> morte de Joana d'Arc
> morte de Amelia Earhart
> morte de Hélène Boucher (aviadora [francesa] — 1934)
> morte de Rosa Luxemburgo
> morte de [*a dramaturga e ativista política francesa*]
> Olympe de Gouges (1793 — guilhotinada)
> morte de Carrington

outro título: "Mulheres e morte"

Mulheres não morrem umas pelas outras. Não existe a morte "sororal" como existe a morte fraternal (*Beau Geste*)

...

Obter o *Cahiers de L'Herne*, número sobre [*o escritor americano do século XX H. P.*] Lovecraft

Óperas modernas: Schoenberg, *Moses und Aron, Die Glückliche Hand*; [Bernd Alois] Zimmermann, *Die Soldaten*; [Luigi] Nono, *Intolleranza*; Luigi Dallapiccola, *Il Prigioniero, Ulisse*; [Franz] Schreker.

Escritores esquecidos:

Georges Rodenbach ("simbolista" fr[ancês])
Paul Nougé (surrealista belga)

[*Sem data, julho*]

Francês, à diferença do inglês: língua que tende a quebrar quando a forçamos —

5/7/72 Paris

Um escritor, como um atleta, tem de "treinar" todo dia. O que faço hoje para me manter "em forma"?

[*O escritor americano*] Leonard Michaels no [Café] Flore: Ele disse que éramos parecidos (russos-poloneses-judeus...), que o que primeiro o atraiu em mim foi que mencionei [*a cantora cubano-americana de canções sentimentais*] La Lupe no ensaio sobre o "*camp*" e então ele foi vê-la. Quer escrever como La Lupe — para ele, escrever é "musical" — o ritmo. Gostou da trepada no trem no início de *Morte em questão*. Acha que *Clarissa* [*de Samuel Richardson*] é o maior romance inglês. "Já leu? Você lê muito?" Ele acha que os esquerdistas são "bárbaros". Não sabe falar francês e nunca ouviu falar de Flore. Nasceu no início de janeiro de 1933 no Lower East Side — seu pai imigrou no início da década de 1920, a mãe no início da década de 1930 — sua primeira esposa se suicidou (no quarto contíguo, 47 pílulas soporíferas) quando ele ainda era aluno de pós-graduação — a segunda esposa, naturalmente, é uma DAR [Filha da Revolução Americana] (nas palavras dele) — ele tem dois filhos, idade três + seis... Foi para a Music + Art [*escola secundária pública na cidade de Nova York*] > Univ[ersidade] de Michigan > Berkeley

20/7/72

...

Fui convidada para passar três semanas na China, a partir de 25 de ag[osto].

Um livro chinês? Não *Viagem para Hanói* — não posso fazer de novo a viagem de sensibilidade "O Ocidente encontra o Oriente". E sem dúvida não tenho intenção de recontar minha viagem real. Não sou jornalista. *Je ne suis pas raconteur. Je déteste raconter*

[*Não sou contadora de histórias. Detesto contar*]. (A menos que seja para usar a história a fim de ilustrar uma ideia — ou poder analisar + discutir a história depois + extrair dela reflexões.)

Que livro? Será que agora eu seria capaz de fazer um "Notas para uma definição de Revolução Cultural"? Provavelmente vou conseguir ver muito pouco da R[evolução] C[ultural]. (Como poderia? Eu nunca vou ficar sozinha. Provavelmente serão sobretudo visitas a fábricas, escolas, museus.) Mas a ideia existe.

Outra ideia da família —
Uma alternativa para a "*societé de consommation*" [*sociedade de consumo*]
Contra Quatro Velhos: Cultura Velha, Hábitos Velhos
Contra arte feita por artistas (pessoas especializadas em arte)

Comparar guinada para o Oriente das pessoas despolitizadas ([*o poeta francês René*] Daumal, Hesse, Artaud) — para a "sabedoria" — com a guinada maoísta para o Oriente. *La Cina è vicina* [*referência ao filme de 1967 A China está próxima, de Marco Bellocchio, que SS admirava muito*].

Palestras de Yunan sobre arte.

Recontar história do filme. Meu pai. A China na minha cabeça quando eu era criança. O "livro" sobre a China para a srta. Berken na turma do quarto ano e que foi a primeira coisa longa que escrevi. A mobília chinesa na casa em Great Neck [Nova York], o sr. Chen.

Abertura: "Pelo que sei, fui concebida na China (em Tientsin, em 1932), mas desde que meus pais voltaram para os Estados

Unidos para meu nascimento (em Nova York, em 1933), passei os primeiros anos de minha vida — nos Estados Unidos — inventando para os colegas da escola que eu tinha nascido na China, para a frustração da cautela de meus pais. Eles voltaram para a China pouco depois que nasci, em Nova York, e ficaram lá durante a maior parte dos meus primeiros cinco anos de vida. Meu pai era comerciante de peles; tinha um escritório em Nova York, no bairro das peles (rua 31 Oeste 231), em cuja direção ele pôs o irmão caçula, Aaron — e dirigia o escritório central da empresa, em Tientsin, onde ele e minha mãe moraram a maior parte do tempo desde que casaram, em 1930. Meu pai morreu em Tientsin quando a cidade estava sendo bombardeada (era a época da invasão japonesa), mas de tuberculose, no dia 19 de outubro de 1938. Ele nasceu, o quarto dos cinco filhos de uma família pobre de imigrantes, no Lower East Side na cidade de Nova York, no dia 6 de março de 1906 — entrou na escola pública em 1912, aos seis anos de idade, largou a escola em 1916, aos dez anos, para trabalhar como menino de entregas no bairro das peles, e fez sua primeira viagem à China em 1932, como representante da empresa de peles em que trabalhava aos dezesseis anos de idade. Foi para o deserto de Gobi montado num camelo para comprar peles de nômades da Mongólia. Tinha dezoito anos quando sofreu o primeiro ataque de tuberculose".

Livro dedicado a meu pai.

Para Jack Rosenblatt (nascido em Nova York em 1906 — morto em Tientsin em 1938) — "Papai" — uma série de fotografias — um menino, como eu penso nele hoje — uma dor inacabada. Morte, o Grande Desaparecimento. Meu filho usa seu anel. Não sei onde você está enterrado. Choro quando penso em você.

— Você não para de ficar mais jovem. Eu gostaria de ter conhecido você.

Posso usar fotografias:

Material de 1900 de [Auguste e Louis] Lumière
Pudóvkin, *Tempestade sobre a Ásia*
Fotos do papai
Foto de Bataille de um homem chicoteado até a morte
Foto de Marx com feições chinesas na capa de *Chine News*

Biblio[grafia]:

Ezra Pound sobre caligrafia
[*O sinólogo francês*] Marcel Granet
[*O sinólogo e historiador da ciência britânico*] Joseph Needham
dois números de *Tel Quel*
Malraux
Porcelana "chinesa" azul Colúmbia
Pornografia chinesa (Skira)

Em *Tides in English Taste* (2 v.) sobre Chinoiserie
Ler Barthes sobre Japão

Talvez seja algo como um romance à maneira de Broch — uma meditação sobre a China. O contrário do livro de Fred Tuten [*The Adventures of Mao on the Long March*] no tom, nem um pouco de paródia. Mas também com a forma mesclada.

O livro sobre tudo, que tenho tentado escrever. Lembrar o que Richard Howard disse faz cinco anos quando *Morte em questão* foi lançado? Tenho de descobrir minha própria forma — *récit*

371

filosófico, reflexões. Talvez seja isso, muito diferente do que ele imaginou, mas serve ao propósito.

Posso pôr minha vida inteira nesse livro. É sobre tudo, e no entanto é sobre a lua — o lugar mais exótico de todos — sobre absolutamente nada.

Outro modelo para o livro: John Cage, *De segunda a um ano*. Uma colagem. Posso até fazer uma cópia fotostática da capa e de duas páginas do livro chinês que escrevi quando eu tinha dez anos. Usar a capa — com Susan Rosenblatt — projeto de capa desbotada sobre a qual o título do livro e Susan Sontag serão sobrepostos em tinta preta pesada.

Uma colagem: *Aconteceu em Shanghai, Turandot, O último chá do general Yen, Terra dos deuses, O expresso de Shanghai* (Dietrich), Myrna Loy [*sic*] em *Tribulations d'un Chinois en Chine* [*As atribulações de um chinês na China*], de Jules Verne, Kafka, *A muralha da China, O Oriente é vermelho, La Cina è vicina, Tempestade sobre a Ásia.*

Temas:

Busca de *dépaysement*
Vie Collective (combate ao individualismo)
Cortesãs + crueldades

Situação das mulheres
Sexo — pornografia chinesa

Posso fazer uma análise à maneira de Brecht de um discurso de Mao Tsé-tung: em duas colunas (como os textos que Barthes usou)

...Ideia de "provérbio" na China
ideia de sabedoria

...

Caligrafia

Estilo de hagiografia:

Confúcio
Norman Bethune [*médico canadense que estava na Longa Marcha com Mao*]
Mao Tsé-tung

Livro possível
Narrativas/colagens/discussões
Entremeado com dez passagens sobre meu pai + vida ao estilo de Gatsby — autobiográfico

"Então, se uma de cada quatro pessoas que nascem por segundo é chinesa, isso significa que se eu tiver quatro filhos, o quarto bebê será..."

Importância da paisagem da China (jesuíta que pintava)

Vida de concessões

II. Cortesias. Sobre ser boa — estilo de hagiografia

III. Tortura chinesa

"Se o branco é a cor do luto, então o preto..." valores invertidos

Doze Viajantes:

Marco Polo
[Matteo] Ricci
Jesuíta que pintava
Soulié de Morant
Paul Claudel
Malraux
Teilhard de Chardin
Edgar Snow
Norman Bethune
Meu pai
Richard Nixon
Eu

VI. "E além disso o *I Ching*"
Religião chinesa Guinada para o Oriente

"Você tem de terminar seu prato. Pense em todo mundo que
está passando fome lá na China."
Imperialismo: *Tempestade sobre a Ásia*, Lumière
Imagística imperialista. Falar do tráfico de ópio britânico, as
concessões
Irmãos Lumière. Filme de 1900

VIII. Não desde Napoleão [—] Mao Tsé-tung [—] Longa
Marcha

IX. Notas para uma definição de Revolução Cultural

X. Ser um maoísta (fora da China)

Materiais: jade, teca, bambu

dez meditações (uma página cada)
Comida chinesa
Lavanderias chinesas
Mah Jongg
Tortura chinesa

Eu poderia escrever o livro agora. Mas não tenho o título, a permissão, as credenciais, a menos que eu vá (ainda que só por um breve tempo, durante o qual eu não veja nada).

...

Imagem do macaco na mitologia chinesa: esperto, prático. Odisseu. Anti-heroico, "humano".

O teatro de Mei Lanfang. (Ideia do teatro chinês *chez* Brecht + Artaud)

...

Como Kafka entende a China — de Praga — em 1918-9?

21/7/72

Hoje contando para Nicole [Stéphane] como toda a história de *Morte em questão* me veio num minuto — caiu no meu colo — a história inteira: o trem, Hester, Incardona, a conferência de negócios, o hospital, a volta para Nova York — *huis clos* [*beco sem saída*] a entrada na terra da morte — tudo na menção daquela palavra misteriosa, "Diddy", por John Hollander no início de nosso café à meia-noite no Tant Mieux, aquele café agora defunto na Bleecker Street aonde eu ia toda hora. "O que foi que você disse?" "Diddy — Ah, me desculpe. Quero dizer, Richard [Howard]. Sempre me esqueço. Era assim que a gente o chamava em Cleveland, quando criança." "Diddy?" "Sim." "Como se soletra?" "Não sei. D-i-d-d-y, eu acho." E o tempo todo *Morte em questão* foi enchendo minha cabeça — e pedi que John me desculpasse, eu não podia ficar. Tive de ir para casa. Estava esperando um telefonema interurbano — e fui correndo para casa à meia-noite e meia e comecei a escrever *Morte em questão* — a abertura, Diddy e a esposa, sua tentativa de suicídio — numa febre, até as seis horas da manhã...

Contando essa história para Nicole hoje, a história de como o romance me foi dado intacto, num lampejo, tudo contido na menção à palavra "Diddy" — porque Diddy não tem nada a ver com Richard Howard, não tem nada, nem remotamente, baseado nele — foi só a palavra, uma espécie de *"coup de foudre"* [*amor à primeira vista*] à la [*o psiquiatra francês Jacques*] Lacan por aquela palavra *qui a tout déclenché* [*que desencadeou tudo*] — mas por quê? *Por que* essa palavra? Eu nunca [entendi] — contando para Nicole aquela história, como já a contei umas trinta vezes nos últimos cinco anos (recordando, enquanto eu contava, mais as outras vezes em que já havia contado do que recordando o acontecimento propriamente dito) — de repente, hoje, num lampejo — de novo um lampejo — eu compreendi. Após cinco anos, eu compreendo. (E por que hoje?)

Por que Diddy? Se John Hollander tivesse dito que o apelido dele era Bubu ou Toto — ou Dig? Não! Diddy, Diddy, apenas. Essas cinco letras. Por quê? Nunca entendi. Hoje eu entendo.

Diddy
Daddy [papai]

Essa é a fonte da meditação sobre morte que carreguei dentro do coração a vida inteira

Diddy tem 33 anos. A idade de papai quando morreu.

Ele morreu? Morreu mesmo? O tema da falsa morte, *la mort équivoque, la résurrection inattendue* [*inesperada*] em toda a minha obra —

Frau Anders (*O benfeitor*)
Os Bauer (*Duet for Cannibals*)
Incardona (*Morte em questão*)
Lena (mas não dá certo) em *Brother Carl*

Um ensaio para escrever — sobre a morte.
As duas mortes na minha vida.

1938: papai: distante, inassimilável
1969: Susan [Taubes]: mesmo nome que eu, *ma sosie* [*minha sósia*], também inassimilável

Está terminado. Papai morreu de fato.

A ressurreição de Lena não dá certo porque Susan morreu de fato. A maneira de sua morte — e o sonho de Karen de sua ressurreição — são extraídos daquela dor. (Terminar não filmando o suicídio real e cortando o sonho!) Eu tive o sonho de Karen. Contei para Diana [Kemeny], que reagiu como faz Martin.

...

No primeiro caderno para *O idiota* [de Dostoiévski], era o príncipe Míchkin quem matava Nastácia Filíppovna, e não Rogójin.

Quatro dias por semana, talvez, tenho "visitas" — coisas chegam. Visitações, mais do que inspirações. Vivo o resto do ano com isso — cumprindo as ordens + esboços que anotei... Eu me transformo numa mercadoria. A máquina de escrever é minha linha de montagem. Mas o que mais eu poderia fazer?

...

[William] Hogarth: tudo é exteriorizado. O rosto de uma pessoa é seu caráter *e* seu status social *e* profissão. Todo mundo é cem por cento o que é... Concepção balzaquiana de sua própria obra: pintar (dissecar, mostrar os conflitos, desmascarar as hipocrisias) uma sociedade em seu todo. Ao pintar isso temos de "ler" (um defeito?). Cinema. Temas: conflito; hipocrisia; excesso sensual.

L'Eclisse [*O eclipse*] de Antonioni — seu melhor filme, um grande filme. Toda [*a escritora e cineasta francesa Marguerite*] Duras está lá — só que muito maior, mais rica. A cena na Bolsa é digna de Eisenstein. Entre [Alain] Delon + [Monica] Vitti, a segunda metade do filme: um *huis clos ambulant, dehors* [*beco sem saída ambulante, ao ar livre*]. Delon (um ator profissional de verdade; o oposto de [Jean-Paul] Belmondo, só charme) impõe o ritmo — a maneira como ele se move, nunca para de se mexer.

Um bom ouvinte: uma presença física que é calorosa, alerta, inteligente — mais importante do que qualquer palavra.

Proust não é Balzac mais todo o resto. Balzac era Balzac mais todo o resto! O retrato social mais as teorias sobre a sociedade, o amor, o gênio, a personalidade — páginas e páginas de coisas em Balzac, assim como Proust sobre o tempo, Proust sobre o reconhecimento, Proust sobre a [ligação] entre homossexuais e judeus.

[*O escritor francês do século XX Pierre*] Drieu La Rochelle/ Mishima [—] fascismo < > culto da virilidade < > suicídio

um tema: a fenomenologia da ideologia

[Sobre] *Die Walküre* [de Wagner]
... *Incesto é eros instantâneo* (como homossexualidade) — o casal erótico do primeiro ato são irmão + irmã, o casal erótico do último ato são pai + filha
Uma parte do que há de maravilhoso para ouvir em *Walküre* — passagens orquestrais s[em] canto — fica desvalorizada quando *vemos* a ópera. Então a música de repente se torna apenas o acompanhamento ou a ilustração dos gestos do ator: como olhar com volúpia.

28/7/72

Não é verdade que a situação ideal seria que *todas* as pessoas fossem artistas (clichê dos esquerdistas utópicos) [*assim como*] não seria desejável que todas as pessoas fossem cientistas.

O que o mundo ia fazer com todas essas *coisas*?

A universalização da arte [seria] um desastre ecológico. Uma ideia de produtividade infinita.

E não é melhor do que a ideia de inventividade infinita (tecnologia) ou a de aquisição infinita de conhecimento. Conceito de *limites*.

Temor de se engajar em atividades de "élite" é o que leva as pessoas a dizer que, idealmente, todo mundo deveria ser artista.

Mas certas atividades são possíveis *apenas* se poucas pessoas as fazem.

O único sentido em que todas as pessoas poderiam ser artistas é se a arte fosse entendida exclusivamente como performance — ou arte para descartar. Arte seria algo que as pessoas fizeram e, se resultou num objeto, não teríamos de (talvez nem sequer fosse possível) guardá-lo, conservá-lo num museu. Cage, portanto, tem o direito de dizer que ele quer que todo mundo seja artista. Há muito pouco de feitura de produtos na sua noção de arte. Não há nada para guardar, monumentalizar. Ela se autodestrói.

Repetir: é um problema ecológico.

Ensaio sobre cemitérios (ou filme?)
> vinte min. (Franju)

1. "morbidez" como forma de sensibilidade
2. Cemitério como *cidade* ideal
espaço urbano
"ruas", "jardim" — flores, "casas"
3. Cemitério como estruturas [—] cf. [*o escritor italiano do século XX Umberto*] Eco
mau gosto
kitsch

"fotografias" — Linguaglossa (Sicília)
4. Cemitério & memória (apagamento do tempo)
5. Individualidade < > vala comum
6. Cemitério como literatura [—] epitáfios [—] legibilidade
7. Cemitério + a família (amor = o casal)
Cemitério: artifício + realidade
9) cores: branco

Cemitérios:

Um novo em Marselha
Haramont [*lugarejo nas proximidades de Paris onde Nico-
le Stéphane tinha uma casa*]
Linguaglossa (Sicília)
Long Island
Highgate (Londres)
Perto de Taroudant [Marrocos]
Panarea [ilha perto da Sicília]

3/9/72 NYC

Ego: Bobby Fischer, James Joyce, Norman Mailer, Richard
Wagner, Mark Spitz, [Herman] Melville

Ligação entre homossexualidade masculina e fascismo, entre
puritanismo e comunismo: sexo + política

...

16/9/72

...

Melhor modelo para tom de entrevista: Robert Lowell...

Livro da China — cruzamento entre Hannah Arendt + [*o escritor americano Donald*] Barthelme, falei para [*na época editor da* New Yorker] W[illiam] Shawn ontem

Kinesics and Context, Essays on Body Motion Communication [Cinésica e contexto, ensaios sobre comunicação pelo movimento corporal], de Ray L. Birdwhistell (ed. Ballantine, 1972)
Por que esse livro tem um tom tão reacionário e repulsivo?
seu sexismo ("acasalamento adequado", emprego do pronome "ele" etc.)
seus pressupostos dos direitos do cientista —
paciente
leigo // profissional
amador

sua noção do social por exemplo universo/idioverso
as implicações morais de seu jargão

15/10/72 Paris

Modelo para tom nobre na forma de ensaio — Arendt, *Homens em tempos sombrios*

Reler ensaios [de Arendt sobre Gotthold Ephraim] Lessing + [Walter] Benjamin, muitas vezes!

382

Hong Kong — a ponte Lu Hu sobre o rio Sham Chun, entre China e Hong Kong. Atravessar. Picos encobertos. [*SS usou a primeira frase quase literalmente em seu conto autobiográfico "Projeto para uma viagem à China".*]

...

Ideia moderna de paraíso: lugar que não compreendemos (Katmandu, os Tarahumaras, Taiti etc.)

20/10/72

(tema de um romance) relacionamento entre fascismo e "o fantástico"
Lovecraft
Fantasia, Entre a loura e a morena, de Busby Berkeley
mecanização das pessoas
emprego da cor

...

21/10/72

Duas metáforas enraizadas na minha vida:

viagem à China
o deserto

Livro em duas partes (poema em prosa à la Cendrars): Volta ao deserto (Tucson); viagem à China

Deserto — estase, vazio, nudez, pouquíssima gente, ser simplório, história repetitiva

China — movimento, cultura superior, paisagem verde, história suntuosa, gente demais

...

28/10/72

Acabei de saber que a viagem à China foi adiada para 15 fev.

Graças a Deus escrevi "Projeto".

Instinto de autopreservação!

...

[*Sem data, novembro*]

...

Reciclar a própria vida com livros

6/11/72 Paris

Ideia para um conto ou novela (de uma visita de [*a produtora de cinema*] Lise Fayolle e seu marido Claude Breuer *chez* Nicole noite passada):

Um homem — bonito — 42 anos — nascido em Bruxelas, criado em Montreal. Escritor. Bebe. Cabelo comprido. Todas as roupas que veste foram compradas por mulheres. Um *raté* [*fracassado*]. Conhece "tudo". Não guarda nada — bens, antigos manuscritos, diários. Trabalhou muito pouco — jornalismo eventual, fotografia de divulgação free-lance (John Lennon e Yoko em Colombe d'Or no Festival de Cannes em 1970), aprimora roteiros. Publicou seu primeiro romance há dois anos; lançado por um editor pequeno e independente nos Alpes Marítimos, Robert Morel — um prédio moderno no centro de um terreno de 180 hectares no alto de um morro... com uma porta de aço "que fecha como a porta de um cofre"; imprimiu 10 mil exemplares — todos vendidos, mas só no sul da França — nenhum exemplar em Paris (editor se recusa a mandar exemplares para as livrarias de Paris, mesmo quando elas pedem); [*Une Journée un peu chaude*] ganhou um prêmio literário pequeno, prestigioso, Le Prix Roger-Nimier. Terminou o segundo romance, começou o terceiro. Deixou Robert Morel — "foi doloroso" — "eu o adoro" — carta: "*Cher Robert, Je vous quite. Claude*" [*Caro Robert, Vou deixá-lo. Claude*]. Nenhuma explicação, nenhuma expressão de lamento. "Ele faz o que tem vontade. Por que eu não deveria também fazer o que tenho vontade?" — "É pela mais tola das razões. Quero poder entrar numa livraria francesa e ver como vai indo meu livro." Agora ele tem um contato (via [*a romancista francesa Françoise*] Sagan) com [*as editoras parisienses*] Flammarion e Grasset, uma delas vai publicar seu segundo romance. E ele tem cem páginas do terceiro.

Escreveu a vida toda, mas nunca teve "confiança" suficiente para publicar, senão há três anos. Peças, contos, romances. Todas as coisas antigas se perderam, jogadas no lixo, rasgadas.

Casou-se duas vezes — com uma garota canadense, quando era muito jovem (ela exigia fidelidade), depois quando foi para Paris — por volta dos trinta anos de idade —, Lise! Agora mora em St. Tropez com uma garota rica chamada Catherine. Casa num bosque de pinheiros.

Foi para Cornell. Morou um tempo em Nova York.

De família rica. (O que o pai faz?) Um de quatro filhos. (Será que Claude é o mais velho?) Um irmão morreu. O terceiro. O quarto, Philippe, tem 39 anos e é mongoloide.

Philippe só falou aos seis anos de idade, só andou aos nove. "Fui eu que ensinei meu irmão a andar." A mãe agora está com 82. Nunca deixou Philippe por nem um minuto de sua vida. Hoje, aos 82 anos, é capaz de tropeçar e cair no jardim só para fazer Philippe rir.

"Minha mãe é um monstro."

Chama Lise de "Fayolle" [—] "Ei, Fayolle…"

Fotografia de Philippe (um metro e sessenta e cinco centímetros, óculos de lentes grossas, cabelo ralo, camisa branca de manga curta, calça cinzenta), mãe (cabelo branco) e Claude — sujo, cabelo desgrenhado, barba por fazer.

um em cada cinquenta filhos de mulheres de 45 anos para cima são mongoloides; um em cada 2 mil, para mães com menos de trinta anos.

"mongoloide" deve ser chamado, corretamente, de Síndrome de Down.

Claude: "Não precisa ficar triste por causa dos mongoloides. Eles não são infelizes. São felizes".

O que eles querem? "Nada. Só querem ficar sozinhos. Serem deixados em paz."

"*C'est le contestataire dans l'état pur. Il* est *contestataire. C'est le refus total.*" ["É contestador em estado puro. Ele é contestador. É a recusa total."]

"Tudo que um mongoloide diz é falso." É aprendido. É uma imitação.

"A recusa começa na concepção. O esperma recusa o óvulo, o óvulo recusa o esperma."

Mongoloides são menos "afetuosos" entre si do que com pessoas normais.

Muitas vezes têm boa memória.

"Minha mãe não entende Philippe. Ela é a razão dele para viver, ele é a razão dela."

"Se ela morrer, ele morre no mesmo dia." A maioria dos mongoloides morrem jovens. Ele é um dos mais velhos que existem no mundo.

Ele [Claude] não viu a mãe durante dezessete anos.

"Eles não *querem* conversar. Aprendem a falar porque são obrigados." (Não é Verdade.)

Diz que a mãe amou Philippe muito mais do que os outros três filhos ou o marido. "Ele é o mais forte."

"Com ele, a gente nunca sente tédio."

"O romance que estou escrevendo não é sobre meu irmão. Acontece que tenho um irmão mongoloide, só isso."

O romance é em primeira pessoa. "Quero me colocar dentro da mente de um mongoloide. Descrever o mundo que ele vê — que eu veja como *ele*." Um mundo sem pressupostos e estruturas "normais".

"Minha mãe não é admirável. O que ela fez é completamente egoísta. Devia ter deixado que ele morresse."

O modo de segurar de um mongoloide é como o de uma garra — as unhas em forma de espátula — pescoço grosso, voz rouca, ombros arredondados.

Mostra raiva e aborrecimento quando sente essas coisas. Uma xícara serve para quebrar e também para beber.

"Eu compreendo meu irmão."

Mamãe criou uma escola — instituição — para mongoloides. Mas Philippe sempre ficou em casa com ela.

"Talvez no romance eu imagine processos mentais que *não são* verdadeiros nos mongoloides, mas isso não me importa. O que é verdadeiro é aquilo que sou capaz de imaginar."

A mãe tinha quarenta anos quando Claude nasceu, 43 quando Philippe nasceu (o caçula).

Como transformar isso?

Diário de C.
ou
Cartas entre C. e S[agan].

No diário, podia haver as reflexões que ele faz no romance — o irmão — sua própria vida. Mas será que ele é capaz de comentar de fora — por exemplo, compreender como esse projeto do terceiro romance é um ato violento de vingança contra a mãe e o irmão?

ao escrever esse romance, ele se torna seu irmão — mas ele é mais inteligente do que o irmão (é por isso que ele nega que seu personagem é o irmão, ou nega que tenha importância determinar se a mentalidade que ele vai personificar, representar, será ou não, de fato, a mentalidade mongoloide típica)

— ao escrever o romance, ele se torna sua mãe — porém é mais inteligente do que a mãe. Ele compreende Philippe melhor do que ela.

Ao se tornar a mãe e o irmão, ele por fim se torna mais forte que qualquer um dos dois.

Ele personifica Philippe (mas é melhor que Philippe) e assim reforça seu direito ao amor da mãe. Magicamente, ele se torna o filho preferido.

Ele substitui a mãe no amor de Philippe.

Ele se torna aquilo que sempre quis ser — em seu triste, patético, estilo "boêmio" — o contestador perfeito.

(C. odeia comer ou dormir. É muito magro. Vai para a cama em geral entre cinco e sete da manhã. Mas bebe. ???? Tudo isso ao lado da contestação ideal encarnada por Philippe.)

Forma de carta: podia ter uma voz — uma mulher, ex-esposa ou amante de Claude, uma romancista bem-sucedida que mora em Paris, tipo Sagan — diz tudo isso. Ela é lúcida, sarcástica.

Mas a forma de carta torna o conto longo demais. Quero que ele ande depressa — o mais condensado possível.

Chute ("queda")? Mãe morre e é Claude quem morre logo depois — não Philippe.

...

Três temas que persigo a vida toda:

China
Mulheres
Aberrações

E existe um quarto: a organização, o guru.

Três (ou quatro) colônias que eu administro — e posso explorar.
Três (ou quatro) cômodos que posso mobiliar.

[*Na margem:*] Podia escrever minha autobiografia dessa maneira. Em quatro seções.

...

7/11/72

Dedicar o livro da China a D.: Para David
Filho adorado, amigo, camarada

...

16/11/72

Ficção científica revista. A misoginia de Jules Verne (+ Nietzsche)

...

1973

6/1/73

Quando eu era bebê, acho, já sabia que eu só tinha duas opções: inteligência ou autismo. Ser inteligente, para mim, não é como fazer algo "melhor". É o único modo que tenho de existir. Se não estou [sendo] inteligente, fico à beira de me tornar catatônica.

Filme baseado em *Impressões de África* (1910), de Raymond Roussel. Ele morreu em 1933. Um filme divertido, poético, onírico (história gira em torno do banquete de um personagem teatral oferecido por ocasião de uma coroação).

Filme sobre Gilles de Rais.

7/1/73

Talvez eu tenha começado a pensar de novo. Ainda é muito

cedo para dizer. Já tinha começado a acreditar que havia perdido a mente. — Ou tinha desistido dela, porque era pesada demais.

Será que posso amar alguém (N[icole]) e ainda pensar/voar?

Amar é voar de asas abertas, flutuar. O pensamento é um voo solitário, batendo asas.

Tenho de pensar no que eu penso. E tenho medo.

A terrível, entorpecedora perda da autoconfiança que experimentei nos últimos três anos: os ataques contra *Morte em questão*, sentir-me uma fraude politicamente, a recepção desastrosa de *Brother Carl* — e, é claro, o redemoinho de C[arlotta]

Filmes (hipóteses provisórias):

O único tipo de filme que quero fazer é de F[icção] C[ientífica]: sonhos, milagres, futurologia. FC = liberdade.

Todo filme "de época" é reacionário em si mesmo. Exemplo: Proust, *O mensageiro*, *Morte em Veneza*

Contraexemplo: *Jeanne d'Arc*, de Bresson — Por quê? Porque não tem nenhum ator profissional...

Daí [*o projeto de SS de adaptar o romance de Simone de Beauvoir*] *L'Invitée* seria um filme reacionário...

Outro contraexemplo: *La Prise du pouvoir* [*O absolutismo: A ascensão de Luís XIV*, de Rossellini]...

E sobre os astros do cinema? Manipulação consciente da imagem de [Brigitte] Bardot em *Le Mépris* [*O desprezo*, de Godard]

Ensaio sobre a violência no cinema:

Comparar: 1) olho de mulher na sequência da escadaria em Odessa (de *Potemkin* [de Eisenstein]); 2) olho cortado em *Un Chien andalou* [*Um cão andaluz*, de Buñuel]

(1) desperta compaixão, não brutaliza; (2) brutaliza. *Os demônios* de Ken Russel provêm de (2). Uma progressão contínua desde *Psicose* para acostumar a plateia a suportar ataques sádicos sem fugir. (*Psicose, Repulsa ao sexo, Diário de amor, Os demônios, Sob o domínio do medo* de [Sam] Peckinpah, *Frenesi* de Hitchcock. Onde fica *Le Sang des bêtes* de Franju no meio de tudo isso?

Minha posição leva à censura, se redundar em alguma ação pública. Mas não sou capaz de enfrentar isso. Eu *não posso* ser a favor da censura.

•

[*SS fez uma longa viagem à China e ao Vietnã do Norte em meados de janeiro de 1973. Não encontrei muitas anotações sobre a viagem, mas boa parte do que havia entre seus escritos está reproduzida aqui. Nem tudo diz respeito à China diretamente.*]

Imperialismo cultural é a questão-chave. Não admira que os Estados Unidos não sejam xenofóbicos. Eles exportam sua cultura — confiantes de que ela vai contaminar (seduzir) qualquer um que a tocar.

Slogan chinês atual: "A China deu as maiores contribuições ao mundo". A modéstia chinesa sobre o que ela pode exportar. A

China não acha que pode ser um modelo, nem mesmo para o Terceiro Mundo.

A China quer que a deixem em paz. Para criar um Novo Sião, precisa ficar isolada. Os Estados Unidos tiveram essa chance. A China não tem, não terá.

Base calvinista da ideologia americana: natureza humana é fundamentalmente sombria, má, pecadora, egoísta, só irá reagir a motivos materiais, egoístas ou competitivos.

Reações diante da China: ou (1) ela não é real (é um espetáculo, é coerção); ou (2) ela não pode durar (espere até o materialismo pegar *você* (!))

Crença de que a sociedade de consumo é o sedutor (corruptor) irrefutável. Tem nostalgia do passado primitivo dos Estados Unidos, mas...

Como *não* usar palavras como:

arregimentação
catecismo
lavagem cerebral
conformismo versus individualismo
piranha

[*O sinólogo americano John King*] Fairbank assinalou (em 1971, testemunhando diante de [*o presidente do Comitê de Relações Exteriores do Senado, o senador do Arkansas William*] Fulbright, p. 38) que o "individualismo" americano é traduzido por "*ho-jen--chui*", cada um por si, egoísmo; "liberdade" em chinês é "*tzu yu*", que significa fora de controle, fazer o que bem entender, não cumprir as tarefas responsáveis, licenciosidade

Autodeterminação de pequenos grupos não faz sentido — [os chineses] acreditam que o povo é uma unidade, deve ser unificado.

Rituais de ajuda mútua

Comer: nunca se sirva, sirva a pessoa à sua direita + à sua esquerda. (Todo alimento servido num grande prato ou tigela no centro de uma mesa redonda.)

Os chineses não entendem (não lidam com) um grupo que não tenha um "presidente".

"Cultura" no Ocidente, o bastião da burguesia

cultura, um templo
uma elite, seus guardiões

cf. o livro de Nizan
Na China, por enquanto, só *uma* cultura — acessível a todos

Uma iconografia:

Mao
A "[Gangue dos] "
Os balés rev[olucionários]
Arte espelha vida cotidiana

O mesmo repertório — provavelmente será visto/ouvido em toda parte: manhã, visita a uma creche, tarde, visita a uma fábrica, noite, conjunto de Canto + Dança profissional em Sian, Shanghai, ou Hangzhou

Liberação feminina

Mulheres // negros

diferença importante *não* quanto ao nível ou à quantidade de opressão (mulheres ao longo da maior parte da história foram escravas, bens móveis — desde pés amarrados, clitorectomia, imolação na pira funerária do marido > nenhum estatuto legal, direito à propriedade, voto, ter nome próprio > leis de aborto, discriminação no trabalho etc.) mas o fato de que elas se integraram com seus opressores em algumas sociedades — por exemplo, árabes, chinesas — mulheres vivem quase em guetos

Questão crucial: integração ou separatismo

O separatismo implica pelo menos bissexualidade (homossexualidade exclusiva como resultado da polarização sexual — iria declinar com mais integração, abolição dos estereótipos sexuais). N. B. Tendência atual do movimento para o separatismo — Redstockings [*ala radical do movimento feminista*], Frente de Libertação Gay, Weatherwomen.* *Aphra*, revista literária feminista elogiada por "não tentar copiar os padrões literários masculinos".

Minha posição: integracionista pura.

Meta do movimento de libertação feminina devia ser a aboli-

---

* Ramificação feminista da organização americana de esquerda Weather Underground, fundada em 1969. (N. T.)

ção de padrões sexuais específicos para *todas* as atividades — exceto para a a gravidez e, talvez, alguns poucos trabalhos que requerem grande força física (como minas de carvão — mas esses empregos estão desaparecendo rapidamente)

Pode haver uma "literatura negra" com seus critérios próprios, mas não existe uma "literatura de mulheres". Não é essa a velha difamação masculina chauvinista? (Cf. tratamento de Virginia Woolf.) Mulheres não têm — e não deveriam tentar criar — uma "cultura" separada. A cultura separada que elas têm de fato é privativa. É exatamente isso que elas deviam estar tentando abolir.

A única função de se fechar — formar grupos separatistas — é uma transição: despertar a consciência; fazer lobby.

Escolas

Por que não eliminar a frequência à escola entre doze e dezesseis anos? É uma época biologicamente + psicologicamente turbulenta demais para ser engaiolado, ficar sentado o tempo todo. Durante esses anos, a garotada viveria comunitariamente — fazendo algum tipo de trabalho, seria fisicamente ativa de algum modo, no campo; aprenderia sobre sexo — livre dos pais. Esses quatro anos de "falta" na escola poderiam ser recuperados mais tarde, numa idade bem mais avançada. Digamos, dos cinquenta aos 54 anos todo mundo teria de voltar à escola. (A pessoa obteria um adiamento de alguns anos, em casos especiais, se a pessoa estivesse envolvida num trabalho especial ou num projeto criativo que não pudesse ser interrompido.) Nessa escolarização entre cinquenta e 54 anos, haveria forte pressão para aprender um trabalho ou profissão nova — mais artes liberais, ciência geral (ecologia, biologia) e capacidade linguística.

Essa simples mudança na idade específica para a escolarização iria a) reduzir a insatisfação, anomia, tédio, neurose dos adolescentes; b) modificar de modo radical o processo quase inevitável que leva pessoas de cinquenta anos a ficarem psicológica e intelectualmente ossificadas — tornarem-se cada vez mais conservadoras, politicamente — e retrógradas em seus gostos (peças teatrais de Neil Simon etc.)

Não existiria mais um enorme abismo de gerações (guerra) entre os jovens e os não jovens — mas cinco ou seis abismos de gerações, todos eles muito menos profundos.

Afinal, como a maioria das pessoas a partir de agora vai viver até setenta, 75, oitenta anos, por que sua escolarização deveria ser amontoada no primeiro 1/3 ou 1/4 de sua vida — de modo que todo o resto é uma descida ladeira abaixo

A escolarização nos primeiros anos — dos seis aos doze — seria concentrada em capacidade linguística, ciência básica, cidadania, artes.

Volta à escola aos dezesseis: artes liberais por dois anos
Idade dezoito-21: aprendizado profissional, não escolarização

[*Nota política sem data:*]

Para [*o ensaio que SS queria escrever*] "Notas para uma definição de Revolução Cultural"

Ler, reler:

Entrevista de Sartre, *New Left Review* # 58, nov.-dez. 1969

15/3/73

... De onde vem a autoridade de um autor? De onde vem minha autoridade?

Povo exemplar, atos exemplares.

Na "vida", não quero ser reduzida à minha obra. Na "obra", não quero ser reduzida à minha vida.
Minha obra é austera demais
Minha vida é uma anedota brutal

21/3/73

... Relendo *A montanha mágica* pela primeira vez em 25 anos, descubro hoje que um verso do ensaio sobre Artaud, "Só o exaustivo é de fato interessante", é uma paródia inconsciente de uma linha do prólogo de MM: "Só o exaustivo pode ser realmente interessante".

[*Junho, sem data*]

... "Quando o ego começou a feder?" ([*o crítico britânico*] Cyril Connolly, há trinta anos)

[*Há um ponto de interrogação na margem desta entrada.*] O aterrador documentário "nietzschiano" de Leni Riefenstahl, *Triunfo da vontade*

Fim de junho de 1973 Veneza

Voando baixo — aproximação do aeroporto Marco Polo — a paisagem é "lunar" — envenenada por refinarias de petróleo em Mestre, gama de cores selvagens — os ossos da terra jazem por baixo da água rasa.

O romance americano como um projeto imperialista: Melville.

...

20/6/73 Haramont

... Os únicos contos que tenho vontade de escrever são aqueles que posso nutrir com uma experiência pessoal. É por isso que "China", "Interrogatório" e "Bebê" dão certo. É por isso que a Fábula que tentei escrever em Veneza não deu certo.

Conto de [Malcom] Lowry em *American Review*: um dos mais belos exemplos da vontade do escritor: tenacidade, forma

...

27/6/73 Paris

O que importa, o que me devora: O que é útil do passado —

Philip
Sensação de loucura

Estados Unidos
Mulheres
Aberrações
A vontade
Coquetéis & trabalho exaustivo

Um conto é uma voz.

Overdrive [trabalho exaustivo]
    [*Na margem, datado de 13/2/74, vem acrescentada a nota:*]
Esse é o nome da rev[ista] de caminhoneiros

A única história que parece valer a pena escrever é um choro, um tiro, um berro. Um conto tem de ser capaz de partir o coração do leitor.

Um início: "Por toda minha vida, andei à procura de alguém inteligente para conversar".

O conto tem de tocar um nervo — em mim. Meu coração deve começar a pular quando eu ouvir a primeira frase na minha cabeça. Vou começar a tremer diante do risco.

...

Sei que "tenho" um conto quando vem a forma (tom) e tudo parece relevante para ele — assim ele podia ficar muito mais longo (mais detalhado) do que é.

...

Conto intitulado "Trabalho exaustivo"

Pessoas dentro de um carro rodando pelo mundo fazem uma viagem por todos os lugares chatos: Bergen, Noruega

Trabalho exaustivo pode ser o título de uma coletânea? *Eu etc.* é cerebral demais.

[*No fim, SS optou por* Eu etc.]

31/7/73 Paris

Talvez eu deva continuar escrevendo contos por dois anos — quinze, vinte contos — pôr a casa em ordem de verdade, explorar vozes novas — antes de cuidar do terceiro romance. Posso lançar duas coletâneas nos próximos dois-três anos, me reafirmar (afirmar?!) como escritora de ficção e criar interesse — expectativa — pelo romance futuro.

...

Agora estou escrevendo movida à raiva — e sinto uma espécie de júbilo nietzschiano. É revigorante. Dou urros de riso. Quero denunciar todo mundo, repreender todo mundo. Vou para a minha máquina de escrever como se fosse para uma metralhadora. Mas estou a salvo. Não tenho de encarar as consequências da agressividade "real". Estou remetendo *colis piégés* [*pacotes explosivos*] para o mundo.

É por isso que minha voz está ficando mais americana. Porque estou, afinal, tocando/lidando diretamente com material autobiográfico. A voz europeizada ("tradutorês") da primeira ficção era apenas o correlato do fato de eu ter transposto — deslocado — aquilo sobre o que estava escrevendo.

Comecei o ensaio sobre Paul Goodman — sentindo dor e tendo a coragem (e o interesse) de divulgá-lo. O segundo passo foi quando pensei, em outubro, que a viagem à China tinha sido cancelada. Fiquei decepcionada — e, acima de tudo, não queria desperdiçar (não ter a oportunidade de usar) todas as fantasias pessoais [*Na margem:* (papai, m. [*mãe de SS*], minha infância)] que tinham sido revolvidas com a expectativa da viagem para a China. Escrevi um conto que começava assim: "Estou indo para a China" exatamente porque, na época, eu achava que não ia. Resolvi deixar que a criança de quatro anos falasse, já que a mulher de 39 não teria de conhecer o maoísmo e a Revolução Cultural. (É claro, quando, em janeiro, viajei de fato — foi a mulher de 39 anos que viajou; para minha surpresa, a menina de quatro nem se dignou a ir junto. Será que foi porque ela tirou o peso do peito? Não — provavelmente ela nunca iria mesmo — porque a China de verdade não tem nada e nunca teve nada a ver com a sua China.)

A solução para um problema — um conto que não conseguimos terminar — é o problema. Não é como se o problema fosse uma coisa e a solução fosse outra. O problema, propriamente compreendido = a solução. Em vez de tentar esconder ou apagar o que limita o conto, capitalizar essa própria limitação. Afirmá-la, atacá-la.

Liberdade de usar cortes bruscos com saltos temporais.

14/8/73 Paris

Acabei de reler "Investigações de um cão", de K[afka] — pela primeira vez após quinze anos (?) e me dei conta de que a primeira frase de *O benfeitor* — o argumento das primeiras páginas — na verdade, algo de todo o romance — deriva diretamente daí.

Vida ordinária, mitologias róseas

...

Passei a vida toda à procura de alguém inteligente para conversar.

Minha mãe fica na cama até quatro da tarde, todo dia, num estupor alcoólico, com as persianas da janela muito bem fechadas. Fui criada por um elefante sardento de origem alemã-irlandesa que me levava à missa todo domingo e lia para mim matérias do jornal vespertino sobre acidentes de carro e adorava Kate Smith. Aos dezessete, conheci um homem magro, de coxas grossas e já um pouco careca que não parava de falar, esnobe, pedante, e me chamava de "doçura". Depois de alguns dias, me casei com ele. Conversamos por sete anos.

Eu fazia meu dever de casa com o rádio ligado.

E reservava a segunda-feira para Mahatma Gandhi.

Falar como tocar
Escrever como dar murros em alguém

Falar com sotaques...

20/8/73

Conto que estou terminando agora intitulado "Outro caso do dr. Jekyll" — usando material do conto projetado como "Walter e Aaron", montado com partes de "A organização", escrito em 1962-3.

Descubro os velhos temas:

Jovem inocente (com "obsessões", um "problema" que ele está tentando resolver) > mais velho, sarcástico, do tipo fascista

isto é, Thomas/Bauer [*Duet for Cannibals*]
Hippolyte/Jean-Jacques [*O benfeitor*]

Invertendo o relacionamento Diddy/Incardona [*Morte em questão*], é o babaca de classe média que tem o corpo bom, e o bruto (classe trabalhadora), que é frágil fisicamente.

Mas foi isso que me fascinou na novela de Stevenson quando li alguns meses atrás... — que H[yde] é menor, mais frágil, mais jovem que J[ekyll]

E o tema "Gurdjieff" é afinal tratado abertamente, assim talvez eu possa afinal me purgar de tudo aquilo — não ter feito um "filme de Gurdjieff" — e seguir em frente para obsessões mais novas e melhores.

O sábio "fascista" —

um tema em *O benfeitor*
a parte principal (não escrita) do romance começou em junho de 1965 e foi abandonada, "A provação de Thomas Faulk".
Bauer em *Duet for cannibals* [—] na primeira ideia de filme, Bauer era um psiquiatra — Thomas era seu jovem assistente. A história se passava na clínica particular de Bauer onde Thomas foi trabalhar [*Na margem:* Caligari, Mabuse.] (A maior parte da "A provação

de Thomas Faulk" ia se passar na clínica na Carolina do S[ul] para onde Thomas foi depois de sofrer uma crise nervosa; naquela primeira versão... Thomas era um paciente e não um jovem médico) [*Na margem:* mas no filme ainda tem o nome Thomas]

3/9/73

O conceito de "a exceção" de [*o filósofo alemão Karl*] Jaspers em *Filosofia da existência...* (palestras apresentadas em 1937)

sucessor da fotografia na Pop Art

O julgamento da ambição moral

Comprar: Valéry, *Cahiers*, v. I (Pléiade)
Leo Steinberg, *Outros critérios*

Chapéus de Herbert Johnson

Parafasia — adulteração, embaralhamento de palavras causado por (entre outras coisas) um coágulo de sangue no lado esquerdo do cérebro

Disnomia — coisas chamadas por nomes errados

Afasia (perda da fala) de ambos

o tipo de transmissão — confusão de palavras semelhante à parafasia, ou
tipo de broca — implica incapacidade de receber ou

produzir sons verbais corretamente com incapacidade de ler de maneira inteligente

14/9/73

Léger:

"Não se faz um prego com um prego, mas com ferro"

pintar é pirataria

"ou vida confortável e obra preguiçosa ou vida preguiçosa e obra bela"

15/10/73

... Levantar rapidamente — é só apertar o interruptor da luz branca da vontade

A tia-bisavó de Francine Gray [*a escritora americana contemporânea Francine du Plessix Gray*], uma freira carmelita na década de 1880 (já com sessenta anos de idade) — nunca tinha visto um trem. Precisou de autorização do Vaticano para olhar para fora pela janela.

...

Para ensaio sobre Adorno: ver em Martin Jay, *A imaginação dialética*; ensaio de Kostas Axelos sobre Adorno em *Arguments* v. 3, n. 14, 1959; George Lichtheim, *TriQuarterly*, primavera 1968

Para o livro sobre a China: ver o livro sobre a China de [*o si-nólogo germano-americano*] Karl Wittfogel

Citação de Jasper no último livro de Cage: "Posso facilmente imaginar um mundo sem arte".

Morbidez uma defesa contra o sentimento de tragédia

Eu desfilo pelos cemitérios do mundo inteiro — contente, fascinada — porque não sei em que cemitério do Brooklyn meu pai está enterrado

•

[*Na ocasião da guerra árabe-israelense de outubro de 1973, SS fez* Promised Lands, *documentário filmado em Israel e nas linhas de frente (*Suez, Colinas de Golan*). Não encontrei nenhum caderno sobre a filmagem, mas creio que estas notas foram feitas durante aquelas semanas.*]

Israel
Moshe Flinker — judeus/alemães
Yoram Kaniuk — memória do Holocausto

Dois mitos [sobre] minorias

revolucionários, seculares, socialistas
ortodoxos, religiosos, conservadores
> > sociedade de consumo (rejeitada por ambos A + B)

Judeus < > israelenses
Diáspora: inveja, desprezo

9/12/73 Londres

... O terremoto de San Francisco; a falha de Santo André.

Tudo bem ser paranoica — isso expande a imaginação — mas não ser esquizofrênico (isso encolhe a imaginação). Comparar *O arco-íris da gravidade* [de Thomas Pynchon] com *Morte em questão.*

No próximo romance: ninguém é catatônico; ninguém especula, em autocegueira + dissociação (como Hippolyte + Diddy)

Elogio de Gore Vidal a Mary McCarthy — ela "não se corrompeu pela compaixão". Eu sim. Esse é meu limite. No próximo romance, não vou colocar no centro um protagonista que "se corrompeu pela compaixão". Chega de babacas!

A dureza de Flaubert no Egito.

Cupidez; um estilo de vida baseado na propriedade, posses

... O tema do guru — seja franca, trate isso com honestidade; tome uma decisão!

Ambivalência demais em "Dr. Jekyll" [*o conto de SS*] — Não tenho certeza do que sinto acerca da sublimação (crítica de Bill Mazzocco [*crítico literário americano*])

A autobiografia de um guru?

O estupro da cultura — turismo —
(por exemplo, Samoa)

O que eu sinto *de fato* acerca da sublimação?

Conto: "O terremoto de San Francisco" — Tia Anne [*uma tia-avó de SS sobreviveu de fato ao terremoto*] no bordel, de pé na soleira da porta

Os Irm[ãos] Marx — deve ser engraçado.

10/12/73

[*O historiador do judaísmo cabalístico, adversário de Hannah Arendt, e amigo de Walter Benjamin, Gershom*] Scholem disse que foi Jacob Taubes [*aluno de Scholem em Jerusalém no fim da década de 1940 e marido de Susan Taubes*] quem revelou a ele a existência do mal moral. Ficou pálido quando mencionou o nome de Jacob. (A noite que D[avid] + eu passamos com ele em Jerusalém [em outubro de 1973].)

Hannah Arendt disse que Benjamin foi a única pessoa que Scholem amou de verdade. (A noite na casa de Lizzy [Elizabeth Hardwick] na semana passada em Nova York. Mary M[cCarthy], [*seu irmão o ator*] Kevin M[cCarthy], Barbara E [*Epstein, coeditora do* New York Review of Books, *com Robert Silvers*]. Mme. Stravínski + [*o escritor Robert*] Craft, [*o historiador*] Arthur Schlesinger + [*sua esposa*] Alexandra Emmet também lá.)

...

16/12/73 Milão

"*Topoi*" em cartas de pessoas da Resistência na véspera de sua
execução:

perdoem-me pelo sofrimento que vou causar a vocês
sem arrependimentos
Estou morrendo por... (Partido/país/humanidade/liberdade)
Obrigado por tudo que fizeram por mim
Eu vivo da forma X
Diga a fulano que eu vou...
Mais uma vez, eu...

Similaridade, não importa que país + que classe. (Thomas
Mann, no prefácio do livro [*Lettere di Condannati a morte della
Resistenza europea*] — publ[icado] pela Einaudi em 1954 — notar
carta de I[van] I[litch] no conto de Tolstói.

Por quê?
Preciso estabelecer uma comunicação que seja *eficaz*
: a) simples
clara
não interessa sutileza, refinamento

Tal carta é, de modo preeminente, uma comunicação *prática*.
Seu propósito é:

aliviar (reduzir) sofrimento
garantir (moldar) existência póstuma, como a pessoa
será lembrada

(texto perfeito para ilustrar a *Retórica* de Aristóteles)

No entanto, algumas diferenças:
Diferença de grau de [ensino], de personalização, de liberdade para exprimir sentimentos "privados", "sentimentos" (menos
na Albânia + em geral membros de P[artido] C[omunista]), mais
na França, Noruega, Itália, Holanda)
diferença entre países prot[estantes] + católicos

Cartas são sobretudo para as mães, não para os pais — para
as esposas — para os filhos

23/12/73 Haramont

Duas experiências de leitura dilacerantes este ano — a correspondência de Flaubert e (ontem) a biografia em dois volumes
de S. W. [Simone Weil], de Simone Pétrement

Como os dois me deixaram deprimida — em certos momentos. Tenho verdadeiro ódio de ambos — porque compreendo os
dois muito bem, porque eles representam os dois polos de meu
próprio temperamento (desejos, tentações). Eu poderia ser "Flaubert" ou "S. W."; não sou nem um nem outro, é claro — porque
um lado corrige, inibe, ajusta o outro.

"Flaubert": ambição; egoísmo; distanciamento; desprezo dos
outros; escravo da obra; orgulho; teimosia; crueldade; lucidez;
vouyeurismo; sensualidade; desonestidade.

"S. W.": ambição; egoísmo; neurose; rejeição do corpo; fome

de pureza; ingenuidade; atabalhoamento; assexualidade; desejo de
santidade; honestidade

Que dolorosa desmitificação de S. W. é essa biografia!

Sua morte foi um suicídio — e ela vinha tentando se matar
(por inanição, sobretudo) havia muitos anos.

"Não sou feminista", disse ela. Claro que não. Ela nunca aceitou o fato de ser mulher. Daí fazer-se feia (não era), sua maneira
de vestir, sua incapacidade de ter vida sexual, andar suja, malcui-
dada. A desordem de todo cômodo que ocupava etc. Se tivesse
conseguido dormir com alguém, só poderia ter sido com uma
mulher — não porque ela fosse "realmente" *au fond* homossexual
(não era), mas porque com uma mulher pelo menos ela não teria
a sensação de ser estuprada. Mas, é claro, isso também era impossível — em função da época em que ela viveu, seu ambiente particular; acima de tudo, a maneira como ela sobreviveu implicava
uma profunda + irrevogável dessexualização dela mesma.

(Que sorte eu tenho, pois eu poderia perfeitamente ter feito a
mesma escolha de "salvação" de S. W. Mas fui salva pela sexualidade — ao menos em parte — por mulheres. Dos dezesseis anos em
diante, mulheres me achavam, me procuravam, se impunham a
mim emocionalmente + sexualmente. Fui violentada por mulheres e não achei isso muito ameaçador. Como sou agradecida às
mulheres — que me deram um corpo, que tornaram possível que
eu dormisse com homens.)

S. W., é claro, me faz pensar em Susan [Taubes]. Mesma fome
de pureza, mesma rejeição do corpo, mesma inadaptação à vida.
Qual era a diferença entre elas? Que S. W. tinha gênio e Susan, não.

Que S. W. assumiu sua dessexualização, a declarava, extraía energia disso — ao passo que Susan era "fraca": ela nunca poderia aceitar o amor de mulheres; ela queria ser magoada e dominada por homens; queria ser bela, glamorosa, misteriosa. As recusas de Susan apenas a enfraqueciam, não lhe davam energia. Seu suicídio foi de segunda classe. O de S. W. foi uma exaltação — foi assim, afinal, que ela conseguiu se impor ao mundo, garantir sua própria lenda, chantagear seus contemporâneos e a posteridade.

O que restou de Susan? Um romance que ninguém lê e um manuscrito sobre S. W. que eu guardo num armário em Nova York (sem ler) e de cuja existência ninguém sabe.

Noite passada lembrei que no conto sobre Susan, "Interrogatório", eu assumi a voz de S. W. por um momento. De modo totalmente inconsciente — quando eu estava escrevendo o conto em março deste ano. Agora compreendo.

Uma lição: pureza e sabedoria — não se pode aspirar a ambas — em última análise, são contraditórias. Pureza implica inocência, abnegação — (até) certa burrice. Sabedoria implica lucidez, a superação da inocência — inteligência. É preciso ser inocente a fim de ser puro. *Não se pode* ser inocente a fim de ser sábio.

Meu problema (e talvez a fonte mais profunda de minha mediocridade): eu queria ser pura e também sábia.

Eu era gananciosa demais.

Resultado: não sou nem "S. W." nem "Flaubert". A fome de pureza freia a possibilidade de sabedoria real. Minha lucidez freia meus impulsos para agir com pureza.

Não sinto atração pelo suicídio — e nunca senti.

Adoro comer, muito embora para mim seja fácil ficar sem comer (quando ninguém me alimenta, quando não há comida nenhuma por perto).

1974

20/1/74 Paris

filme curto (ou longo) sobre *l'habillement* [*vestuário*]

roupa militar
roupa de casamento (criação de mitos/branco + pureza)
atores
travestis

arrumar-se demais sugere imitação grotesca, *drag*

Cf. cena do desfile de moda eclesiástica no filme *Roma* de Fellini. E a morte...

6/2/74

...

"Para mim uma folha de papel é como a floresta para o fugitivo" — [*o escritor e dissidente russo do século XX*] Andrei Siniávski

...

Para ser um grande escritor:

saber tudo sobre adjetivos e pontuação (ritmo)
ter inteligência moral — que cria a autoridade verdadeira num escritor

9/2/74

"Viva como você pensa, senão você vai pensar como vive."
Valéry

Um espião na casa da vida.

25/7/74 Panarea [Itália]

"Ideia" como método de transporte instantâneo *para longe* da experiência direta, levando uma malinha pequena.

"Ideia" como meio de miniaturizar a experiência, tornando-a portátil. Alguém que tem ideias regularmente é — por definição — um sem-teto.

O intelectual é um refugiado da experiência. Em diáspora.

O que há de errado com a experiência direta? Por que não se pode querer fugir dela, transformando-a — num tijolo?

Será que algo pode ser imediato demais?
Aprisionamento: Leve demais.

Deficiência de sensualidade? Mas isso é tautologia.

[*sem data*]

Pensando em minha própria morte, outro dia, como faço muitas vezes, fiz uma descoberta. Eu me dei conta de que minha maneira de pensar foi, até agora, abstrata demais e também concreta demais.
Abstrata demais: morte
Concreta demais: eu

Pois existe um meio-termo, abstrato e também concreto: mulheres. Sou uma mulher. E portanto todo um novo universo de morte se ergueu diante dos meus olhos.

Não estou tentando controlar minha própria morte.

...

Durante toda a vida tenho pensado na morte + é um assunto do qual agora ando meio cansada. Não, acho eu, porque esteja mais perto da minha própria morte — mas porque a morte enfim se tornou real. (> morte de Susan [Taubes])

...

Mulheres e coragem. Não coragem para fazer, mas coragem para suportar/sofrer.

Esposa do irmão do meu avô Chaim — depois do enterro ela foi para casa + pôs a cabeça no forno. Imagem de infância — ajoelhando. Mas o forno está sujo.

Mulheres + pílulas para dormir + água (não armas de fogo — [o autor francês do século XX, Henry de] Montherlant, Hemingway)

...

1975

[*Entradas sem data, assinaladas apenas com "1975:"*]

Armazenar vocabulário — "*Wortschatz*", "tesouro de palavras" — requer anos, grande esforço, paciência

"*Plumpes Denken*" [*pensamento bruto*] de Brecht — pensamento + linguagem substanciais o bastante para produzir seu efeito + não passarem em branco.

...

Conto de Jack London "Para fazer uma fogueira" — ler em voz alta para Lênin em seu leito de morte.

•

[*O crítico e escritor russo Vassíli*] Rózanov — mais um integrante do movimento russo [*do final do século XIX e início do século*

XX] que inclui [*o escritor russo Nikolai*] Berdiáiev + [*o autor russo--ucraniano Liev*] Chestov

•

Poetas: Cyprian Kamil Norwid (Polonês, século XIX, amigo de Chopin)
Vladimír Holan [*poeta tcheco do século XX*]

...

"Este livro é como um foguete sofisticado c[om] uma ogiva obsoleta." (começo de uma resenha no TLS [*Times Literary Suplement*])

...

Floyd Collins, que ficou preso num deslizamento de terra em 1925 — dentro de uma caverna na região central do Kentucky — e morreu em câmera lenta, com boa parte do mundo acompanhando, no rádio, nos noticiários do cinema e nos jornais.

...

"Fotografamos as coisas a fim de retirá-las de nossa mente."
— Kafka

...

15/3/75 Haramont

Paul [Thek]: "Não tentar ser melhor do que as outras pessoas. Tentar ser melhor do que eu mesmo".

Irmão Lourenço: — Nascido Nicolas Herman na Lorena francesa — serviu por breve tempo como criado + soldado, tornou-se irmão leigo entre os Carmelitas Descalços em Paris em 1966 (a partir de então, conhecido como "Irmão Lourenço") — trabalhou na cozinha do convento: morreu aos oitenta anos de idade.

Sua conversão aos dezoito anos foi resultado de uma visão, num dia de meados de inverno, de uma árvore seca e sem folhas, de pé, sob a neve, que suscitou pensamentos sobre a mudança que a primavera vindoura iria trazer

Cf. Nogueira em *La Nausée* de Sartre

Barthes agora está trabalhando sobre "*le langage amoureux*" — [*Os sofrimentos do jovem*] *Werther* [de Goethe], textos de ópera

Fotografia de Nietzsche com a mãe tirada em 1892 — ele tinha 48 [*Essa imagem estava na capa interna do caderno iniciado em março de 1975.*]

(três anos depois do colapso em Turim, em 1889) — ele olha para a mãe, que segura seu braço; ela olha para a câmera

Peça radiofônica [*SS estava colaborando com o escritor e cineasta argentino Edgardo Cozarinsky nesse projeto*]:

Carreira de Eva Perón como atriz de rádio
Programa que ela fez — as grandes mulheres na história (Joana d'Arc, Florence Nightingale, Mme. Chang Kai-Chek)
A mãe dela
Termina com ela sendo apresentada a Perón (na época, coro-

nel) numa festa beneficente em favor das vítimas de
uma enchente em San Juan (o norte)
Rivalidade com outra atriz, uma estrela do rádio na época,
também chamada Eva

...

17/3/75

Pensar na imagem dos homossexuais que está sendo sublimi-
narmente sugerida em filmes enquanto ao mesmo tempo é con-
testada: por exemplo, muitos papéis de Clifton Webb, Edward
Everett Horton e George Sanders em filmes das décadas de 1930 e
40. Ao ver de novo *Laura* (1944) de Preminger, fiquei chocada
com o fato de o personagem representado por Webb (que acaba se
revelando o assassino) ser nitidamente o retrato de um homossexual: sarcástico, frio, elegante, mundano, sagaz, um esteta e colecionador de arte.

[*Assinalado apenas como "Nota de maio de 1975".*]

Ensaios problemáticos para mim nos anos 1960 — agora —
são "Uma cultura + A nova sensibilidade" e "Sobre estilo". Reler,
repensar os problemas.

Não quero trair minha associação pública com as novas artes,
a nova política. Mas como eu formularia aqueles gostos/ideias hoje?

Sensibilidade versus moralidade?

Não que eu tenha mudado meu ponto de vista. Condições objetivas mudaram.

Meu papel: o intelectual como adversário. (Portanto, agora tenho de ser adversária de mim mesma??)

No início da década de 1960, as ideias em vigor eram conformidade, cultura mediana, certos tipos de inibição. Então as posições estéticas que assumi foram boas + necessárias. Também, quando o foco da atividade era (com razão) contra o governo + a guerra — o papel de adversário político era correto, na verdade inevitável, caso a pessoa tivesse consciência.

Mas, no início da década de 1970, quando o abuso é muito diferente — abuso de ideias de *libertação*. Agora, ideias oriundas de situações específicas [da década de 1960] são normas nas escolas de ensino médio... Que posição ocupam essas ideias?

O gênio do capitalismo americano é que tudo que se torna conhecido neste país se torna assimilado.

Eu nunca fui enganada pela política (pretensões de potencial revolucionário) da contracultura. Na peça cubana (1967) eu já advertia contra isso.

— erro político da Nova Esquerda (*ca.* 1967) foi achar que se podiam inventar gestos (estilos, roupas, hábitos) que iriam de fato dividir as pessoas. Como: cabelo comprido, bijuterias dos índios Navajo, comida saudável, drogas, calças boca de sino.

16/5/75 Cidade de Nova York

Dá a sensação de ter vivido segundo um roteiro antigo. Companheiros de viagem de revoluções de outros povos: francesa, russa, chinesa, cubana, vietnamita.

Cf. o livro de [*o crítico social americano Christopher*] Lasch, *The American Liberals and the Russian Revolution.*

Talvez pela última vez? "Direita" e "esquerda" são palavras desgastadas.

O Movimento abrigou pelo menos três tendências diferentes: a liberal, a anarquista e a radical. E a radical tem tantos temas em comum com a extrema direita quanto com a extrema esquerda — tanto assim que a retórica da Nova Esquerda/esquerdista ficou indistinguível da retórica fascista da década de 1920 e início de 1930, e tanto assim que a ala direita (por exemplo [*o governador do Alabama George*] Wallace) parece um populismo potencial da ala esquerda.

Intelectuais fizeram o papel de cruzados e revolucionários só para descobrir que ainda eram aristocratas e liberais. (Como crianças que brincavam de ser guerrilheiros urbanos e acabaram se contentando em ser punks.) "Liberalismo" parece um território vasto, obscuro e pantanoso de onde nunca se emerge, por mais força que se faça — e talvez nunca devesse mesmo emergir.

É do liberalismo que se adquire a paixão por justiça — e aquele desejo de uma ordem mais justa em que as liberdades garantidas pelo liberalismo provavelmente não poderiam sobreviver. O problema com o liberalismo é que ele nunca pode ter uma atitude ambivalente a respeito das revoluções. Por fim, tem de tomar uma posição contrarrevolucionária. (Os maoístas têm razão.) Os liberais podem, devem, apoiar o direito de autodeterminação nacional (o direito de outros povos começarem guerras civis e fazer revoluções) e se opor ao massacre que nosso governo promove contra eles. Mas os liberais não podem sobreviver sob aqueles governos — como sabemos pela história de todo regime comunista, sem exceção, que tomou o poder.

Ser intelectual é estar preso ao valor inerente da pluralidade e ao direito do espaço crítico (espaço para oposição crítica dentro da sociedade). Portanto, ser intelectual e apoiar um movimento revolucionário é concordar com sua própria extinção. Essa é uma posição defensável: existem argumentos a ser apresentados em favor da tese de que intelectuais são um luxo e não têm nenhuma função nas únicas sociedades possíveis no futuro. Cf. [o economista americano Robert] Heilbroner.

Mas a maioria dos intelectuais não quer ir tão longe e vai evitar o papel de companheiro de viagem dos revolucionários. Cf.: o livro de Lasch; [o editor e escritor americano Melvin] Lasky sobre as reações inglesas à Revolução Francesa.

O fenômeno do turismo revolucionário — cf. o ensaio de [o escritor alemão Hans Magnus] Enzensberger

...

Franz Hubmann, *The Jewish Family Album* (Londres: Routledge, 1975), quatrocentas fotografias

Escrever a plenos pulmões

Paracelso (1493 (?)-1541)

20/5/75

... Já em Dostoiévski, *Memórias do subsolo* — espaço literário, a narrativa que não pode terminar, que poderia prosseguir para sempre, que é potencialmente interminável

Cf. comentário de [*o filósofo político e historiador alemão--americano Eric*] Voegelin à sua carta de Henry James na *Southern Review*

...

(Bob S[ilvers]:) O denso matagal de intuições sobre pessoas nos romances de Faulkner

Cf. Bellow, que, apesar de todos os seus talentos, destrezas, inteligência, *não* tem produzido um grande conjunto de obras

21/5/75

Meu tema em toda ficção que escrevi, desde *O benfeitor*: a ficção de pensamento. A relação entre pensamento e poder. Ou seja, várias formas de opressão e liberação... Não consigo pensar em mais ninguém que tenha tratado desse tema integralmente, como ficção. Beckett, de certo modo.

Conversa com Joe [Chaikin] esta noite. Quando pensa sobre teatro, disse ele, não consegue pensar em nenhum motivo para trabalhar em teatro, não vê nenhum significado no que está fazendo. Só quando não pensa no assunto (isto é, não se pergunta sobre o significado, o valor, a importância de sua obra) ele consegue ter prazer com a obra — e tem mesmo. Repliquei que quando nos fazemos uma pergunta por muito tempo sem nunca obter uma resposta satisfatória, em geral há algo errado com a pergunta (e não com a resposta). Não pedíamos — até o fim do século XIX — que a arte se justificasse, que manifestasse seu significado. Era o mesmo que pedir à arte que fosse útil, prática. Fiz a distinção entre atividades que eram servis, práticas — sabemos por que fazemos: são úteis, necessárias, obrigatórias — e atividades que eram livres, gratuitas, voluntárias. Se praticar uma arte pertence ao segundo tipo de atividade, e é isso que nos atrai para as artes, então pareceria uma espécie de erro ficarmos abalados e desmoralizados, em seguida, porque não éramos capazes de justificar essa atividade, porque essa atividade não conseguia se justificar como pertencente ao primeiro tipo de atividade. Ficaríamos na situação de duvidar do valor (mérito) de nossa atividade — obra — por causa da própria qualidade que nos atraiu para ela, antes de tudo: sua gratuidade.

(Cf. Valéry — a incerteza não é apenas a condição da literatura, mas de qualquer vida da mente. "Porém a incerteza talvez seja indestrutível, sua existência necessária para o esplendor psíquico.")

...

22/5/75

Kafka sobre *Ressurreição*, de Tolstói: "Não se pode escrever sobre salvação, só se pode vivê-la".

Quero escrever um *Moby Dick* do pensamento. Melville tem razão: é preciso ter um grande tema.

Inteligência — além de certo ponto — é um ônus para o artista. Leonardo da Vinci e Duchamp eram inteligentes demais para ser pintores. Eles enxergavam através da pintura... E Valéry era inteligente demais para ser poeta.

Um romance sobre os judeus: Sabbatai Zevi, Portnoy, Hyman Kaplan, Anne Frank, Mickey Cohen, Marx, Ethel + Julius Rosenberg, Trótski, Heine, Eric von Stroheim, Gertrude Stein, Walter Benjamin, Fanny Brice, Kafka

25/5/75

... Tenho de mudar minha vida. Mas como posso mudar minha vida quando estou com as costas fraturadas?

D[avid] disse que não se deixou enganar pela minha alegria implacável — desde o momento em que eu acordava até o instante em que ia dormir — durante os últimos dois anos. Eu li sua ficção, disse ele. Ninguém que escreveu aqueles contos poderia estar genuinamente tão alegre assim.

Mas não quero fracassar, eu disse. Quero ser um dos sobreviventes. Não quero ser Susan Taubes. (Ou Alfred [Chester]. Ou Diane Arbus [*a fotógrafa americana que se suicidou em 1971*].) Li em voz alta [para David] o trecho de Kafka — seu arrazoado [*21 de julho de 1913*] a favor e contra seu casamento...

Sinto-me como Kafka, eu disse para D., mas descobri um

sistema de portos seguros, para me esquivar do terror — resistir, sobreviver.

...

Construí uma vida em que *não posso* ser profundamente magoada ou abalada por ninguém — exceto por D., é claro. Ninguém (exceto ele) pode me apanhar, chegar às minhas entranhas, me jogar pelo precipício. Todo mundo vem com o selo de garantia que diz "seguro". A joia e o centro desse sistema: Nicole.

Estou a salvo, sim, mas estou ficando mais fraca ainda. Tenho cada vez mais dificuldade de ficar sozinha, mesmo que só por algumas horas. — Meu pânico nos sábados neste verão em Paris, quando N[icole] sai de casa às onze horas para a caçada e só volta depois de meia-noite. Minha incapacidade de sair da Rue de La Faisanderie [*onde Nicole Stéphane morava na época*] e andar por Paris sozinha. Eu me limitava a ficar lá mesmo, naqueles sábados, incapaz de trabalhar, incapaz de me mexer...

A sombra de Carlotta me deixa em pânico — sobretudo — porque não quero que nada provoque marolas. Tenho medo de ficar num estado de conflito. Tudo que faço é destinado a evitar conflito.

O preço: nenhum sexo, uma vida dedicada ao trabalho, a D., à minha nau capitânia N., e a afáveis amigos maternais (Joe [Chaikin], Barbara [Lawrence], Stephen [Koch], Edgardo [Cozarinsky], Monique [Lange], Colette etc.). Tranquilizada, obediente, caninamente produtiva, prudente, alegre, desonesta, solícita com os outros.

Será que quero mesmo que o resto de minha vida seja dedicado a proteger minha "obra"? Transformei minha vida numa oficina. Sou a empresária de mim mesma.

me faz lembrar que o porto seguro não vai ser seguro por muito mais tempo. (A falência de N., a necessidade incontornável de vender o apartamento da Rue de La Faisanderie.) Então será ainda mais difícil mudar tudo. — Meu gosto por relacionamentos defensivos. Propensão desenvolvida primeiro em relação à minha mãe. (Mulher fraca, infeliz, confusa, encantadora.) Outro argumento contra a retomada de qualquer tipo de relação com C., que achei tão patética, degradada, em Roma no mês de março.

7/6/75

Dois textos que põem o "modernismo" em perspectiva: Voegelin em sua carta para [Robert] Heilman, vinte anos antes, a respeito de *A outra volta do parafuso* [de Henry James]; Isaiah Berlin sobre Verdi (*Hudson Review*, 1968)

Ao falar sobre fascismo, pensamos nos modelos do passado — a primeira metade deste século (Itália, Alemanha, Espanha etc.). Sobretudo se fala da nova variedade de fascismo que a segunda metade do século está difundindo, que será mais leve, mais eficiente, mais sentimental. Ecofascismo.

preocupação com um meio ambiente puro (ar, água etc.) vai substituir a preocupação com a raça pura; mobilizar massas não com base no combate contra a poluição racial, e sim contra a poluição ambiental

12/6/75

Li, pela primeira vez, *Frankenstein* [de Mary Shelley]. Obra espantosa para uma pessoa de dezoito anos de idade, muito mais espantosa do que Radiguet [*que escreveu* Le Diable au corps, *O diabo no corpo, antes dos vinte anos*].

É um "romance de formação" — o dilema de "*l'enfant sauvage*" (cf. *L'E.S.* [*L'Enfant sauvage, O garoto selvagem*] de [*o cineasta francês François*] Truffaut, *Kaspar Hauser*, de Herzog)...

Victor Frankenstein, longe de ser o barão louco dos filmes de [James] Whale, é um cientista pequeno-burguês — ... e genebrino: convencido, complacente, covarde, fútil, presunçoso. O herói é o monstro — um ser enlouquecido pela falta de amor.

...

Tema do casamento + a família em *Afinidades eletivas* [de Goethe] + *Frankenstein.*

...

Vida do [*poeta francês do século XX*] Olivier Larronde — em *Art&Literature*, #10. Seu quarto cheio de mapas astrais nas paredes. Macaco. Poemas herméticos. Ópio. Cortinas pretas.

Nexo entre *O benfeitor* + *Morte em questão*; Freud, no fim de *A interpretação dos sonhos*, procurando integrar a elaboração do sonho e sua economia peculiar com a psique como um todo: "Vamos simplesmente imaginar o instrumento que fornece produções da psique como uma espécie de microscópio ou câmera complexa".

...

"O homem corre para a sepultura,
E os rios se apressam rumo à grande profundeza.
O fim de todos os seres é a morte,
E o palácio, com o tempo, se torna escombros.
Nada existe além do dia que passa.
E nada está mais próximo do que o dia seguinte,
E ambos estão longe, distantes
Do homem oculto no coração do túmulo."

— Samuel ha-Nagib
(n[ascido] em Córdoba, 993, m[orto] em Granada 1056)

...

30/6/75 [Paris]

Cioran (5h30 até meia-noite) —

A única vida aceitável é um fracasso (*"un échec"*)

As únicas ideias interessantes são heresias

Sartre é um bebê — eu o admiro e o desprezo — não tem nenhum sentido de tragédia, de sofrimento

Uma *hubris* pela qual a pessoa será punida, conceder a si própria mais do que um ano

Après un certain âge, tout craque [*Depois de certa idade, tudo se parte*]

A única coisa que faz a vida valer a pena são os momentos de êxtase

Não é o que você faz, é o que você *é*

Dois tipos de conversa são interessantes: sobre *ideias* metafísicas e fofoca, casos curiosos

Escrever como higiene

O intelectual livre: professores sem alunos, padres sem congregações, sábios sem comunidades

19/7/75 Paris

Existe um ensaio — muito geral, aforístico — para ser escrito sobre *aceleração*, velocidade. Talvez a única categoria nova na consciência do século XX.

Velocidade é identificada com a máquina. Com o transporte. Com o leve, o esguio, o aerodinâmico, o macho.

A velocidade aniquila o tédio. (Solução para o problema-chave do século XIX: tédio.)

Conservador	Revolucionário
Passado	Futuro
Orgânico	Mecânico
Pesado	Leve
Pedra	Metal
Certeza	Imprevisibilidade
Silêncio	Barulho
Significado	Falta de sentido

De [*o futurista italiano Filippo Tommaso*] Marinetti a McLuhan. Contraste da crítica da velocidade de Ivan [Ilich].

...

Seriedade	Ironia
Memória	Esquecimento
Repouso	Energia
Hábito	Novidade
Análise	Intuição
Lentidão	Velocidade
Enfermidade	Higiene

Como isso se adapta à estética fascista? Fascismo? Riefenstahl?

Genealogia dessa ideia. Nietzsche etc.

Natureza	Vida como teatro*
Pessimismo	Otimismo
Sentimentalidade	Virilidade
Paz	Guerra
Família	Liberdade

Relação de tudo isso (futurismo etc.) com a ideia de Enzensberger da industrialização da consciência. Será que o fascismo industrializa a consciência?

Uma questão é… existe de fato uma "estética fascista"

> Marinetti: "Tudo que tem algum valor é teatral".

E provavelmente não existe algo como "estética comunista" — é uma contradição nos próprios termos. Daí a mediocridade e o caráter reacionário da arte sancionada nos países comunistas.

A arte oficial em países comunistas é, objetivamente, fascista. (Por exemplo, hotéis + palácios de cultura da era stalinista, [*o filme de propaganda chinês da era Mao*] *O Oriente é vermelho* etc.)

Mas e quanto à sentimentalização do passado feita pelo fascismo? Os nazistas tornaram Wagner seu músico oficial; Marinetti desprezava Wagner.

A sociedade comunista ideal é totalmente didática (a sociedade em seu todo é uma escola); toda consideração regida por uma ideia moral. A sociedade fascista ideal é totalmente estética (a sociedade em seu todo é um teatro); toda consideração regida por uma ideia estética.

Essa é outra maneira de a estética se tornar política.

A respeito do "Juízo Estético". Sempre envolve *preferência* (implícita ou explícita)

Será que fica compreendido que existem algumas categorias

sobre as quais não devemos fazer juízo estético? Essa limitação é parte constitutiva da própria ideia de juízo estético?

O que acontece se decidirmos que vamos julgar *qualquer coisa* esteticamente? Vamos destruir a ideia?

N. B. O juízo estético sempre envolve preferência, mas preferência nem sempre envolve juízo estético.

Alguns podem dizer "eu prefiro minha mãe ao meu pai" sem sugerir nenhuma distância emocional imprópria, um "mero" juízo estético.

Mas se imaginarmos alguém dizendo "eu prefiro a Primeira Guerra Mundial à Segunda Guerra Mundial", pensaríamos que as guerras estão sendo tratadas de maneira imprópria, sem coração — que as guerras estão sendo tratadas como espetáculos.

...

22/7/75

Pensamento musical. Pensamento mágico.

Elegíaco.

Epifania negativa: a nogueira de Sartre (*La Nausée*). Epifania positiva: os vermes de Santo Agostinho, a folha de Ruskin. Agora, poucos escritores têm contato real com a natureza. O padrão de escrita é urbano, psicológico, cerebral — o fundo foi embora do mundo. A natureza num sentido positivo é anacrônica, não moderna.

Nuance, discrição, musicalidade — é o que estou tentando trazer para minha escrita. O que não estava lá antes. Nenhuma sensualidade. Achei que eu tinha de dizer tudo que pensava.

Harold Rosenberg: "Para ser legítimo, um estilo em arte deve se corrigir com um estilo de fora da arte, seja de palácios, seja de salões de baile, seja de sonhos de santos e cortesãs".

É a prosa de góis [*não judeus*] como Elizabeth H[ardwick]. Bill Mazzocco, Wilfrid Sheed, [William H.] Gass + Garry Wills que me estimula hoje em dia. Sem ideias, mas que música. Pobres judeus!

Muitas vezes fico irritada com as imagens: elas me parecem "loucas". Por que X tem de ser como Y?

Minha exasperação quando N[icole] quis jogar *le jeu de la vérité* [*o jogo da verdade — uma variante do jogo Verdade ou Consequência*] numa noite dessas. O tema: Christiane. Deixe que eu adivinho, disse N. Se ela fosse uma comida? (Mas ela não é uma comida.) Se ela fosse um carro? (Mas ela não é um carro.) Se ela fosse um herói? (Mas ela não é um herói.) Etc. Tive a sensação de que estava queimando um fusível na minha cabeça.

Símiles são uma coisa bem diferente.

7/8/75 Paris

Ensaio (do tipo Cioran): "Deixem que as artes morram…".

Textos: *The Princess Casamassima* [de Henry James] (com

introdução de [Lionel] Trilling — Hyacinth Robinson como um "herói da civilização"...)

A defesa de Gracchus Babeuf [publicista jacobino francês processado sob o Diretório] (+ Morelly [*escritor utópico do Iluminismo francês*])

Material chinês

Babeuf, citando Morelly...: ... "A sociedade deve ser levada a agir de modo que erradique do homem de uma vez por todas o desejo de ficar mais rico, ou mais sábio, ou mais poderoso que os outros".

N. B. China "mais sábia"

...

Ou será que isso é o tema para um romance? James escreveu *The Princess C.* na década de 1880. Será que sabemos mais do que ele sabia na época? Será que Hyacinth Robinson se mataria cem anos depois?

Existem dois temas para um romance nobre:

santidade
o "problema" da civilização

Quem seria um Hyacinth moderno? Será que a cultura continua a ser um "valor" — depois que o dadaísmo, o surrealismo etc. quebraram sua espinha na década de 1920?

[*Num quadrado no alto da página:*] Cf. prefácio de *Mademoiselle de Maupin* [de Théophile Gautier]: ataque contra as demandas realistas-utilitárias do jornalismo republicano — "... e assim a realeza + poesia, as duas coisas mais importantes do mundo, passam a ser impossíveis..."

Quando Hyacinth vai para Paris, ele não precisa encarar o turismo em massa — a degradação de todos os objetos que ele admira. Seus companheiros trabalhadores na oficina de encadernação de livros agora também passam férias na Europa.

(O cristianismo também não foi tão bom para a arte — até baixar seu tom moral, tornar-se civilizado, pluralista.)

(O que aconteceu com grandes poetas como [Pablo] Neruda + Brecht quando puseram sua poesia a serviço do povo, da demanda de justiça social.)

O pequeno livro vermelho [*dos provérbios de Mao Tsé-tung*] ensina que todo mundo pode pensar, mas não pode negar a noção (chinesa tradicional) de sabedoria.

Trilling sobre *The Princess C.* ...: "Hyacinth reconhece o que muito pouca gente deseja admitir, que a civilização tem seu preço, e que ele é alto".
— China!

8/8/75

Art Déco a última "internacional" — estilo total. (Das belas-artes até a mobília, objetos do cotidiano, roupas etc.) Todos os estilos nos últimos cinquenta anos foram comentários sobre a Art Déco. Por exemplo, Art Déco arrumada, tornou retilíneas as curvas vertiginosas da art nouveau, o penúltimo estilo internacional; Bauhaus (Mies [van der Rohe], [Philip] Johnson etc.) baniu todo ornamento; mas a estrutura permanece a mesma.

Arquitetura fascista: paródia + Art Déco ([Albert] Speer, "Mussolini")

Por que não houve nenhum estilo internacional novo em cinquenta anos? Porque as ideias novas, as necessidades novas ainda não estão claras. (Daí nos contentamos com variações + refinamentos da Art Déco e, para rejuvenescimento + fusões, renascimentos parodísticos — "pop" — de estilos antigos.)

Um estilo novo vai emergir na última década deste século, com a ascensão da crise ecológica — e a possibilidade do ecofascismo

Prédios baixos
Cavernas
Sem janelas
Pedra

O arranha-céu vai parecer *hubris* + vai ser inviável

O "pintor" mais influente de nosso século: Duchamp. Dissolve a ideia de arte

O poeta mais influente: Mallarmé. Promove a ideia de escritor difícil. Sempre houve escritores difíceis (por exemplo, distinção ancestral entre textos esotéricos e exotéricos), mas ninguém antes havia promovido a dificuldade — isto é, a pureza — isto é, a eliminação do conteúdo — a critério de valor. Mallarmé inventou a ideia (não a prática) que foi influente de um modo que nenhuma prática jamais conseguiria ser.

Arte da década de 1910 herdou a retórica política (a do anarquismo) cf. Marinetti

O *feminismo* da década de 1960 herdou a retórica política (a do esquerdismo) contra a hierarquia, o intelecto (burguês, falocêntrico, repressivo), o teórico

esperanças fraudadas, desespero fraudado

O pronome "*thou*" [vós] de que o eu precisa para sua realização plena

O poder da arte = poder de negar

...

ficção: esquemas de esclarecimento e redenção

obstáculos:
problema (tentação) do pessimismo, dor
dissolução das referências culturais
tentação da catatonia

...

"*Chaque atom de silence est la chance d'un fruit mûr.*" [*Cada átomo de silêncio é a chance de um fruto maduro.*] — Valéry versus

[Gertrude] Stein, "Não consigo me lembrar de quando eu não estava falando o tempo todo e mesmo assim sentia que enquanto eu estava falando... eu não estava apenas ouvindo mas também vendo..."

versus

Silêncio jesuíta; regras dos trapistas; Harpo Marx; Bucky Fuller

...

4/9/75 NC

...

PRAZER — Eu me esqueci dos direitos do prazer. Prazer sexual. Obter prazer com a minha escrita e usar o prazer como critério para o que escolhi escrever.

Sou uma escritora adversária, uma escritora polêmica. Escrevo para apoiar o que é atacado, para atacar o que é aclamado. Mas, por isso, me ponho numa posição emocionalmente incômoda. Em segredo, não espero convencer e não posso deixar de ficar desanimada quando meu gosto (ideias) minoritário se torna o gosto (ideias) majoritário: então quero atacar de novo. Não posso fazer outra coisa senão me pôr numa relação de adversária com minha própria obra.

O escritor interessante se encontra onde existe um adversário, um problema. Por que Stein, afinal, não é uma escritora boa ou útil? Não existe nenhum problema. Tudo é afirmação. Uma rosa é uma rosa é uma rosa.

Desde os tempos bíblicos, estar sexualmente ligada a pessoas é um modo de conhecê-las. Em nosso século — pela primeira vez — isso é apreciado, antes de mais nada, como um modo de a pessoa conhecer a si mesma. Isso é um fardo pesado demais para o ato sexual.

...

PRAZER PUREZA

Um conflito?

Prazer repele "*apatheia*", mas é impuro se não for robusto, é impuro se não for desejado

[*o ensaísta inglês William*] Hazlitt: "A mente americana é deficiente em imaginação natural. A mente precisa ser estimulada mediante um excesso de esforço, com roldanas e alavancas".

Filmes vistos em Nova York

Robert Altman, *Nashville* (1975)
Norman Jewison, *Rollerball* (1975)
[Nick Broomfield e Joan Churchill] *Juvenile liaison* (1976)
John Ford, *Maria* [*da Escócia*] (1936)
George Stevens, *A mulher que soube amar* (1935)
Woody Allen, *A última noite de Boris Grushenko* (1975)

**** Eisenstein, *Ivan, o Terrível, Parte I*
**   "   "   , *Parte II*
Renoir, *La Chienne* (*A cadela*, 1931) — Michel Simon
Irmãos Maysles, *Grey Gardens* (1975)
Herzog, *Cada um por si + Deus contra todos* (1974) —
   Bruno S.
Orson Welles, *A marca da maldade* (1958)
Bergman, *A flauta mágica*
[Howard Zieff,] *Do Oeste para a fama* (1975)
Walter Hill, *Lutador de rua* (1975) — Charles Bronson,
   James Coburn

...

Kant o primeiro a usar a expressão "terrorismo moral" (num
livrinho publicado em 1798, intitulado *O conflito das faculdades,
Der Streit der Facultäten*)

Visita ao Paraguai por duas semanas

"[*O escritor americano do século XX*] Iris Owens é como televisão." (Stephen K[och])

...

1976

[*Sem data, fevereiro*]

... Ataques de lucidez

Dor pode levar à loucura

Foucault quis fazer um ensaio sobre cemitérios — como utopias

... Toda situação é definida pela quantidade de energia que investimos nela — eu investi tanta energia em meu amor, minha esperança — fui levada a investir uma quantidade igual na minha dor, no meu sentimento de perda.

Tenho de pensar em David — Yuyi [*uma amiga argentina em Paris, nessa época*] disse (com razão) que eu não o descrevo, descrevo meu relacionamento com ele (nós) — quando ela me pediu para descrevê-lo, me senti bloqueada — embaraçada — como se ela estivesse me pedindo para descrever a melhor parte de mim mesma. Essa é a chave do problema: eu me identifico demais com ele, identifico-o demais comigo mesma. Que fardo para ele — toda essa admiração, essa confiança que sinto por (em) ele.

Estou convalescente — *je [me] traîne* — estou em busca de novas fontes de energia.

[*O crítico literário alemão americano*] Erich Kahler escreve sobre [Thomas] Mann dez anos antes da morte dele: "É uma pessoa que sente uma responsabilidade pessoal pela condição humana".

•

… Sim, sou uma puritana. Duplamente — americana e judia.

•

Não é "natural" falar bem, com eloquência, de maneira interessante e articulada. As pessoas que vivem em grupos, famílias, comunas, falam pouco — têm poucos recursos verbais. Eloquência — pensar em palavras — é um subproduto da solidão, desenraizamento, uma individualidade exaltada e dolorosa. Em grupos, é mais natural cantar, dançar, rezar; a fala é antes dada do que inventada (individual).

…

18/2/76

As ardentes exaltações da mente —

Na juventude, crescendo, mantida na superfície pelo — com — o corpo; envelhecendo ou doente, o corpo vai baixando sem rumo, afunda ou mergulha, abandonando o eu náufrago na praia, evaporando.

Metade — ou mais — de todos os seres humanos já nascidos estão vivos hoje, neste século.

Cioran: um Hazlitt nietzschiano.

•

22/2/76

... Preciso de uma ginástica mental.

...

1º/6/76

Casos de amor com a energia + esperança deles [*SS se refere aos médicos que estavam cuidando de seu câncer no seio.*]

Quando posso escrever cartas, então...

•

Camisa hospitalar verde do cirurgião

•

[*Esta entrada é enfatizada por um risco horizontal na margem.*]
Tipos diferentes de textos, como um horizonte quebrado.

Quem, o que me dá um estímulo? A língua, em primeiro lugar. Entre as pessoas, Joseph [Brodsky]. Livros: Nietzsche, a prosa de Lizzie [*a escritora de ficção Elizabeth Hardwick*]

Escrever é fazer uma careta — viril, engraçada, astuta. Não desdenhosa. Maliciosa.

O tema de Beckett: a poesia, a malícia da senilidade.

...

14/6/76 Paris

A utopia mínima

Deixar tempo para meditar e captar

— Você é leal por temperamento?
— Sim, eu acumulo fidelidades

A respeito de "The Dummy". É antes uma fábula, um conto de fadas, do que ficção científica. A escolha dele (vagabundo, *clochard* [mendigo]) é a de uma pessoa aleijada — é coerente com a vida lúgubre que ele rejeitou.

Modelos: [Virginia] Woolf, "Um romance que não foi escrito", [Robert] Walser, "Kleist in Thun", [Bruno] Schulz, "O livro".

·

...

Poetas autolimitados por certo regionalismo real ou mental, cultivado de forma deliberada — de tal modo que ele/ela será percebido como alguém que criou seu "universo"

Debilidade da poesia americana — é anti-intelectual. A grande poesia tem ideias.

19/6/76 Nova York

Voltei no sábado à noite. Meditei desamparadamente, sofrendo de maneira compulsiva. Eu me contorço como um inseto que foi espetado. Nada pode ajudar. Estou com medo, paralisada. Preciso de:

Energia
Humildade
Obstinação
Disciplina

Tudo isso junto + coragem.

Observe que obstinação + disciplina não são a mesma coisa. Muitas vezes fui obstinada, mas não tenho nenhuma disciplina.

...

Tenho de tomar coragem não só de ser uma escritora ruim

— preciso ter a audácia de ser realmente infeliz. Desesperada. E não me salvar, causar um curto-circuito no desespero.

Ao me recusar a ser infeliz como sou de fato, me vejo destituída de temas. Não tenho nada para escrever. Todo assunto queima.

...

15/8/76

... Mudanças no corpo, mudanças na linguagem, mudanças na sensação de tempo. O que significa para o tempo andar mais depressa, ou parecer passar mais devagar?

A observação de Jasper de que a razão por que o tempo parece andar mais depressa + mais depressa à medida que ficamos mais velhos é que pensamos no tempo em unidades maiores. Aos quarenta, é fácil dizer "daqui a cinco anos" ou "faz cinco anos", como era dizer "daqui a cinco meses" ou "faz cinco meses" quando tínhamos catorze anos de idade.

Brodsky disse que existiam dois temas: o tempo e a linguagem.

...

30/8/76

[*Embaixo de uma fotografia jornalística do ex-líder dos Panteras Negras Eldridge Cleaver:*] "Cético". Cética. Ser cética.

(a lição-chave da década de 1970)

"Novos" romancistas britânicos: B. S. Johnson, Ann Quinn, David Plante, Christine Brooke-Rose, Brigid Brophy, Gabriel Josipovici

Sáuria
Perplexa

Stendhal disse que amava a mãe "com uma paixão quase criminosa"

3/9/76 Paris

Semelhança entre *Là-Bas*, de J. K. Huysmans, publicado em 1891, e *Crash*, de [J. G.] Ballard, publicado em 1973.

Ambos são sobre satanismo; ambos descrevem e celebram uma Missa Negra; ambos descrevem a busca de uma sexualidade metálica, transumana; — mas para Huysmans a tradição já existia, de fato remonta à Idade Média, ao passo que para Ballard se trata de uma sexualidade ou de um diabolismo "novo", pós-moderno ou futurista.

Ambos rejeitam o moderno.

Ambos aclamam a violação (autoviolação) do corpo.

Senso comum (*le bons sens*) está sempre errado. É a demagogia do ideal burguês. A função do senso comum é simplificar, reafirmar, esconder verdades e mistérios desagradáveis. Não quero dizer apenas que é isso que o senso comum faz ou acaba fazendo; quero dizer que é isso que ele está fadado a fazer. É claro, a fim de ser eficaz, o senso comum precisa conter uma parte da verdade. Mas seu conteúdo principal é negativo: dizer (implicitamente) que, como isso é assim, aquilo não é assim.

De modo semelhante, todas as pesquisas de opinião têm de ser superficiais. Elas revelam o topo do que as pessoas pensam, organizado em senso comum. O que as pessoas de fato pensam está sempre parcialmente oculto.

A única maneira de alcançá-lo é mediante um estudo da linguagem das pessoas — um estudo em profundidade: metáforas, estruturas, tom. E de seus gestos, a maneira de se movimentar no espaço.

Toda ortodoxia, seja religiosa, seja política, é um inimigo da linguagem; toda ortodoxia postula "a expressão usual".

A definição de Novalis do romantismo: fazer o familiar parecer estranho, o maravilhoso parecer lugar-comum

...

Beckett descobriu um novo assunto para o drama: — o que vou fazer no próximo segundo? Chorar, retirar meu prendedor de cabelo, suspirar, sentar, ficar calada, contar uma piada, morrer...

[*Sem data*]

Duchamp: "Não existe nenhuma solução, porque não existe nenhum problema", Cage também. Stein.

Absurdo! Papo furado de gente sabida-modernista-niilista.

Existem problemas aos montes, para todo lado que a gente olha.

[*Sem data*]

(Conversa com Ted S[olotaroff])
Década de 1950: Todo mundo queria ter trinta anos — assumir responsabilidades (casamento, filhos, carreira), ser sério.
Sabíamos o que eram os nossos valores — não sabíamos o que era a nossa experiência
Trilling — o rabino mau — fez da dor burguesa um sentido trágico da vida

5/11/76

[*SS fez anotações bastante escassas sobre sua cirurgia e tratamento para o câncer metastático no seio entre 1974 e 1977.*]

A morte é o contrário de tudo.

Tentando correr na frente da minha morte — ficar na frente dela, depois me virar e ficar cara a cara, deixar que ela me alcance, me ultrapasse, e *então* tomar meu lugar atrás dela, andando no ritmo correto, altiva, sem surpresa.

Joseph B[rodsky]: homossexualidade ([*o poeta alexandrino Konstantinos P.*] Kaváfis) uma espécie de maximalismo.

A função da escrita é explodir um tema — transformá-lo em outra coisa. (Escrever é uma série de transformações.)

Escrever significa converter nossas deficiências (limitações) em vantagens. Por exemplo, eu não amo o que estou escrevendo. Muito bem, então — isso também é uma forma de escrever, uma forma que pode produzir resultados interessantes.

Escrever como as cinco linhas em ziguezague de um [quadro] de [Oskar] Kokoschka — escrever como muitos padrões diferentes de hachuras em [*uma ilustração de Gustave*] Doré.

Os grandes romances americanos do século xx (isto é, de 1920 em diante: pós-James): *Uma tragédia americana* [de Dreiser], *EUA* [de Dos Passos], *Luz em agosto* [de Faulkner].

A única coisa que Fitzgerald escreveu que vai durar é *O grande Gatsby* — o resto (*Suave é a noite, O último magnata*) é lixo convencional

Ler poema "Away" — de [Robert] Frost

[Walt] Whitman > [Pablo] Neruda

Joyce, Thomas Wolfe ("Só os mortos conhecem o Brooklyn") > [*o romancista colombiano contemporâneo Gabriel*] García Márquez
Joseph: voz latino-americana é uma voz de segunda mão

Uma arte de escrever (isto é, de ouvir): descubra o tom certo de voz, o *ennui* correto

Juliano [*o último imperador romano pagão, Juliano, o Apóstata*], *Contra os galileus*

[*O antigo historiador cristão*] Eusébio, "Apologia por ocasião da morte de Constantino, o Grande".

Juliano > Kaváfis, Auden} tema do desaparecimento da civ[ilização] pluralista versus simplificação bárbara moralizante

...

Terror *incognita*

Kaváfis: "Ode a um desejo grego" (Brodsky)

Certo e errado protestante versus bem e mal católico

A América Latina tem uma história trágica, como a Rússia. O ditador etc. Uma literatura que se retorce.

Misoginia na escrita de Barthes

Tuberculose/ensaio sobre câncer [*o livro se tornou* Doença como metáfora]

Tuberculose: consumida (dissolvida) pela paixão — paixão leva à dissolução do corpo. Era tuberculose, mas eles a chamavam de amor.

...

Internada no Memorial [*Memorial Sloan Kettering Cancer*

Center em Nova York, onde SS foi operada em 1974 — uma mastec-
tomia radical e remoção dos nódulos linfáticos — e onde ela recebeu
tratamentos de quimioterapia e imunoterapia durante os três anos
seguintes]: "O câncer é uma doença que não bate na porta para
entrar". Doença como invasão insidiosa, secreta.

Escrever de maneira aforística, como subtítulos para seções
(PAIXÃO; INVASÃO; MORTE etc.) — na forma, a meio caminho entre
"Notas sobre o *camp*" e o primeiro ensaio sobre fotografia.

...

Paciente no Memorial: "Fisicamente, estou bem; medica-
mente, não".

...

(Ler ensaios de Gass enquanto escrevo o ensaio sobre doença)

12/11/76

Reprodução tecnológica não é simplesmente uma "era",
como diz Benjamin. Isso é enganoso. Ela tem sua história — ou
melhor, [ela] está inserida na história. Seus artefatos se tornam
"históricos", não apenas contemporâneos. Antigas lito[grafias],
fotografias, revistas de histórias em quadrinhos, filmes etc., tra-
zem o cheiro do passado, não do presente. B[enjamin] achava que
a rep[rodução] técnica tornava tudo um presente eterno — um
fim da história hegeliano (e a abolição da história). Mais quatro
décadas de vida nessa "era" refutaram isso.

458

...

O alcance da recordação da obra de um escritor.

Poesia é a enunciação da universalidade — algum poeta disse

Gosto é contraponto, reativo (definição de gosto)

Estilo só passa a existir quando descobre um tema. Verdade?

[*O historiador da arte austríaco*] Alois Riegl (sobre forma + design em artes industriais)

...

"Isto *não* é um tema: uma sensibilidade delicada em confronto com o mundo viscoso, sem coração, frustrante. Vá arranjar um conflito para você." (eu para Sigrid [*a escritora americana Sigrid Nunez*].)

...

Malte Laurids Brigge [*Os cadernos de Malte Laurids Brigge*, de Rainer Maria Rilke] — o primeiro romance "notacional". Como é importante, premonitório e subestimado.

Benjamin não é crítico literário nem filósofo, mas um teólogo ateu que exercita suas habilidades hermenêuticas sobre a cultura.

Brilhante descrição que faz Rivière da obra de arte simbolista — ele descreve o que devia ser abandonado (como algo exaurido; elitista demais; preguiçoso; demasiadamente negador da vida)

mas eu continuo ainda sob o poder da mentalidade simbolista...
Proust incluía tudo o que os simbolistas compreendiam, mas
ainda assim escreveu um romance.

Estou à procura de novas formas de apoio.

...

8/12/76

... "Pensar é exagerar." — Valéry

...

Toda ortodoxia, seja religiosa, seja política, é inimiga da linguagem; toda ortodoxia postula "a expressão usual".
Cf. China

...

12/12/76

... A defesa que faz Voltaire de Desfontaines. Salvo de ser
queimado vivo, a pena para a homossexualidade.

Suicídio em massa da elite dirigente em Java (Bali?) em 1906

...

A cultura americana é hospitaleira (até certo ponto) com as

revendications [*reivindicações, demandas*] feministas de um modo que os países europeus (por exemplo, França, Alemanha) não são, por causa do culto americano do indivíduo — o direito do indivíduo, da autorrealização individual.

1977

"Se você quer ser citada, não cite." (JB [Joseph Brodsky])

•

...

"Toda arte aspira à condição de música" — essa afirmação niilista em última análise repousa nos fundamentos de todo estilo de movimento de câmera na história do meio. Mas é um clichê, um clichê do século XIX, menos uma estética do que uma projeção de um estado mental esgotado, menos uma visão de mundo do que um esgotamento do mundo, menos uma afirmação de formas vitais do que uma expressão de decadência estéril. Existe um pdv [ponto de vista] totalmente diverso sobre o que "toda arte aspira ser" — era o de Goethe, que dizia que a arte primordial, a mais aristocrática + a arte que não pode ser feita pela plebe, mas pode ser apenas admirada com pasmo + essa arte é a arquitetura. Na verdade grandes diretores têm em sua obra esse sentido de arquitetura — sempre exprimem uma imensa linha de energia, canais de força instáveis + vitais.

9/2/77

Título para o ensaio sobre tuberculose/câncer:

"O discurso da doença"
ou
"Doença como metáfora"

Um bom poema terá forma romântica + conteúdo moderno. (Brodsky)

Pensar só em si mesmo é pensar na morte.

O egoísmo do modernismo

fantasias
solipsismo

O romance (século XIX >) implica

interesse pelo mundo (não é solipsista)
capacidade de formular julgamentos sobre o comportamento humano (moralista)
paciência

Proust (a mais extensa, a maior obra de ficção em prosa está assentada sobre os dois mundos — é sobre o mundo e é sobre o solipsismo)

Romancista como moralista: Austen, [George] Eliot, Stendhal, Tolstói, Dostoiévski, Proust, D. H. L[awrence]

O romance modernista passa a existir quando nenhum julgamento parece sustentável (por exemplo, *Anna Kariênina*: casamento é bom, paixão destrói). Sempre pensamos em contraexemplos.

A concepção tolstoiana do romance foi abandonada para os tolos (James Michener etc.), em cujo ápice se encontra Gore Vidal. O histórico do modernismo — o "romance de arte" — é infinitamente melhor. Mas é um beco sem saída. O que temos agora é uma ortodoxia codificada do modernismo (John Barth, *Perdido no túnel* do *terror*; Sarraute; Coover, *Pricksongs & Descants* — eles não estão escrevendo sobre nada).

O problema de escrever um romance hoje em dia: Nenhuma história parece tão importante que deva ser contada. Por quê? Porque somos incapazes de extrair dela qualquer (sentido: juízo) moral.

Tolstói tem temas: a natureza do casamento (*Anna Kariênina*); da história etc. (*Guerra + Paz*)

Se nenhuma história, [nenhuma] narrativa parece tão importante ou necessária. O único material que parece ter algum caráter de inevitabilidade é a própria consciência do escritor.

Século XVIII:

"razão" não motivacional

distinção entre sentimento e paixão/emoção; sentimentos são paixões tranquilas (por exemplo, benevolência, interesse próprio, compaixão) — ver [o conde de] Shaftsbury, [David] Hume, e Rousseau descoberta da plasticidade das emoções

[*Na margem:*] imaginação como uma faculdade moral

Comparar os gregos:

razão é motivacional emoções são de dois tipos — as que expressam a pessoa + as entendidas como invasivas, alheias (não fazemos tal distinção — tudo é "interior") pouca ênfase na plasticidade das emoções

[*Na margem:*] Cf. Ética a Nic[ômaco, de Aristóteles]

...

20/2/77

Duas experiências ontem — almoço com [*o escritor inglês e das Índias Ocidentais V. S.*] Naipaul e ler *O jovem Tolstói* de [*o formalista russo Boris*] Eikhenbaum — me fizeram lembrar como ando indisciplinada e de moral baixo.

Começar amanhã — se não hoje:

Vou levantar todo dia de manhã antes das oito horas.

(Posso quebrar essa regra pelo menos *uma* vez por semana.)

Vou almoçar só com Roger [Straus].

("Não, eu não saio para almoçar." Posso quebrar essa regra só uma vez a cada duas semanas.)

Vou escrever no caderno todo dia.

(Modelo: *Livros supérfluos*, de Lichtenberg.)

Vou dizer às pessoas que não me telefonem de manhã, ou que não atendam o telefone.

Vou tentar restringir minhas leituras ao período da noite.

(Leio demais — como uma fuga para escrever.)

Vou responder cartas uma vez por semana.

(Sexta-feira? — Tenho de ir ao hospital, de qualquer jeito.)

...

21/2/77

Coisas de que eu gosto: fogueiras, Veneza, tequila, pôr do sol, bebês, filmes mudos, lugares altos, sal grosso, cartolas, cachorros grandes peludos, miniaturas de barcos, canela, cobertores de penas de ganso, relógios de bolso, cheiro de grama recém-cortada, linho, Bach, móveis Luís XIII, sushi, microscópios, quartos amplos, estimulantes, botas, beber água, bala de xarope de bordo.

Coisas de que não gosto: dormir sozinha num apartamento, tempo frio, casais, partidas de futebol americano, nadar, anchovas, bigodes, gatos, guarda-chuvas, ser fotografada, o gosto de alcaçuz, lavar o cabelo (ou que lavem meu cabelo), usar relógio de pulso, dar palestra, charutos, escrever cartas, tomar banho de chuveiro, Robert Frost, comida alemã.

Coisas de que gosto: marfim, suéteres, desenhos de arquitetura, urinar, pizza (o pão romano), ficar em hotéis, clipes de papel, a cor azul, cintos de couro, fazer listas, vagões-dormitório, pagar contas, cavernas, ver pessoas esquiando no gelo, fazer perguntas, pegar táxis, arte do Benin, maçãs verdes, móveis de escritório, judeus, eucaliptos, canivetes, aforismos, mãos.

Coisas de que não gosto: televisão, feijão assado, homens peludos, livros em brochura, ficar de pé, jogos de cartas, apartamentos sujos ou bagunçados, travesseiros finos, ficar no sol, Ezra Pound, sardas, violência em filmes, pingar remédio nos olhos, bolos de carne, unhas pintadas, suicídio, lamber envelopes, ketchup, *traversins* [almofada cilíndrica de cabeceira], pingar remédio no nariz, Coca-Cola, alcoólatras, tirar fotos.

Coisas de que gosto: tambores, cravos, meias, ervilhas cruas, chupar cana, pontes, Dürer, escadas rolantes, tempo quente, esturjão, pessoas altas, desertos, paredes brancas, cavalos, máquinas de escrever elétricas, cerejas, móveis de vime/bambu, sentar de pernas cruzadas, listras, janelas grandes, aneto fresco, ler em voz alta, ir a livrarias, quartos com pouca mobília, dançar, *Ariadne auf Naxos*.

22/2/77

...

Sou educada com muita gente porque não sou revoltada o bastante. Não sou revoltada o bastante porque não forço muito minhas ideias. O refúgio confortável do "pluralismo", "diálogo" etc.

Minha rejeição da intransigência. Perco energia por isso —
todo dia.

Os principais argumentos intransigentes — S. W [Simone
Weil], Artaud, Adorno (em *A filosofia da nova música*). Não acho
que sou obrigada a concordar ou discordar. Eles são minha anfetamina, meus pontos "*de rigueur*". Trabalho em relação com esses
extremos, mas, por autodefinição — minhas opiniões não são extremadas.

Uma saída fácil demais? Não estou me esforçando muito.

A grande questão do prazer. Até que ponto é "séria" a opinião
que temos sobre isso? Até que ponto o critério moral se aplica?
Ninguém quer ser conhecido como puritano e no entanto...

Cf. a denúncia que faz Adorno contra o prazer na música
como moralmente corrupto, historicamente reacionário.

Eu não senti isso a respeito de *Einstein on the Beach* [*ópera do
diretor de teatro americano Robert Wilson*]? — E no entanto fiquei
satisfeita (contente) de poder apreciá-la.

Lembrar que Adorno está escrevendo em 1940-1 (a consciência dos horrores nazistas — e aqueles não resolvidos: ele é um refugiado). O autor de *A filosofia da nova música* é a mesma pessoa
que (em 1947) escreveu que não poderia mais existir poesia depois
de Auschwitz. Ele teria dito isso na sociedade de consumo da Europa na década de 1960?

...

Para "maneira estética de ver o mundo" — ver, de Hugo Ball, *Flight Out of Time: A Dada Diary...*

23/2/77

...

História que Irene me contou de ter sido roubada + estuprada há quatro anos. No prédio dela: quando estava chegando em casa, mais ou menos à uma da madrugada, entrando no elevador, um homem negro abriu a porta à força. Ela gritou. "Se gritar de novo eu mato você". Levou-a ao oitavo andar (último), depois subiu até a metade da escada que leva ao terraço. Então vendou seus olhos.

Perguntei: "Você ficou sexualmente excitada?". Ela disse que sim — depois disse que eu fui a primeira pessoa para quem ela contou essa história que fez essa pergunta. "Mas é uma pergunta tão óbvia", falei.

No dia seguinte (hoje) telefonei para ela. "Eu disse que seus amigos são muito burros", falei, "mas agora eu estava pensando que isso foi porque você me contou que aconteceu há quatro anos — + obviamente você estava bem, não estava traumatizada, falou do assunto de maneira muito fria — por isso foi fácil fazer aquela pergunta."

...

25/2/77

Educação na Universidade de Chicago: nenhuma ideia sobre "o moderno". Textos, ideias, argumentos — existem num diálogo atemporal. Os temas ou questões básicas são os formulados por Platão e Aristóteles (relação entre teoria e prática; uma ou muitas ciências; relação entre virtude e conhecimento etc. etc.) e os modernos são interessantes, valiosos na medida em que eles também discutem aqueles temas (Lemos Bentham, Mill, Dewey, [Rudolf] Carnap.)

O adversário mais radical ao atemporal, que começa com a categoria de "o moderno". Os temas ou questões básicos são os formulados no início da era moderna (por Rousseau; Hegel) e pensadores anteriores são interessantes, valiosos, na medida em que contrastam com os modernos.

Na abordagem historicista, fazer perguntas diferentes. (O historicismo *muda* as perguntas — e destrói os temas.) Como N[ietzsche] viu, o historicismo é um pdv [ponto de vista] fundamentalmente destrutivo. Por exemplo, Foucault: o próprio tema das ciências humanas ("homem") é destruído.

...

[*Sem data, março*]

[*A seguir, uma série de notas sobre o kitsch, que datam de meados e do fim da década de 1970. Em razão de seu interesse, eu as incluí aqui, mas não posso assegurar quando SS as escreveu.*]

Uma palavra que tem o poder de ferir — por exemplo, kitsch — ainda está viva

Kitsch não é apenas um atributo das coisas — é também um *processo*
Coisas "se tornam" kitsch

Kitsch como categoria histórica: quando a categoria "autêntico" se torna imp[ortante] — no século xix

Japão é um teatro de kitsch (Terry)

A "aura" de W B[enjamin] é uma imagem kitsch.

Kitsch não é uma categoria estilística mas metaestilística
Relação entre o russo "*póchlost*" e "kitsch"

•

Existe um papel necessário do kitsch na política/epistemologia democrática?

Cf. Tocqueville (*fácil* criticar o kitsch totalitário)

...

[Walter] Kaufmann: Kitsch é inocente

Arte ruim *não* é o mesmo que kitsch — por exemplo, hectares de pinturas ruins nos séc[ulos] xv e xvi italianos.

...

Religião pol[ítica] é o mundo natural do kitsch

dois tipos

1) parada do Primeiro de Maio ([Milan] Kundera) — "Longa vida à vida".

2) Enterro de Horst Wessel (ativista [nazista] da SA morto em briga com um informante comunista em Hamburgo [*sic*]; passou um mês agonizando no hospital: agonia — Goebbels o visitava todo dia (contado pelo historiador americano [Charles] Beard em artigo de revista)

Enterro no cemitério Nickolay em Berlim mostrado em *Hans Westmar* (filme nazista do início da década de 1930)

Mito inventado por *Goebbels*
Mito da ressurreição + retorno

...

Disneylândia + comícios de Nuremberg são dois tipos dif[erentes] de kitsch

...

6/3/77

Ensaio para escrever: sobre abordagem marxista (moralista) da arte. (Complemento ao ensaio sobre "a visão estética do mundo")

Textos:

[*O escritor, político, filósofo e linguista italiano Antonio*]
Gramsci
[*O crítico de arte marxista britânico Christopher*] Cauldwell
(stalinista, filisteu)
Benjamin

19/4/77

Claro = o que já sabemos
Obscuro = um significado a que não queremos prestar atenção

Copiar dez páginas de *Le Temps retrouvé* [*O tempo redescoberto*, de Proust] (para gravá-las — como livros que lemos antes dos quinze anos de idade):

Proust não sabia que estava escrevendo o maior romance jamais escrito. (Nem seus contemporâneos, mesmo aqueles que mais o admiravam, como Rivière.) E não lhe teria feito nenhum bem saber disso. Mas Proust queria de fato escrever algo importante.

Eu quero escrever algo importante.

Não sou muito ambiciosa. (Não é só uma questão de se tornar de fato intransigente.) Quero ser boa, admirada etc. Tenho receio de abrir caminho para sentimentos verdadeiros, arrogância verdadeira, egoísmo.

Quero cantar.

Eu já disse, na primeira coisa que escrevi para a *PR* [*Partisan Review*] sobre [*o escritor em língua iídiche Isaac Bashevis*] Singer. Para o inferno com a catatonia moderna.

Tenho inteligência, cultura, visão de sobra. O obstáculo é o caráter: coragem.

Não ter compaixão

Duchamp: inteligente demais para ser pintor, como Leonardo; mas destrói, parodia — em vez de construir. Leonardo, o grande construtor; Duchamp, o grande desconstrutor. O mesmo fascínio pelas máquinas, mas o de Duchamp é totalmente jocoso, niilista...

[*Sem data, julho*]

"O adjetivo é inimigo do substantivo." — Flaubert

12/7/77

Projeto: converter meu olho de fotógrafa (muda) num olho de poeta, que ouve — palavras. Vejo concretamente; escrevo abstratamente. O projeto: ter acesso, como escritora, a essa concretude. O coágulo de luz no nariz de Bob S. [Robert Silvers] no jantar esta noite no restaurante indiano.

19/7/77

Conto sobre uma feiticeira

O que há de mais americano em mim (Emerson etc.) é minha fé na possibilidade da mudança radical.

Joseph [Brodsky] disse que quando começou a escrever competia conscientemente com outros poetas. Agora vou escrever um poema que será melhor (mais profundo) do que [Boris] Pasternak (ou [Anna] Akhmátova — ou Frost — ou Yeats — ou Lowell etc.). E agora?, perguntei. "Agora estou discutindo com os anjos."

A importância de ser invejosa, competitiva. Eu não me esforço o bastante.

Depois DO ÚLTIMO LONGO TELEFONEMA DE NICOLE, esta noite

Deixe doer, deixe doer.

Então essa não é mais a minha porta da frente. Então vá embora.

Lembre: essa pode ser minha única chance, e a última, para ser uma escritora de primeira grandeza.

Jamais conseguimos estar sozinhos o bastante para escrever. Para ver melhor.

Em certo sentido — num sentido — desperdicei meu tempo nos últimos três anos c[om] Nicole. Eu sabia disso — ainda queria fazer isso. Agora que essa possibilidade não é mais viável para mim, porém...

20/7/77

Ter mente nobre. Ser profunda. Nunca ser "gentil".

Contos para escrever:

[*Poema de Frank O'Hara*] ~~"Em memória dos meus sentimentos"~~ [*sic*]
"Retrato do historiador"
"Velocidade"
"Discutir com anjos"
"E segundas-feiras com Mahatma Gandhi."

DURCHHALTEN (aguentar firme) — D[avid] deixou um recado ao lado da minha cama

... O enorme enriquecimento da imaginação e, por isso, da linguagem que advém da solidão.

4/8/77

Todo momento cultural tem zonas de mistério:
— a ilha
— o laboratório do cientista

11/8/77

"*Mais je t'aime*" = "*je ne veux pas te perdre complètement*"
["*Mas eu amo você*" = "*não quero perder você completamente*"]

Dizer algo é interessante — adiar a necessidade de formular
um juízo mais definido: dizer se é bom ou ruim
Um termo que tem a mais ampla circulação no mundo da
arte influenciado por Duchamp. Cage etc.

Ou tornar o juízo irrelevante

...

21/8/77

...

Jantar c[om] [*o fotógrafo americano Richard*] Avedon: "Para
mim, o passado é completamente irreal. Eu vivo só no presente +
no futuro. Será por isso que pareço jovem?".

Dorian Gay [*sic*]

...

8/9/77

...

Jornal semanal de quatro páginas que escrevi e publiquei (mimeógrafo) e vendia por cinco centavos o exemplar quando tinha nove, dez, onze anos de idade.

Medo de — irritação com — imagens em conversas. Já estou pensando, visualizando uma coisa; abruptamente, sou levada a ver outra coisa. [*O escritor americano*] Walker Percy me dizia como chegar de Nova Orleans até sua casa. "Pegue a ponte Pontchartrain — 42 quilômetros — e vá reto como um cordão." Estou visualizando a ponte, a casa na fazenda, o alagado, as árvores cobertas de musgo. De repente aparece aquele maldito cordão... Hoje, Paul [Thek], falando sobre atitudes sexuais. "E essa é a última carta." Mais tarde, ao levar um tombo, os braços balançando. "Cortaram meus cordões." (Mais cordões!)

17/9/77

DESPREZO, não indignação

"Só há uma coisa que eu temo; não ser digno de meus sofrimentos."

— Dostoiévski

"Só há uma coisa que eu temo; que meus sofrimentos não sejam dignos de mim."

— Sontag

Bresson, em *Notas sobre o cinemat*ógrafo, cita Leonardo, que teria dito: num contexto artístico, tudo que importa é o fim.

Atletas, dançarinos — tendo romance com seus corpos

Apollinaire compara Torre Eiffel + telhados de Paris com um pastor + ovelhas. Imagem que reduz as coisas à sua geografia.

A caverna do eu.

Emily Dickinson disse que "Arte é uma casa que tenta ser assombrada".
Agora, ela não precisa tentar.

Portanto é uma questão de tempo — quando a imagem vem. Ela devia preceder ou ser simultânea c[om] o quadro visualizado. Do contrário, vai distrair.

20/9/77

Álcool: reverter um sentimento

Poesia de Cal [*Robert Lowell*]. Como é triste. Tudo sobre perda. Ele nasceu velho.

Eu, mais concha: criança, adolescente, adulta

"Vamos ver se consigo produzir uma teoriazinha."

Thoreau no leito de morte — quando perguntaram quais

eram seus sentimentos acerca do outro mundo: "Um mundo de cada vez".

Não existe nenhum poeta de primeira grandeza escrevendo em inglês hoje.

Os russos não tiveram um século XVIII:

Joseph [Brodsky]:

Seu grande amor, a mãe de seu filho: Marina (Marianne) [Basmánova]

Quando ele leu Beckett?

"Encontrar o verso que estamos procurando sempre faz que a vez seguinte seja mais difícil."

Glória, glória, glória.

Ele gosta de prosadores que sejam poetas fracassados. Por exemplo, Nabókov.

"Se olho para algo por mais de dois segundos, aquilo se torna um absurdo."

...

"Todas as coisas mijam em si mesmas."

"Quando estou com os outros — intimamente — fico privado de certo alimento espiritual de que preciso para a obra."

480

"A Outra Terra — linguagem."

[*Sem data*]

Joseph a respeito de: Derek [*o poeta das Índias Ocidentais Derek Walcott*]
É preciso empurrá-lo um pouco para que fique em foco; aí ele consegue pensar.
Para ele tudo é fenomenal, não cultural
Como flores, nenhum solo
Ele não faz ligações
Ele não consegue aprender nada
Ele é preguiçoso

26/9/77

Conversa com [*o pintor americano R. B.*] Kitaj na casa de Bob [Robert Silvers]. Falou de arte "transcendente". Não é possível se a pessoa não sabe desenhar (e isso não se ensina mais nas escolas de arte). Os últimos grandes pintores foram Picasso + Matisse. Melhores pintores vivos: Bacon (+ Balthus). Interessados só em pintura descritiva, pintura figurativa. Toda a tradição francesa do século XIX referida a Ingres — impressionismo não é possível sem ele. E quem é capaz de desenhar assim hoje em dia? Entre os contemporâneos como Lucien Freud, Frank Auerbach, David Hockney — na Inglaterra; de Kooning, o único pintor americano que ele mencionou. "Mas do que estamos falando se pensamos em Rembrandt? E esse é o padrão com o qual devemos medir os pintores contemporâneos." Também: muitos pintores fizeram sua melhor obra quando estavam velhos — Michelangelo, Ticiano,

Goya, Tintoretto, Rembrandt, Turner, Monet, Matisse, talvez (apesar da opinião atual) Picasso.

Pintura como ofício.

Don Barthelme: "Não preciso de uma regra para me dizer que não devo estrangular cisnes...". Depois de ver o ladrão da loja de jeans ser preso — "Espero que não linchem o homem com jeans entrelaçados".

11/10/77

História que Sonia Orwell me contou hoje sobre a filha de um membro de escalão bem inferior do Politburo — sobre casar- -se — "não quero mais um casamento maçante de Moscou!" — quinhentos convidados viajavam em aviões do gov[erno] até uma casa de campo no mar Cáspio onde se faziam os casamentos — lacaios de libré (calças curtas amarradas embaixo do joelho, meias compridas etc.), um criado postado atrás da cadeira de cada con- vidado, damas de gorro branco — as regalias do *ancien régime* em 1977. Os criados eram cínicos, ou estavam se divertindo.

...

23/11/77 Houston

[*SS foi convidada a ir à casa da colecionadora de arte e mecenas Dominique de Menil. Algumas obras de arte mencionadas na entra- da seguinte estavam na casa dela.*]

No início, não havia nenhuma arte abstrata. Se parece abstrata para nós (por exemplo, forma de violino que é um ídolo feminino), é porque somos ignorantes + não sabemos como ler o objeto.

Cabeça celta (madeira, da Irlanda) — século VI? — que parece maori.

Moedas de ouro da Gália pré-merovíngia (?) — ou anterior?? — que fornece a base para a arte românica.

Rosto de Alexandre; Pégaso etc.
Désamorcelé [*despedaçado*] como um Picasso.

Ossos (animais) de 30 mil anos a.c. com animais gravados neles — imagens parecidas com as de Lascaux.

S. W. [Simone Weil] é profunda, não só extremamente inteligente. Compaixão era geral, por classes de pessoas
[*Na margem:*] não [George] Orwell.
À diferença de Van Gogh: neurose a impedia de suportar sua compaixão apaixonada pelos indivíduos. Mas afinal Van Gogh não tinha uma cabeça nem de longe tão boa quanto a dela.

Quando o Sol nasce, não vemos mais a Lua. (Não solucionamos o problema; ele não existe mais.) Estou à procura do Sol.

As cartas de Van Gogh — como ter as cartas do príncipe Míchkin

...

Promised Lands é um retrato do trauma...

[Evguiéni] Baratínski: poeta russo ("bastante inglês", segundo Joseph), amigo de Púchkin

4/12/77 Veneza [*SS tinha ido visitar a Bienal de Veneza*]

Dia claro, frio expiatório — a noite chega cedo — nunca vi Veneza mais bela.

[*O escritor italiano Alberto*] Moravia encontrou comigo no aeroporto; [*o poeta britânico e amigo de SS*] Stephen Spender estava indo embora naquela hora. Primeiro jantar com [*o ensaísta e poeta francês*] Claude Roy + [*a atriz e dramaturga francesa*] Loleh Bellon + György Konrád (escritor húngaro) no hotel Do Pozzi, depois de uma hora no [café] Florian. Leitura de Joseph no Teatro Ateneo de nove às onze da manhã. Tive arrepios quando ele se levantou e declamou seus poemas. Ele cantou, ele soluçou; pareceu majestoso. Boris Godunov; canto gregoriano; lamento hebraico. Depois, segundo jantar com Joseph e caminhada. Depois Hotel Europa pela primeira vez, às duas da tarde. Telefonema de N[icole]!

O tema principal de Nietzsche (?) era o gênio. Ele sabia o que era o gênio; entendia seu orgulho, seus estados de euforia, sua megalomania, sua pureza, sua crueldade. Transformou isso numa teoria da história. (Mais tarde os alemães transformaram isso numa política.) Ele achava que era um gênio, mas, à diferença de Shakespeare e Michelangelo, nunca escreveu a Grande Obra. *Zaratustra* é seu pior livro; é kitsch. O grande N[ietzsche] está nos ensaios — sobretudo fragmentos.

Dois tipos de escritor. Os que acham que a vida é tudo que existe e querem descrever tudo; a queda, a batalha, o parto, a corrida de cavalos. Ou seja, Tolstói. E os que acham que esta vida é uma espécie de campo de provas (para o quê, não sabemos — para ver quanto prazer + dor podemos suportar ou que prazer + dor existe?) e só quer descrever as essências. Ou seja, Dostoiévski. As duas alternativas. Como se pode escrever como T. depois de D.? A tarefa é ser tão boa quanto D. — tão séria espiritualmente + e depois ir em frente a partir daí.

Mas, para dar crédito a Tolstói, ele sabia que algo estava errado. Daí, terminou repudiando seus grandes romances. Não conseguiu satisfazer suas exigências espirituais como *artista*. Portanto renunciou à arte em troca da ação (uma vida espiritual). D. nunca poderia ter repudiado sua arte, por razões morais, porque ele sabia como alcançar um nível espiritual mais elevado com sua arte.

A única coisa que conta são as ideias. Por trás das ideias estão os princípios [morais]. Tanto uns quanto os outros têm de ser sérios ou não serão nada. Tenho de estar preparada para fazer sacrifícios. Não sou uma liberal.

Há algo errado com a ideia de arte "dissidente". Ela é definida pelas autoridades. A pintura abstrata é dissidente na União Soviética, a arte de grandes empresas nos Estados Unidos; na Polônia foi tolerada, até ficou em moda por vinte anos. Nada há de contestatário em si mesmo a respeito de nenhum conteúdo (?) ou de nenhum estilo, por exemplo, abstrato *ou* figurativo.

Nenhuma mesa-redonda ou debate aqui na Biennale. Só comunicações — não coordenadas entre si, cujas cópias mimeografadas são distribuídas um minuto depois que o palestrante termina.

Soljenítsin é genuinamente um escritor épico; também completamente eclético no estilo (usa linguagem do século xix, linguagem do Partido etc.). Mistura gêneros: romances realistas soc[ialista], ensaio, sátira, chiste, romance filosófico dostoievskiano. Sua grandeza depende dessa abrangência.

Piada sobre Fidel [Castro] fazendo um comício depois da Revolução, pedindo a todos que trabalhassem + construíssem o socialismo. "*Trabajo sí, rumba no.*" ["*Trabalho sim, rumba não.*"] E a multidão respondeu em coro "*Trabajo sí, rumba no. Tra-ba-jo sí, rum-ba no. Tra-ba-jo-sí, rum-ba-no*".

Joseph: "A censura é boa para os escritores. Por três razões. Um, toda a nação como (ou em) leitores. Dois, dá limites ao escritor, algo contra o que resistir. Três, aumenta os poderes metafóricos da linguagem (quanto maior a censura, mais esopiana deve se tornar a escrita)".

A condição dos judeus numa breve piada. A. Deram ordem para matar todos os judeus = todos os barbeiros. B. Por que os barbeiros?

5/12/77

...

György Konrád se parece muito com Jacob [Taubes] — assim que o vi ontem à tarde, fiquei atraída + com aversão; e esta manhã, desjejum tardio *à deux* no Florian, mais tarde apareceu Joseph — descobri, é claro, que ele foi o homem com quem Susan [Taubes] teve um caso quando esteve em Budapeste em agosto de 1969.

Às duas da manhã caminhando de Locanda Montin até a Accademia, através da ponte, pelo Campo Santo Stefano, e de volta ao hotel: — neve ligeira, silêncio, ruas vazias, a neblina, frio de arrepiar — tanta beleza. Como respirar oxigênio puro.

...

Expressão italiana para ser apalpada: "*la mano morta*" [*a mão morta*].

Influência de [*o escritor russo naturalizado francês*] Boris Souvarine sobre Simone Weil. Souvarine escreveu um livro denunciando Stálin em 1934 — foi rejeitado por Malraux, leitor na editora Gallimard, com estas palavras: "*Vous et vos amis avez raison, Souvarine, et je serai de vos côtes quand vous êtes les plus forts*". ["*Você e seus amigos, Souvarine, têm razão, e eu estarei do seu lado quando forem os mais fortes.*"] (O livro só foi publicado na França em 1938.)

[*Na margem:*] *Os três demônios — misoginia (sexismo), antissemitismo e anti-intelectualismo — contra os quais eu luto.*

Dissidência é uma noção de relacionamento (não relativa).

Joseph: "Tenho vontade de chorar o tempo todo".

Prisioneiros nos campos [*o Gulag soviético*] falam muito sobre os absolutos — absolutos inúteis. A maior trepada do mundo. O metal capaz de cortar qualquer barra de prisão (tira de metal nas solas dos sapatos fabricados na década de 1950). O outro lado da impotência.

[Pável] Filonov — artista russo da década de 1920 (continuou até a década de 1950) que Joseph considera maior que Tátlin, El Lissítski etc.

Construtivistas russos dos anos 1920: bons... e no entanto. Narcisismo industrial.

Um artista deve ser bastante profissional para ser capaz de fazer bem qualquer coisa.

O escritor exilado da Europa Oriental. Aqui, no Ocidente, nada ameaça, mas tudo é hostil.

Joseph: "Então me dei conta do que sou. Sou alguém que assumiu de forma literal a ideia de individualidade literária". Seu lado Evguiéni Oniéguin de novo.

"Coragem" é uma palavra que só podemos usar na terceira pessoa. Não podemos dizer "sou bravo/corajoso". Podemos dizer que ele ou ela é corajosa. É uma palavra sobre ações, um modo de interpretar o comportamento. Ela não descreve nenhum estado subjetivo. "Medo", *par contre*, é um adjetivo da primeira pessoa. Podemos dizer/sentir "estou com medo".

Muitos russos agora fogem casando com judeus. Na União Soviética os judeus são um meio de transporte.

6/12/77

O cheiro de pedras molhadas. A chuva. O barulho da água na *"fondamenta"* [*rua paralela a um canal*]. O rumor tranquilo do *vaporetto* quando dá a partida. A neblina. O som de passos. Sete gôndolas como corvos pretos; paradas no canal estreito, balançando, indolentes.

Só ideias negativas são úteis. "Ideias são um meio de transporte. Só ideias que são um meio de transporte me interessam."

A gente sente: "eu escrevi uma história ruim", mas não "eu escrevi uma história boa". A última frase é para os outros. No máximo, a gente sente: "não escrevi um livro ruim...". O mesmo para a coragem. A gente não sente: "eu fui corajoso". Mas sente: "eu não tive medo". Ou pelo menos isso não apareceu. Eu não agi sobre o meu medo.

Ele [Claude Roy] está cansado. Ele conheceu todo mundo.

O poeta no exílio [Brodsky], nascido em Leningrado, caminhando sozinho nas ruas molhadas e vazias às duas da madrugada. Isso o faz recordar "um pouco" Leningrado.

Muito embora eu me sinta assim, não sou filha única. Assim o narcisismo de minha mãe, suas ausências, sua incapacidade de nutrir fizeram menos mal do que poderiam ter feito. Eu via que ela agia assim mais ainda com minha irmã. Eu não encarava isso de modo "pessoal". Eu podia dizer: eu tenho *esse* tipo de mãe. Não: ela me trata mal, ela não me ama porque eu não sou/não tenho (tais qualidades). Desde uma idade muito prematura, aprendi a ser "objetiva".

Quando entendo algo completamente, a questão morre. Daí, sou levada para o "exílio". Estar em casa significa saber a cada passo o que é possível. Os eventos têm o respaldo, a almofada do possível. Dobramos a esquina e não ficamos surpresos.

Em vez de arte "dissidente", arte "não autorizada" ou "desautorizada"?

Toda linguagem política é alienada. A linguagem política como tal é o inimigo. (Posição de Joseph)

Um mundo em que existem dissidentes em toda parte + eles são livres. Ou um mundo em que a dissidência não é mais necessária (isto é, uma sociedade boa). Esses são os dois ideais pressupostos aqui — inteiramente opostos.

...

7/12/77

O que chamamos de niilismo (hoje) pensei simplesmente. Qual pensamento não conduz ao niilismo?

Todos falam de direitos (direitos humanos etc.)...

... Só existe pensamento social ("sociedade" tolerante) ou individualismo — uma visão profundamente antissocial do mundo.

As figuras solitárias em toda parte — muitas das quais não gostariam umas das outras — que defendem a posição antissocial. Oscar Wilde. Benjamin. Adorno. Cioran.

É verdade que Benjamin usava uma linguagem comunista nos últimos anos de vida, assim ele nos parece diferente hoje. Mas isso é porque ele morreu em 1940. Seus últimos anos foram aqueles em que a linguagem comunista reconquistou autoridade —

vista como necessária para combater o fascismo (identificado como O Inimigo). Se Benjamin tivesse vivido tanto quanto Adorno, teria se tornado tão desiludido e antissocial quanto Adorno.

(Jantar com Joseph + Roberto Calasso, diretor da editora Adelphi de Milão. O almoço foi com [*o crítico de teatro polonês*] Jan Kott + [*o pesquisador de literatura russa*] Victor Erlich. O café da manhã foi com [*o jornalista suíço*] François + [sua esposa] Lillian Bondy.)

A história de Roberto Calasso sobre a recente apresentação de John Cage em Milão — duas horas e meia de sílabas absurdas extraídas de um texto de Thoreau — diante de uma plateia de 2 mil pessoas no Lirico, o maior teatro de Milão. Quase um linchamento. Começou depois de vinte minutos. A certa altura, havia cem pessoas no palco — alguém pôs uma venda em Cage e depois tirou. Ninguém foi embora. E, durante todo o tempo, Cage não se mexeu, continuou lendo na mesa sobre o palco. Todos aplaudiram. Foi um triunfo.

Cage quer pôr algum vazio no meio de todo o sentido. [*Na margem, SS repete "sentido" e acrescenta um ponto de exclamação.*] Ele não é um músico, mas um destruidor genial. A jaula vazia.

•

Quando não existe nenhuma censura, o escritor não tem nenhuma importância.

Portanto não é tão simples assim ser contra a censura.

•

Uma ideia lateral

•

A retórica do comunismo + niilismo. Pessoas que querem ser boas + [pessoas] que querem ser más estão todas indo na mesma direção.

Tanto Marx + Freud estavam errados. O único que estava certo era Malthus. O que quer que aconteça, o que está pela frente é uma sociedade mais repressiva... O século XIX não reconheceria a sociedade em que vivemos.

•

...

A neblina. Parada na frente do Museo Correr, olhando para a Piazza San Marco e sem ver a basílica. Uma Veneza nova, surreal, na neblina; cortada em segmentos, e depois remontada com as partes "distantes" que faltam (algumas das partes que faltam).

8/12/77

Exercícios espirituais: baixar as ideias para dentro do corpo. Torná-las parte dos instintos. Não se pode ser budista ou hinduísta sem modificar a própria fisiologia.

•

A maré alta. Tábuas na Piazza San Marco. A água é mais verde, mais transparente nos canais. Escadas debaixo d'água. A água oscila, ondula, bate, balança, estala na pedra.

Diferença entre crueldade e opressão. Os nazistas institucionalizaram a crueldade — proclamaram o mal (a insígnia da ss era a caveira da morte) — corpos mutilados e torturados, mortos como uma questão de programa político/princípio. Nada jamais foi tão cruel, tão desalmado como Auschwitz. Mas um regime stalinista é mais opressivo porque é mais politizado. Menos espaço para o privado. Uma retórica mais do bem que do mal.

"*aria fritta*" = ar frito (confusão)

T. S. Eliot: julgar uma arte por critérios religiosos + uma religião por critérios estéticos pode muito bem ser a aplicação dos melhores critérios que temos
[*Na margem:*] "Eles se tornam metáforas."

•

...

A natureza sagrada do mundo

[*O poeta e escritor russo Óssip*] Mandelstam é um dos grandes prosadores do século xx — s[eria] um dos maiores escritores do século mesmo se jamais tivesse escrito qualquer poema.

"Nem da esquerda nem da direita, mas de algum lugar extraterrestre..."

•

[*Inserida nas páginas das entradas de 8/12/77.*]

1713

André Breton no início da década de 1940 telefonou para Meyer Schapiro para perguntar se o tratado de Newton sobre a luz tinha sido publicado em 1713; ficou extremamente decepcionado quando Schapiro respondeu que não. Queria pôr a data, como uma assinatura, numa pintura.

Schapiro conhecia, colecionava as pinturas de [*o artista alemão-americano*] Jan Müller (morto em 1958)

...

•

9/12/77

Um grande tema para um romance: a tentação (corrupção) do bem. Comunismo. Quem será o Soljenítsin dos "*clercs communisants*" ["*funcionários comunisantes*"] do Ocidente?

Pound > Lowell. Poesia deveria ser um registro de tudo que entra em nossa cabeça.

•

Visita com Joseph a [*a companheira de Ezra Pound*] Olga Rudge entre cinco + oito da noite — San Gregorio 252 (perto de Salute)

Olga Rudge sempre se referiu a Pound como "Possum..." [gambá]. Disse que Pound não estava arrependido nem conster-

nado nos anos entre sua soltura de St. Elizabeth e sua morte...
Com um toque de lágrimas nos olhos, ela fez uma pausa (só uma
vez) e disse: "Sabe, Ezra tinha razão. Ele tinha razão. Existe democracia demais. Existe liberdade de expressão demais...". Disse que
[*a escritora americana*] Natalie Barney [*na margem:* conheceu
Djuna Barnes] passou a maior parte da guerra em Rapallo, como
hóspede de Pound... Na minúscula sala onde ela estava, o imenso
busto de Pound feito por [Henri] Gaudier-Brzeska (no chão) + o
desenho que Wyndham Lewis fez de Pound... Ela frisou o fato de
que Pound tinha um "prenome judeu" e não o mudou — "desde o
início — seu primeiro livro — ele assinava 'Ezra Pound', e não 'E.
Loomis Pound' ou 'Loomis Pound'", e que os Loomis eram uma
boa família ("Olhe nos registros civis de Nova York; vai ver muitos
Loomis.") "Um nome bíblico", falei. "É verdade. Um nome judeu.
Então se Ezra fosse antissemita, como dizem, ele não teria conser-
vado esse nome judeu, teria?"

Ela tem sotaque britânico. Fala: "*Capito?*", depois de muitas
frases.

"... Sou como o velho marinheiro", disse ela na porta. Joseph + eu, em nossos casacos, ficamos parados ali por quinze
minutos enquanto ela continuava falando sem parar. "Então,
sobre o que era a história dele? Ah, sim, não era alguma coisa a
respeito de um pássaro morto?" Uma fala final que ela deve ter
usado muitas vezes.

Siniávski trouxe consigo da União Soviética não só a família
como centenas de livros e sua cadela poodle Matilda. Sua esposa
voltou várias vezes. Foi feito um acordo.

Uma inscrição num exemplar dos escritos de Cal — uma linha traçada em torno de "Robert Lowell" na página de rosto e embaixo: "Para Ezra, com amor e admiração, mais do que por qualquer outro". CAL.

Nova atividade: projetista de drogas freelancer.

Todo século (era) inventa seus próprios selvagens nobres. Os nossos são o Terceiro Mundo.

[*Há uma linha vertical ao lado desta entrada:*] Joseph: "Akhmátova dizia: 'Quando eu era jovem, adorava arquitetura + água; agora, adoro a terra e a música'".

Os rangidos dos atracadouros do *vaporetto*, audíveis à noite, quando o barco descarrega. Arrulhos das gaivotas que sobrevoam a água. Os cheiros úmidos. O largo esquerdo da basílica, preto e branco, que se vê melhor + mais nítido à noite que de dia. Vemos demais durante o dia. Os sentidos ficam mais aguçados à noite.

Calvino era um aristocrata espiritual. Eu gosto da sua verticalidade. Lutero era um desleixado. Ele nem enxergava o sentido daquilo que estava destruindo.

[Carlo] Ripa di Meana [*diretor da Biennale de Veneza*] sorrindo um pouco: "Como você sabe, os italianos não bebem suco de leão no café da manhã".

Quando digo que detesto burrice, o que quero dizer na verdade é que não consigo suportar a vulgaridade espiritual. Mas seria vulgar dizer *isso*.

10/12/77

Estou lendo *Malone morre* [de Beckett]. É uma prosa que muda nossa vida — ou seja, a maneira como escrevemos. Como é possível escrever o mesmo inglês depois de ler isso?

György Konrád: "*L'Écrivain qui a des positions militantes est un masochiste: il se prive de ses propres dons.*" ["*O escritor que assume posições militantes é um masoquista. Ele se priva dos próprios dons.*"]

Minhas posições políticas: contrária a tudo. Sou contra (1) violência — +, em particular, guerras colonialistas e "intervenções" imperialistas. Acima de tudo, contra a tortura. (2) Discriminação racial e sexual. (3) A destruição da natureza e da paisagem (mental, arquitetônica) do passado. (4) Qualquer coisa que impeça ou censure o {movimento de pessoas, arte, ideias.

{transporte

(Se sou a favor de alguma coisa, é — simplesmente — a descentralização do poder. Pluralidade.)

Em suma, a clássica posição libertária/conservadora/radical. Não posso ser mais que isso. Eu não devo querer ser mais que isso. Não estou interessada em "construir" nenhuma forma de sociedade nova ou entrar para algum partido. Não existe nenhum motivo para que eu tente me situar ou na esquerda ou na direita — ou ter a sensação de que devia fazer isso. Essa não deve ser a minha linguagem.

•

Eu me sinto culpada quando não escrevo, e porque não escrevo "bastante". Por quê? O que é essa "culpa"? Joseph diz o mesmo de si. Por que você se sente culpado, perguntei? "Porque antigamente eu escrevia vinte poemas bons por ano. Agora, escrevo só sete ou dez — embora, no geral, sejam melhores que os de antigamente."

Acusei Joseph de ter representado seu papel de *Ninotchka* [*comédia de Ernst Lubitsch de 1939, estrelada por Greta Garbo no papel de uma agente soviética*]. (Qual lado da sala é o meu? [*uma fala parafraseada do filme*] etc.)

Ripa de Meana: "Os intelectuais na Europa têm um papel de Tabasco". São, inevitavelmente, atraídos para posições extremadas.

O inimigo é o pensamento: Todos os problemas são, afinal, problemas políticos. E, portanto, devem ser resolvidos por meios políticos.

•

"Nada sobrevive na mesma forma" ([*o crítico literário marxista francês*] Pierre Macherey).

Até recentemente, a forma principal em que a arte g[rega] sobrevivia na sociedade ocidental era como uma ideia hegemônica, mediante aquilo que Marx chama de sua capacidade de "servir como uma norma e como um modelo inatingível".

[*A entrada seguinte tem um quadrado traçado à sua volta:*] Arte no Ocidente: esse telescópio antes indesejável, mas hoje aceito, dentro de nós mesmos.

Nos séculos XVII + XVIII a arte grega funcionava essencialmente como um modelo alcançável. Com a revolução industrial ela começa a adquirir atributos de inalcançável (um "ideal"). Hoje os clássicos foram substituídos pelo estudo das literaturas nacionais. "O lar da totalidade passou a ser a crítica literária." ([*O crítico e historiador inglês contemporâneo*] Perry Anderson)

•

O método formalista: adequado para os ignorantes, ou indiferentes, da história. Seguramente, isso faz parte de seu apelo hoje. Não é preciso ser "culto" para entender um texto literário ou uma pintura, basta ser inteligente. Não é necessário nada além da obra propriamente dita.

12/12/77

Igrejas: San Silvestro (na Piazza San S[ilvestro]). E Sant'Ignazio (na Piazza Sant'I[gnazio]. [Roma]): Barroco (Contrarreforma, jesuítas) loucura. O teto que é alto demais — o cenário vertiginoso — a falsa cúpula (*trompe l'oeil*) que só fica ajustada quando vista do centro da igreja! E agora é preciso pagar cem liras para ver isso!

•

Beckett, o oposto de Joyce. Ficar menor, mais preciso, mais inquieto, mais desolado... menor e mais breve. Será possível que alguém agora consiga ser o oposto de Beckett? Ou seja, não Joyce. Mas não apenas desolado; e maior, e menos *velho* —

[*Datado apenas "Nota de 1977"*]

Na medida em que é negada de fato, a morte se torna a coisa mais importante. (Como tudo que é negado.) Está em nenhum lugar, e está em toda parte. Enquanto negamos a morte, o mórbido exerce uma atração suprema sobre nós. Talvez porque não seja mais possível detectar nenhuma fonte transcendente de valores, morte (a extinção da consciência) se torna a chancela do valor, da importância. (Em certo sentido, só o que diz respeito à morte tem valor.) Isso conduz à promoção e também à banalização do conceito de morte, o que dá talvez o mais forte estímulo para a persistente iconografia da violência + morte violenta nos artefatos da nossa cultura. (A frequência extraordinária com que o enredo de um romance sério contemporâneo deságua, ou se resolve, num assassinato — em comparação com a reduzidíssima probabilidade de que educados escritores de ficção de vanguarda tenham se aproximado, por pouco que fosse, de um assassinato em suas vidas.)

•

Melhores filmes (fora de ordem)
1. Bresson, *Pickpocket*
2. Kubrick, *2001*
3. Vidor, *O grande desfile*
4. Visconti, *Ossessione*
6. Kurosawa, *Céu e inferno*
6. [Hans-Jürgen] Syberberg, *Hitler*
7. Godard, *2 ou 3 Choses...* [*Duas ou três coisas que eu sei dela*]
8. Rossellini, *Luís XIV*
9. Renoir, *La Régle du jeu* [*A regra do jogo*]
10. Ozu, *Contos de Tóquio*

11. Dreyer, *Gertrud*
12. Eisenstein, *Potemkin*
13. Von Sternberg, *O anjo azul*
14. Lang, *Dr. Mabuse*
15. Antonioni, *L'Eclisse* [*O eclipse*]
16. Bresson, *Un Condamné à mort...* [*Um condenado à morte escapou*]
17. Gance, *Napoléon*
18. Vertov, *Um homem com uma câmera* [de cinema]
19. [Louis] Feuillade, *Judex*
20. Anger, *Inauguration of the Pleasure Dome*
21. Godard, *Vivre sa vie* [*Viver a vida*]
22. Bellochio, *Pugni in tasca* [*De punhos cerrados*]
23. [Marcel] Carné, *Les Enfants du Paradis* [*O Boulevard do Crime*]
24. Kurosawa, *O sétimo samurai*
25. [Jacques] Tati, *Playtime*
26. Truffaut, *L'Enfant sauvage* [*O garoto selvagem*]
27. [Jacques] Rivette, *L'Amour fou*
28. Eisenstein, *Greve*
29. Von Stroheim, *Ouro e maldição*
30. Straub, *A crônica de Anna Magdalena Bach*
31. Irmãos Taviani, *Padre padrone* [*Pai patrão*]
32. Resnais, *Muriel*
33. [Jacques] Becker, *Le Trou* [*A um passo da liberdade*]
34. Cocteau, *La Belle et la bête* [*A bela e a fera*]
35. Bergman, *Persona*
36. [Rainer Werner] Fassbinder, *...Petra von Kant*
37. Griffith, *Intolerância*
38. Godard, *O desprezo*
39. [Chris] Marker, *La Jetée*
40. Conner, *Crossroads*

41. Fassbinder, *Roleta chinesa*
42. Renoir, *La Grande illusion* [*A grande ilusão*]
43. [Max] Ophüls, *Madame de...* [*Desejos proibidos*]
44. [Ióssif] Kheifits, *A dama do cachorrinho*
45. Godard, *Les Carabiniers* [*Tempo de guerra*]
46. Bresson, *Lancelot du Lac*
47. Ford, *Rastros de ódio*
48. Bertolucci, *Prima della Rivoluzione* [*Antes da Revolução*]
49. Pasolini, *Teorema*
50. [Leontine] Sagan, *Mädchen in Uniform* [*Senhoritas em uniforme*]

[*A lista continua até o número 228, onde SS a abandona.*]

1978

17/1/78 Nova York

Tannhäuser esta noite no Met [*o Metropolitan Opera*] (com [*o crítico literário americano*] Walter Clemons). A música é sobre sexo — erotismo — volúpia. É por isso que continuamos a amar Wagner. As histórias das óperas, infelizmente, são outra coisa: a vulgaridade; os problemas kitsch (sexo versus sentimentos profundos); populismo marcial protonazista. Nietzsche tinha razão acerca de Wagner — mais razão do que ele mesmo sabia. E no entanto, e no entanto — aquela volúpia...

A palavra hebraica para vida, "*chai*", é soletrada com duas letras, *het* e *yod*. Essas letras têm equivalentes numéricos, *het*, oito, e *yod*, dez, que somados dão dezoito. A tradição de dar dezoito dólares como doação de caridade. (Dar um "*chai*" para... dar um "triplo *chai*" (54 dólares), um *chai* para minha família, um *chai* para meus amigos... etc.)...

A necessidade de encontrar padrões, a necessidade de padronizar...

...

21/1/78

O sexo está ganhando uma reputação ruim. A década de 1960 — parecia ser energia, alegria, liberdade dos tabus asfixiantes, aventura. Agora para muitas pessoas parece trazer mais problema do que vale a pena. Uma decepção. O sexo é uma sublimação do desejo de trabalhar. O impulso sexual levou-as para um muro... O mundo homossexual masculino abandonou o homossexual gentil/abusado (o "fresco", o "bicha", o "frutinha" — compulsivamente ocupado em satisfazer suas necessidades sexuais) — + entregou-se à depravação, vício, manias sexuais.

•

Distinção entre "*novel*" e "*romance*" é importante durante o s[éculo] xix (o *Dicionário* de [Samuel] Johnson define *novel* [romance] como "um relato pequeno, em geral de amor"). Só muito recentemente o termo "*novel*" se espalhou de modo imperialista para abarcar toda prosa longa de ficção.

Outra maneira de pensar sobre por que as perguntas "Isso é um romance?", "O romance está morto?" são tolice.

— *Scrim* (cortina transparente)

1º/3/78 [*ou 9/3/78 — a data não está clara no caderno*]

Não fico mais empolgada pela crítica literária como autocrítica — a construção de metodologias, a desconstrução de textos. A crítica que trata de si mesma.

Doença como metáfora é uma tentativa de "fazer" crítica literária de um modo novo, mas com um propósito pré-moderno: criticar o mundo.

Ele também é "contra a interpretação" — mais uma vez. Com um tema, em vez de um texto.

EU SOU contra transformar a doença numa "condição espiritual".

Sobre como o entendimento metafórico e a moralização de uma doença desvirtuam as realidades médicas.

•

Tantas ideias modernas tidas como libertadoras para determinada classe ou relacionamento ou apenas para determinada aspiração acabaram por se revelar mais escravizadoras que libertadoras.

Don B[arthelme]: "Eu sei que você está com muita coisa no seu prato neste momento".

Ficção científica: apocalipse desalmado.

Fúrias e demônios com guitarras elétricas, camisas apertadas e cabelos iluminados por trás.

16/3/78

… "Uma trama tão fina que se pode enfiar no buraco de uma agulha." [*Crítica de cinema Janet Maslin*, The New York Times, *sobre* American Hot Wax (*Viva o rock'n roll*)]

"Deixe para lá. Não tem importância…"

•

24/3/78

[*O coreógrafo americano*] Merce Cunningham disse numa entrevista outro dia (*NY Times*) que sua dança (eventos) era planejada de modo que não tivesse nenhum foco particular na atenção (descentrada?) + os espectadores podem escolher o que desejam olhar: "como televisão — em que mudamos de um canal para outro com um toque do botão"!

…

Quero lutar contra minha resignação — mas para lutar só tenho as ferramentas da resignação.

…

A ortografia se foi quando a leitura se foi.

10/5/78

O pulsar vermelho no horizonte durante os dez minutos que sucedem o pôr do sol.

... a crista da montanha atrás da qual o sol acabou de se pôr

como o topo de um vulcão —

14/5/78 Madri

Ler Benjamin — o volume novo — e descobrir que ele é menos extraordinário, menos misterioso. Eu gostaria que ele não tivesse escrito as obras autobiográficas.

Um conto sobre a cidade. Duas pessoas a atravessam, vagam — uma em busca de aventura sexual (prostitutas?), a outra em busca de um apartamento. A. está ansioso: desejo. B. está saudoso: arrependimento, nostalgia do espaço perdido. Duas experiências do espaço (o labirinto).

20/5/78 Paris

Em 1874, Mallarmé fundou — e editou — uma revista de moda: *La Dernière Mode*. Lá ele descobriu (?), fez seus primeiros experimentos com diagramação e tipografia.

23/5/78

Velho [*editor alemão*] Carl Hanser: Mora em um bunker em Biedermeier.

Muita emoção, mas só cinco canais.

Benjamin escreveu diálogos para o rádio no início da década de 1920 — + centenas de resenhas. Passou boa parte do tempo perseguindo mulheres; frequentava prostitutas — romance burguês sobre atravessar por meio do sexo a fronteira proibida do território-classe.

Romances de [*o escritor sueco contemporâneo*] Lars Gustafsson + ensaios. Romances de [Siegfried] Kracauer.

Este é um tempo para inventar coisas novas, não ideias novas. Verdade?

Enzensberger escrevendo um poema de duas páginas sobre o naufrágio do *Titanic* — um tema épico — como as pessoas encaram a morte. Chega de política!

[*O escritor italiano Italo*] Calvino está escrevendo contos passados na Paris do s[éculo] XIX.

•

O fato de que agora eu uso dois pares de óculos, um para longe, um para perto. Na verdade, não dá certo, por exemplo, numa livraria — ou sentada num café, onde quero ler e também olhar para as pessoas.

A linguagem da sociedade de consumo: o jargão da saciedade.

...

24/5/78 Veneza

Veneza me faz chorar. Caminhar sozinha na Piazza San Marco no início da manhã. Então entrei na catedral, sentei no meio dos cinco ou seis fiéis, vi a missa e fiz a comunhão.

O puritanismo: uma variedade do kitsch moral. ([*O escritor búlgaro-britânico Elias*] Canetti)

Um sinal de personalidade forte é o amor pelo impessoal.

25/5/78

Ensaio de Benjamin — o tema da cidade. Benjamin como escritor. Proust; o choque de *Le Paysan de Paris* [*O camponês de Paris*] de [Louis] Aragon (carta para Adorno, 31 de maio de 1935)

Estrutura
Labirinto
O livro

Comparar com Canetti.

Importância do ensaio de [*o crítico austríaco Karl*] Kraus.

Flâneur. Tema oculto da prostituição. Atravessar as fronteiras de classe.

Sensibilidade surrealista.

Atração do marxismo. Servilismo c[om] Brecht.

Ganhar a vida como jornalista literário. Se ele se tornou professor (como Scholem, Adorno, Marcuse, [Max] Horkheimer!)

Figura de um errante livresco — Lobo da estepe; Kien em *Auto da fé* [romance de Canetti].

Situação do exílio. Tema da morte da Europa. Mas ele não conseguiu suportar o exílio supremo: Estados Unidos.

Diz numa carta que era preciso parar de lamentar o assassinato da cultura alemã, mas que é obsceno ser nostálgico a respeito da República de Weimar.

Benjamin pensava em si mesmo como o último europeu. Não só um intelectual mas um intelectual alemão.

Kant e não Hegel (ou Nietzsche)
"dialética" concebida como ambiguidade, complexidade intocada por Wagner-Nietzsche etc.

Descrição de Moscou: banalidade, claridade

27/5/78 Veneza

Minha nona estada em Veneza:

1961 — com m[amãe], I[rene] ([Hotel] Luna; Hotel des Bains)
1964 — com D[avid] (Bob + Guido) — Luna
1967 — com D[avid] (Festival de Cinema — Hotel Excelsior)
1969 — com C[arlotta] ([Hotel] Fenice)
1972 — com N[icole] ([Hotel] Gritti)
1974 — com N[icole] (apartamento de Gossens)
1975 — com N[icole] (Gritti)
1977, dezembro — Joseph [Brodsky] ([Hotel] Europa)

E ele se isolou em Veneza a fim de escrever um poema de duzentas páginas sobre o naufrágio do *Titanic*.

Imaginação: — ter muitas vozes dentro da cabeça. A liberdade para isso.

Em todas as eras, existem três grupos de escritores. O primeiro grupo: os que se tornaram conhecidos, ganham "estatura", se tornam pontos de referência para seus contemporâneos que escrevem no mesmo idioma. (Por exemplo, Emil Staiger, Edmund Wilson, V. S. Pritchett). O segundo grupo: internacionais — os que se tornam pontos de referência para seus contemporâneos em toda a Europa, as Américas, o Japão etc. (por exemplo, Benjamin). O terceiro grupo: os que se tornam pontos de referência para sucessivas gerações em muitos idiomas (por exemplo, Kafka). Já estou no primeiro grupo, à beira de ser admitida no segundo — só quero figurar no terceiro.

Dionísio era bissexual. (cf. a palestra de [*a psicanalista e escritora austríaca-americana*] Helene Deutsch)

...

•

21/6/78 Nova York

Crise da ideologia leninista na década de 1970

Julgar um regime pelo que ele faz com seus oponentes

...

2/7/78

... Mulher em Chicago (Jory Graham — colunista do *Sun--Times* ("Um tempo para viver") — coadjuvante em meu espetáculo de menestrel do câncer — contando (no programa de televisão de [Irv] Kup[cinet]) que faz pouco tempo estava num avião cujo motor pifou — como ela ficou em pânico, por mais que tentasse se convencer de que seria melhor morrer logo de uma vez, em cinco minutos, do que suportar a morte de câncer, vagarosa, fétida, agoniante, que a esperava em breve — ela não queria que o avião caísse — queria sua própria morte, aquela que ela vinha elaborando, com a qual vinha vivendo, se acomodando (se habituando).

8/7/78 Paris

Erotismo moderno — temas de reflexão sobre o erótico:
Foucault sobre sexualidade
Kenneth Anger, *Inauguration of the Pleasure Dome*
[Nagisa] Oshima, *O império dos sentidos* (?)
Pasolini, *Salò*
Syberberg, *Ludwig + Hitler*

O barroco homossexual

•

Neokitsch

A grande contribuição da sensibilidade homossexual moderna para o erotismo.

•

Os homens nunca perdoam as mulheres por serem suas mães… (> > > Wagner)

[*Este texto tem um retângulo riscado à sua volta:*] Os próximos dez anos devem ser os melhores, mais fortes, mais ousados

Sobre: [*o escritor russo Andrei*] Biéli:

O modernismo inventado várias vezes — uma vez na União Soviética.
Importante para nós porque foi suprimido.

Comparar [romance de Biéli] *São Petersburgo* + *The princess Casamassima* [de Henry James] — depois de receber a ordem de matar um duque, ele mata a si mesmo.

Enredo clássico da tragédia revolucionária: ordens para matar.

Cf. Conrad, *O agente secreto*

•

Gosto de filmes com a voz da narração ou do comentário em "off" — isso reintroduz (permite) as virtudes do *muet* [*filme mudo*].

[Sacha] Guitry, *Roman d'un tricheur* [*A história de um trapaceiro*]

[Marcel] Hanoun, *Une Simple histoire*

Melville, *Les Enfants terribles* [*As crianças terríveis*]

Godard, *2 ou 3 Choses...* [*Duas ou três coisas que eu sei dela*]

Straub, *A crônica de Anna Magdalena Bach*

[Michel] Deville, *Dossier 51*

Bresson, *Un Condamné à mort...* [*Um condenado à morte escapou*]

E filmes que misturam gêneros:

[Benjamin] Christensen, *Häxan: A feitiçaria através dos tempos*

[Dušan] Makavejev, *W. R.: Mistérios do organismo*

>>>>>> *Hitler: Um filme da Alemanha* [de Syberberg]

17/7/78 Paris

...

Eisenstein dirigiu uma produção de *Die Walküre* em Moscou em 1940. Depois do Pacto [Hitler-Stálin] + antes da invasão — período pró-alemão, oficialmente. Será que existem notas da produção?

21/7/78

Um ensaio sobre "Wagner"? O filme de Syberberg e a produção de *Anel* de [*o diretor de ópera francês Patrice*] Chéreau/[Pierre] Boulez.

...

Berlioz não tinha uma ideologia — não procurava se institucionalizar.

...*Siegfried* — o problema: primeiros dois atos compostos antes — concepção nova no terceiro ato. *Anel* desmembrado em duas partes.

...

25/7/78 Londres

Jonathan Miller tem metaforia — metaeuforia.

"Acho que encalhei meu barco no teatro." (Jonathan)

Apenas entendendo o corpo como uma máquina conferimos ao ser humano sua humanidade.

Metáforas para compreender o corpo (por exemplo, coração = bombear) provêm de máquinas

...

Duas ferramentas básicas da medicina moderna: água salgada (solução salinizada) + sangue de outras pessoas

...

7/8/78 Paris

... O romance como uma "técnica de problema" ([*o crítico e poeta americano do século XX*] R. P. Blackmur), um meio de expor apuros. Apuros insolúveis da existência moderna. (!)

31 de dezembro de 1999. Eu gostaria de estar lá. Será um dos maiores momentos kitsch da história mundial.

Modernismo. Restaura a visão histórica (pontos de referência: Revolução Francesa, poetas românticos). Anti-intelectualismo.

O projeto do intelectual.

...

Jonathan fez um filme para a BBC sobre o *Banquete* de Platão intitulado *The Drinking Party*

11/8/78 Paris

Lembrar a carreira exemplar de Herwarth Walden...
Fundou *Der Sturm* (publicou Kokoschka, futuristas, Kandínski, Apollinaire) em 1910; casou com [*a poeta e dramaturga judia alemã*] Else Lasker-Schüler [1903]. Em 1932 parou de publicar *Der Sturm* + emigrou para a União Soviética. Lá, escreveu um romance, "Neutral": nunca publicado. Preso em 31 de março de 1941 no Hotel Petropol em Moscou; morreu no hospital do campo de Sarátov.

12/8/78

537 quilômetros entre Odessa e Istambul, através do mar Negro

Arranjar um grande mapa de sala de aula.

Colar estrelas brancas e fluorescentes no teto do quarto.

Roma fictícia em Shakespeare...

... não ter uma representação na consciência. (De algum processo corporal)

"*Fait divers*" [*notícias avulsas*] da década de 1920 (?) na Inglaterra: o destino do vigário de Stiffkey (se pronuncia Stukey): visitava prostitutas; foi afastado do clero; terminou num circo, exposto dentro de um barril; foi devorado por um leão.

...

[*Na margem:*] nobres

fala de nobre (inglês):
"*inties*" (para intelectuais) —
Duquesa de Devonshire, entreouvida ao telefone por [*o romancista inglês*] Angus Wilson — Wilson + amigo foram convidados para tomar chá: durante o chá, a D. de D. recebeu o telefonema de uma amiga que a convidou para almoçar no dia seguinte com Cyril Connolly. "Prefiro não ir. Já estou aqui hoje com dois *inties* para tomar chá".

Ser mais velho: achar todo mundo patético.

...

Não existe o que se chama de escritor, diretor, artista "experimental".
Uma ideia pedante! Supõe uma opção, uma escolha. Não. Ou se é original ou não.

Peça: Produção original
     Produções satélite

Produção herética (inverte ou contradiz a montagem original)

Só uma grande obra pode sobreviver a esse processo
Wagner > [Adolphe] Appia [*o arquiteto suíço que projetou os cenários e a iluminação de muitas óperas de Wagner*] > [*o neto de Wagner*] Wieland + Chéreau

Cf. Benjamin sobre a vida futura de uma obra de arte — no ensaio sobre o tradutor

13/8/78

[*SS adorava a música de Wagner e foi ao Festival de Bayreuth algumas vezes*]

Você foi afetado por dois modelos — o boêmio e o aristocrata, falei para Bob [Silvers]. Alternativa à vida e preocupações de classe média. Boemia: Alfred [Chester]. E olhe a que isso levou. Ao passo que o charme discreto da aristocracia...

O código do nobre: nunca reclame

Alguém poderia ser virtuoso, decente, incorrupto mediante passividade ou timidez.

Futurismo a fonte do construtivismo e muito mais

Tese (?): o fascismo na Itália foi especial > [Giulio Carlo] Argan, atual prefeito de Roma pelo P[artido] C[omunista], foi um burocrata cultural fascista no final da década de 1930. Patrocinou bons artistas, protegeu judeus, arranjou emprego a muitos deles. Conseguiu um emprego numa enciclopédia para [*o historiador clássico italiano Arnaldo*] Momigliano.

May Tabac, de volta para casa, ao dar de cara com Harold Rosenberg [*seu marido*], perneta e nu, transando com uma garota no chão da sala, para HR: "O jantar será servido daqui a uma hora".

20/8/78 Nova York

Joseph B[rodsky] diz que resolve escrever um poema — pega

um tema e/ou um modelo (um poeta que admira); diz para si mesmo "vou escrever um poema de Akhmátova" ou "... um poema de Frost" ou "um poema de Auden" ou um poema de [*o poeta italiano Eugenio*] Montale" ou "um poema de Kaváfis". A ideia é escrever como o poeta, só que melhor. É claro, nunca é como o poeta-modelo — é um jogo que se joga consigo mesmo — se a pessoa é um poeta de verdade só pode escrever sobre seu próprio mundo.

Uma prática possível para o ano que vem: um conto de Borges (a descoberta de uma peça de Agaton [*o dramaturgo clássico grego cujas obras supostamente se perderam quando a grande biblioteca de Alexandria se incendiou em 48 a.C.*]; um conto de Calvino; um conto de Walser; um conto de Konrád; um conto de García Márquez.

Já fiz meu conto de Barthelme — [*o conto autobiográfico de SS*] "Passeio sem guia" — ou seja, escrevi um conto melhor que Barthelme. Eu devia ter admitido para mim mesma que era isso que eu estava fazendo.

Uma Antologia do Conto Ideal:

V Woolf, "O momento" ou "O romance que não foi escrito"
Robert Walser, "Kleist em Thun"
Paul Goodman, "Minutos estão voando"
Laura Riding, "Última aula de geografia"
[*Na margem: o escritor alemão Wolfgang*] Borchert, [*o escritor húngaro-sérvio judeu Danilo*] Kiš
[Tommaso] Landolfi, "W. C."
Calvino, "[A distância da] Lua" (de *Cosmicômicas*)
Beckett, "O expulso"

Barthelme, "O balão"

Philip Roth, "No ar" [*Conto de Roth publicado em* New American Review *em 1970*]

John Ashbery, "Poema em prosa"

John Barth, "Título" ou "Conto-Vida"

Elizabeth Hardwick, "Prólogo"

John McPhee, "Calçadão"

Bruno Schulz, "Ampulheta" ou "O livro"

[Elizabeth] Langgässer, "Marte"

des Fôrets,

Siniávski,

[Peter] Handke,

[*a poeta austríaca Ingeberg*] Bachmann,

Borges, "Pierre Menard"

Gadda,

García Márquez,

[Stanisław] Lem, "Probablaísmo…" [*provavelmente se refere a "A terceira investida" ou "Os dragões da probabilidade"*]

Ballard,

Antologia do ensaio:

Gass,

Benjamin,

Rivière,

Siniávski,

Enzensberger,

Trilling,

[Alfred] Döblin, prefácio para [Rosto de nosso tempo, *livro de fotografias de August*] Sander

Goodman,

Sartre, "Nizan" ou "Tintoretto"

Benn, "Artistas + Velhice"
Broch, Introdução para [Sobre a Ilíada, *da filósofa e crítica judia-ucraniana Rachel*] Bespaloff
Adorno

avant-garde: enigmas rasos

Obra de Cioran ensina a morrer

Brecht aconselhava seus discípulos a "viver na terceira pessoa"

Afetação niilista

Fim do [século] XVIII até hoje: recorrentes estátuas que andam, retratos mal-assombrados e espelhos mágicos

Um tema constante na minha escrita/imaginação (como é central): [*em francês*] a visão de um mundo sobrecarregado, supersaturado de objetos, coisas! Em *Morte em questão* (as listas, inventários no final), em *Sobre fotografia*, em "Passeio sem guia" (+ "Interrogatório"). O antônimo: silêncio.

...

[*Na margem e sublinhado:*] "É uma questão de estar sozinha, ao escrever." V Woolf (carta para Vita [Sackville-West], nov. 1925)

"Respiração de Cheyne-Stokes": sinal do fim [da vida] — irregular

Sensibilidade pós-Manson [*o assassino em massa Charles Manson*]:

O massacre da serra elétrica, um novo limiar; filme am[ericano] mais imp[ortante] da década de 1970.

o Grand Guignol punk — os mortos-vivos — maquiagem de vampiro

"perigo"

Sex Pistols inspirados por um casal jovem, alunos de pós-graduação numa faculdade de artes + admiradores dos situacionistas, que tinham uma butique no Chelsea por volta de 1975-6, chamada sucessivamente "Rock and Roll" > "Veloz demais para viver, Jovem demais para morrer" > "Sexo" > "Sediciosos"

...

niilismo tímido
uma espécie de dor sem motivo
ventilada por sentimentos estranhos
geografia de prazer

1º/11/78

Jantar ontem, tarde da noite, com Joseph. Ele está tentando admirar [*o poeta inglês John*] Betjeman — por sua "leveza de toque". O poeta que ele está tentando superar agora — já não é mais Mandelstam — é Montale. (Esperto Joseph.) "E, Susan, acho que já consegui."

Literatura e o eco nacional.

17/11/78

Depois da festa na casa de Roger [Straus] para comemorar *I, etcetera*, publicado hoje — com Joseph na cafeteria da esquina da Terceira Avenida com a rua 17 à meia-noite. "Eu me dei conta de que me tornei um simplório desde que vim morar nos Estados Unidos, há seis anos. Não sou mais sutil, como era na Rússia. É a franqueza americana... Aqui, todo mundo é positivo... as pessoas tentam ser solícitas, gentis, solidárias... explicando, tornando as coisas claras."

"Você não quer uma última linha que não seja um efeito." Crítica de Joseph à última linha de [*o conto de SS*] "Baby". Acho que ele está errado.

Fico estimulada pela leitura. Mas será que isso ajuda a ser sutil?
Joseph: isso só vem dos outros.

21/11/78

A maneira de Beckett não serve para a linguagem alusiva. Não se pode dizer "um sorriso de Gioconda" no idioma dele. [*O crítico literário canadense Hugh*] Kenner

As costas molhadas e gorduchas de Napoleão (Tolstói)

Além da compaixão? Não dê conselhos. Eu ignoro a diferença entre eu + o outro.

Uma tribo no Sudão, com uma teologia complexa em que as pessoas de meia-idade são iniciadas. Os velhos riam o tempo todo.

A unidade das oito ficções em *I, etcetera*. Significa que circula. Contos são prismas. Eles são "sobre" narração. Unidade do projeto ético.

Estou tornando impossível, para mim mesma, escrever mais ensaios.

Eu subestimo a separação (um dogma) entre o ensaio + ficção. Na ficção posso fazer o que fiz nos ensaios, mas não vice-versa.

5/12/78

Operação de Joseph [*cirurgia cardíaca de peito aberto*]

...

Futuristas italianos eram "primitivos de uma sensibilidade nova" com estilo próprio

...

PARE DE SE GABAR

...

Ensaio de Canetti —

Deve estar na ideia, no projeto, do escritor (o grande escritor)

O modelo europeu — como parece datado — sua pompa, seu *páthos*

Começar pelo ensaio sobre Broch, de C[anetti] Broch, Kraus, Kafka — modelos para C.

Ideia de C sobre a morte — terror — seu desejo de imortalidade

Condescendência com mulheres

Ensaio sobre Hitler — sua massa são os mortos

Massa + *Poder* [de Canetti]: História na biologia (metáforas biológicas)

cf. *Anel*: um épico biológico (começa na água, termina no fogo)

[Canetti] ficou livre da tentação da esquerda. Como?

27/12/78 Veneza

Veneza em dezembro, um negativo fotográfico do verão ensolarado de Veneza. Uma espécie de ver-pela-primeira-vez.

Piazza de San Marco abstrata — geométrica — definida por fronteiras de luzes — espaço definido por espessura da luz. Toda figura é uma silhueta.

No *vaporetto* vindo do Casino (Palazzo Vendramin...): sem

enxergar nada do outro lado do barco. Olhando para um vazio cinzento e marrom.

A basílica do alto do campanário — mal dá para enxergar — O Palácio dos Doges como um desenho de Monet ou de [Georges] Seurat na neblina.

Veneza no inverno é metafísica, estrutural, geométrica. Esvaziada de cor.

Reli *A taça de ouro* [de Henry James].

Para sentir as pressões da consciência, estar informada, compreender qualquer coisa, é preciso estar sozinha. Estar com gente, estar sozinha — como inspirar e expirar, sístole e diástole. Enquanto eu tiver medo de estar sozinha, nunca vou ser real. Vou ficar me escondendo de mim mesma.

Eu ajo afobada — eu penso em função de resultados — minha inteligência é fácil.

A depressão que sinto quando estou sozinha é só a primeira camada. Posso ir além dela se não entrar em pânico. Afunde — deixe rolar. Escute as palavras.

...

(Falar com Bob [*nessa altura SS tinha feito várias viagens para o Japão e estava pensando em escrever um livro pequeno sobre suas impressões*] pelo telefone) Japão:

A sociedade feudal que foi modernizada. Repleta de "sinais"

ocidentais que não significam nada em particular, exceto modernidade. Paródia da "cultura" ocidental. Projeto nacional: "transcrever" (adaptar, transvestir) o capitalismo ocidental moderno... Nenhuma lei no nosso sentido, mas sim um imenso sistema de adaptações, deferências, hierarquias. Sociedade do consenso — todos são recuperáveis (líderes de [*o movimento estudantil de extrema esquerda*] Zengakuren no final da década de 1960 são agora importantes homens de negócio e executivos) a não ser os criminosos de classe social baixa. Violência ritualizada — em greves, protestos contra Narita [*a construção de um aeroporto lá*] etc. — o que fornece sinais para novas adaptações. Muita energia, muitos sinais — pouca substância. Grande cultura homossexual, mil bares de gays, ver Don [*um amigo de SS em Tóquio, o escritor americano Donald Richie*] e seu amigo alemão [Eric Klestadt]. No salão verde do Teatro Kabuki — o prêmio é conhecer os atores transvestidos: — como bailarinas ou cantoras de ópera no s. XIX. Vinte lojas de departamento em Tóquio iguais a Bloomingdale's: tudo parece igual mas na verdade é infinitamente diferente.

...

1979

1º/1/79 Asolo

Ensaio sobre Syberberg [*SS tinha descoberto os filmes de Hans-Jürgen Syberberg alguns anos antes, ajudou a organizar a distribuição nos Estados Unidos de* Hitler: Um filme da Alemanha, *e no início de 1979 ficou por alguns meses planejando esse ensaio.*] Começa com a ideia de "Trauerarbeit" [*trabalho do luto*]

"É pior do que ser criança."

A estátua de são Sebastião no Duomo de Vicenza. (Altar perto da entrada da esquerda). A tradição de belo jovem nu transportada da arte g[reco]-r[omana] para o cristianismo — era homoerótica — agora um objeto de contemplação erótica para mulheres, sobretudo, e para homens. O primeiro são Sebastião tridimensional que vi. O erotismo dessa imagem é ainda mais patente como escultura do que como pintura... O número de flechas (eu vi o mínimo de duas, o máximo de dez) e sua localização.

Repetidamente, fico chocada com as obsessões eróticas que estão muito em primeiro plano no cristianismo. A Virgem — o seio da Virgem/Mãe — as mulheres que desmaiam — o discípulo amado debruçado no colo de Jesus — o corpo masculino torturado, quase nu (Jesus, Sebastião)

A palavra "*asolare*" de [*o poeta Robert*] Browning

Até que ponto eram modernos os prazeres de Ruskin? Não a nossa mistura de entusiasmo e nostalgia (quase luto) quando vemos Veneza, Florença, Verona etc. Ele era um descobridor. Para quem? O que significa descobrir algo já conhecido? Conhecido por quem?

O círculo de plástico removível instalado nas duas janelas (hotel Cipriani — Asolo). Como o vidro removível no mainel das janelas do século XIX — mas esta é feia, porque é um pedaço de vidro que não está dividido — não tem um mainel.

5/1/79 Paris

De uma às seis com [György] Konrád (Scossa > Stella [*dois cafés*]). Histórias sobre Europa Oriental. "*L'Étatisation des écrivains*" [*a estatização dos escritores*]. O que significa ganhar um prêmio...

Um conto sobre isso — sobre ganhar um prêmio?

Quando digo: como se pode comparar o império russo com o império americano ("dá na mesma eu morrer com as bombas capitalistas ou com as bombas comunistas" — seu discurso de

Veneza no último mês de dezembro), ele me faz lembrar que esqueço a periferia, as colônias do império americano. É claro, se compararmos Nova York com Moscou, não há dúvida de que a pessoa se sente infinitamente mais livre em Nova York — a pessoa é livre tout court [*pura e simplesmente*]. Mas, tirando o Camboja, não existe nada tão cruel, tão sangrento nos países comunistas quanto o que se passou no Irã (a Savak [*polícia secreta*] do xá, na Nicarágua + na Argentina agora mesmo. Os intelectuais não estão sendo mortos na Hungria, Polônia, Tchecoslováquia etc. Eles estão sendo seduzidos — ou expulsos.

...

O holandês voador [de Wagner] é uma história de vampiro

anoxia = falta de oxigênio

13/1/79 Paris

Uma novela baseada na ideia do "jogo do retrato" [*livro de Ivan Turguêniev e sua amante Pauline Viardot-García*] — + o triângulo Viardot, marido, Turguêniev. Um conto jamesiano. Um filme de Resnais (*Ano passado em Baden-Baden*). Uma fantasia à maneira de García Márquez. Um *retrouvaille* [*redescoberta*] de Borges na Biblioteca do Mundo.

14/1/79 Londres

Jonathan: "Escrevi o livro de medicina para ganhar dinheiro e grampeei algumas ideias no meio".

Eu estava elogiando *A taça de ouro* [de Henry James]. J[ona-than] disse: "se a gente pudesse aparafusar Henry + William daria um Proust".

J. fala de seu livro, planejado há muito tempo, sobre o espiritualismo no século XIX. Descrição de transe cataléptico em "Maud" provém da leitura que Tennyson fez de *Cartas sobre o mesmerismo*, de Harriet Martineau (1845).

...

[Henry] James consultou [*o neurologista britânico John*] Hughlings Jackson na década de 1890 em Londres por causa de suas enxaquecas; Jackson lhe falou sobre "epilepsia do lobo temporal", durante a aura dela, todos os sons parecem parar, há um cheiro estranho + a pessoa se vê dominada pela consciência de um mal insuportável. Essa é a origem da descrição que James faz da "alucinação" (?) da governante em *A outra volta do parafuso*... *A taça de ouro* é sobre observação, sobre ver, sobre como nunca de fato sabemos o que os outros sentem.

O fascínio no século XIX com estados de consciência alterados. Duas tradições na interpretação desses estados. (1) Um alter ego — outro estado, lado, aspecto de mim; estados exaltados (cf. Wordsworth, Dostoiévski) — a interpretação egocêntrica. (2) Um mundo do além — o sobrenatural — espíritos. (cf. Poe, [E. T. A.] Hoffmann)

15/1/79 Londres

V. Woolf perdeu, Arnold Bennett ganhou — aqui

Loucura é fixação mental

27/1/79 Roma

Otelo [*produção da ópera de Verdi*] de Carmelo Bene. A ação se passa sobretudo numa cama enorme — começa com O[telo] estrangulando D[esdêmona]. É representada dentro de um lenço. Todo mundo se veste de branco. O. com o rosto pintado de preto. As pessoas passam as mãos nos rostos umas das outras e deixam os rostos pretos. As vozes são microfonadas. Música de Verdi, Wagner etc.

[*Sem data*]

Conversa com Jacob [Taubes]

"ideias com asas quebradas" (Adorno)

[*Na margem:*] A mão direita de Jacob quando ele fala. "Apertando o parafuso celestial", era como eu chamava isso em 1954.

Adorno para Jacob em 1968: "Se eles [*os estudantes*] invadirem o Instituto, vou usar uma estrela amarela".

A posição de [*o filósofo marxista e amigo de SS na década de 1950 em Cambridge, Herbert*] Marcuse em 1956, a favor da repressão soviética na revolução húngara; sua cumplicidade com os estudantes em 1968 (cf. Adorno) — porque ele provém de Heidegger.

1º/2/79

[*O pioneiro cineasta francês Georges*] Méliès > Syberberg.
Méliès filmou noticiários imaginários (*O imperador da China na corte de St. James*) no quintal de sua casa em Paris.

[*Contemporâneos de Méliès, Auguste e Louis*] Lumière > Godard?

Linguagem como um objeto encontrado: [*o escritor argentino Manuel*] Puig. Ele não consegue criar sua linguagem própria. É tudo encontrado. Ele é um mímico extraordinário — converteu sua dívida como escritor num sistema.

Exposição de [*o surrealista belga René*] Magritte no Beaubourg. *L'Empire des lumières* ([1953-4]) — nomeou algo, como uma imagem, que agora todo mundo vê: céu azul, árvores escuras, luzes da rua acesas.

Uma mente imperial. Escritores como Joyce, Gadda, Nabókov

8/2/79

A aura em volta de tudo.
Respeite-a — faça uma pausa — antes de agarrar algo

Espaço estético: [*o pintor francês do século XVIII Jean-Baptiste-Simeon*] Chardin, [*o cineasta experimental americano*] Jack Smith

Estados Unidos + Europa Ocidental estão cada vez mais separados — tornando-se tão diferentes quanto eram na década de

1950. A Europa Ocidental escolheu a social-democracia (qualquer que seja o nome do partido no poder), os Estados Unidos a rejeitaram. Eventos da década de 1970: 1) o descrédito do comunismo utópico como uma crença-âncora de intelectuais + artistas; 2) a integração dos países da Europa Ocidental; 3) o colapso da ideologia imperialista americana + crescente isolacionismo cultural/político dos Estados Unidos.

11/2/79

Conversa com Enzensberger (almoço em Chinatown): Darwin como alternativa para Hegel. Hegelianismo supõe que o biológico + o histórico são dois processos diferentes. Mas talvez o histórico transcorra naturalmente. Uma evolução, mas que não pode ser prevista. (O que era atraente no hegelianismo era sua noção da *ironia* da história.) Ninguém pensou nas implicações de Darwin por cinquenta anos na Alemanha, diz E. Sobrevivência dos mais aptos é rejeitada como sobrevivência do mais forte.

Quer escrever um tipo de ensaio livre. Cita Heine como modelo. Eu menciono Lucrécio — ele concorda.

Canetti:

modelo biológico (*Massa + Poder*). Nenhuma "história" no sentido hegeliano.
um dos grandes inimigos da morte do século xx não eurocêntrico. Cita o pensamento árabe e chinês — não como algo de outra cultura a ser "compreendido", mas porque é verdade

não é um reducionista — nunca pergunta o que torna possível uma ideia, mas: "ela é verdadeira?"

A força, independência — + marginalidade da obra de Canetti. Foi patrocinado no final da década de 1930 + 1940 pela Fundação Guggenheim (diz E. Verdade?) Sabia — teve um caso com Iris Murdoch. E. foi apresentado a Canetti em Londres por Ingeborg Bachmann...

Canetti: avidez, apetite, sofreguidão, desejo, saudade, insaciabilidade, ímpeto, inclinação. Será isso a vida de uma mente?

13/2/79

Vendo ensaio de Nuréiev durante duas horas esta tarde.

18/2/79

M[amãe] ligou no final da tarde para dizer que tinha recebido uma carta de Mary Penders dizendo que Rosie morreu de "um ataque fulminante do coração" no último dia 30 de set.... Fiquei surpresa, e comovida, ao ver como ela ficou comovida; não achei que ela pudesse sentir tanto o que quer que fosse...

20/2/79

Joseph [Brodsky]: "Não existe nada mais importante para um narcisista do que uma superfície lisa".

"Se existe uma classificação olímpica para tirania, em termos de grau + duração, a União Soviética tem a medalha de ouro."

25/2/79

[*A coreógrafa americana*] Twyla Tharp me resigna ao fato de ser mulher + ser americana... Dança não sexista — mulheres fortes com sua própria energia, sujeitos e não objetos, alegres com os homens — e não com medo deles... Uso do movimento vernáculo americano (da comédia de Mack Sennett, Fred Astaire, dançarinos de música negra de discoteca), de energia americana. Contato constante com o chão, que não é apenas algo a ser abandonado — como em [*a obra do coreógrafo George*] Balanchine. Dar tapas no chão — cair deitado no chão, tentar se levantar, *abraçá-lo.*

O relato da palestra de Philip Trilling [*na Universidade Columbia*], primeiro por Bob, esta tarde pelo telefone por Diana [Trilling]. "Homenagem ao sr. Casaubon." Por que não escrever um conto sobre Philip? Será que eu me atrevo? Tenho medo da minha raiva. Lizzie não consegue escrever sobre Cal — mas o que tenho de proteger?

Escrever sobre um homem que odeia as mulheres — odeia o sexo — odeia o amor.

Vou encontrar a energia de que preciso — como em "Baby".

Quanto estrago fizeram aqueles oito anos c[om] Philip?

Não está na hora de eu escrever a verdade? Ainda o estou protegendo — Cranston em [*conto de SS*] "Antigas queixas revistas" — mais ávida ainda para assumir eu mesma a responsabilidade.

Sonho: sou uma freira (?) sexualmente feliz, com uma jovem tímida que me adora. Ouro casal? Sou intimada para ser repreendida — um velho prédio gótico — acho que escapei — fui embora, sempre acompanhada por uma amiga — No pátio avisam que me esqueci de preencher um formulário — faço isso com certa dificuldade (tenho de pegar um lápis emprestado com uma amiga) — vou para outro prédio com uma amiga — sou raptada — mutilada sexualmente — vou sangrar ("vagina no cio") — me avisam que não vou mais poder fazer sexo.

Fontes: ler [*o romancista indiano R. K.*] Narayan hoje; Diana sobre Philip [(*a palestra dele sobre a pintura de Gustave*] Courbet + [Andrea] Mantegna [*Lamentação sobre o Cristo morto*] — mulher como um homem castrado); Philip como o Grande Inquisidor

...

Veneza > Ruskin

Artista como oráculo, figura pública [— Gabriele] D'Annunzio, Ruskin, Wagner

...

Escritor como Penélope — escrever durante o dia, desfazer tudo à noite

Escritor como Sísifo

Em *I, etecetera,* os melhores contos: meu método "cubista", contar a história de ângulos diferentes

Lito[grafia] de Max Ernst (?) — 1919 *A arte morreu, que exista a moda*

[*Sem data: Uma reminiscência do encontro de SS com William Philips, editor de* Partisan Review. *Deve ter ocorrido em 1960 ou no início de 1961.*]

No escritório da PR em Union Square — Wm. Philips abre um arquivo de metal + pega *The Eclipse of the Intelectual* de Elémire Zolla

Eu (folheando o livro): "Não parece muito bom, mas dá para resenhar o título".

WP: "Ah, você é esperta".

Lenny [Leonard] Michaels é um velocista, Pynchon é um maratonista.

A "sábia passividade" de Wordsworth.

...

Não existe palavra para hipocrisia em japonês.

[*O escritor italiano do século XIX Giacomo*] Leopardi — angústia da solidão, obsessão com a transitoriedade + mortalidade, obsessão de toda a vida com a "*noia*" (tédio, enfado metafísico)

...

[*Sem data, março*]

... No século XIX romancistas conheciam ciência:
— George Eliot ... cf. ideias médicas em *Middlemarch*
— Balzac: cf. prefácio de *Comédia humana* — teoria dos tipos: ver macrocosmo (sociedade) no micro (individual) — indiv[íduo] adapta
Balzac, *Les Chouans*

Último romancista influenciado por, com conhecimento sobre, ciência foi [Aldous] Huxley

Um motivo para não [haver] mais romances — Não existem teorias empolgantes sobre a relação entre o eu e a sociedade (soc[iológicas], históricas, filosóficas)

Não é ASSIM — ninguém está fazendo isso, nada mais

Série de ensaios fenomenológicos:
— chorar
— desmaiar
— ruborizar

[*O cientista francês do século XIX*] Claude Bernard: teoria do ambiente interno

Chorar:

Ideia de "encher até a borda"
O corpo como um vaso de fluidos
Lágrimas na literatura erótica do início do s. XVIII
Lágrimas como prova de sentimento

Não ser capaz de chorar = ser emocionalmente fria

Desmaiar:

Reação a choque emocional (notícias boas ou ruins)
Quando foi que isso parou?

...

"Toda vida é a defesa de uma forma." Hölderlin > Nietzsche
> Webern

[*Na margem:*] Euroforia

Há muita coisa que devemos abandonar ou rechaçar se pretendemos escrever uma obra sólida.

O divórcio é o sinal do conhecimento em nosso tempo, divórcio! divórcio! — W. C. [*William Carlos*] Williams

10/3/79 Navarro [*na Califórnia*]

Estou aqui para romper meu "bloqueio". Uma ação que pode ajudar é tentar escrever frases completas, mesmo no estágio inicial de um ensaio. Uma ideia na forma de uma rubrica muitas vezes termina por se revelar estéril.

Para escrever é preciso usar antolhos. Eu perdi meus antolhos.

Não tenha medo de ser concisa!

13/4/79 (avião de Los Angeles para Tóquio)

Resposta à inveja: "Não. Isso (ele, ela) não foi nada. Eu só *curti* ela, ele".

[*O cantor e compositor inglês*] Graham Parker noite passada no Roxy. O sarcasmo do rock britânico. —

Indiferença espiritual. Não incentive tanto.

As artes do sarcasmo.

Voz aguda, esganiçada, monótona — inflexão separada do sentido

Jogging cerebral

A velha teoria manca

[*Sem data, abril*]

Notas do Japão

Cumprimento com curvatura da cabeça —

O cervo pedindo comida no parque em Nara; alguém parado num telefone público vermelho na rua dizendo até logo no fone; as mulheres de luvas brancas que operam os elevadores das grandes lojas de departamento

Soberano   iconoclastia
sacudir + estremecer
abjurado
remendado

1º/6/79

Para [*a fotógrafa americana*] Star Black, preocupada no início
do caso entre eles, D[avid] diz: "Relaxe. Não existe nenhum atalho
para a tragédia".

14/6/79 Paris

"*Vox Clamantis (in deserto)*" — ref[erência] a são João Batista
— "uma voz que clama (no deserto)"

Estilo suculento + nervoso

Pródigo

Palavras simples, com sua vidinha, sua magia, "estouram":
primorosamente, indolente, infecção, remexer, guloseima

O bandoleiro nobre (Robin Hood)

Terrorismo moral

19/7/79 Nova York

Uma falta de coragem. Sobre escrever. (E sobre minha vida — mas não importa.) Para tirar a mim mesma disso tenho de escrever.

Se não sou capaz de escrever porque tenho medo de ser uma escritora ruim, então preciso ser uma escritora ruim. Pelo menos estarei escrevendo.

Então alguma outra coisa vai acontecer. Sempre acontece.

Tenho de escrever todo dia. Qualquer coisa. Tudo. Levar um caderno comigo o tempo todo etc.

Leio as resenhas ruins sobre meus livros. Quero ir até o fundo disso — dessa falta de coragem.

Por que eu penso sobretudo em esquemas?

22/7/79

Dissimulado, sorrateiro, 79 anos de idade

Ter um projeto: criar um mundo.

Eu me tornei passiva. Não invento. Não desejo. Eu administro, enfrento.

25/7/79

Conto sobre a figura de [*o escritor inglês do século XX J. R.*]
Ackerley — ver o ensaio de Spender [em] NYRB [*The New York Review of Books*].

Deus pode perdoar, mas Ele raramente desobriga.

Regimes "revolucionários" novos substituem as antigas ditaduras (xá [do Irã] > Khomeini...) — novas combinações de crueldade e hipocrisia

[Marina] Tsvetáieva, Mandelstam — poetas acelerados.

Alguém falou, para condenar a prosa de Lizzie: "É como se toda hora ela fosse embora".
Uma boa ideia.

Joseph me disse ontem que estava tentando vencer Virgílio (as *Bucólicas*). E também que [*o escritor russo Vladímir*] Bukóvski lhe disse em Cambridge recentemente que havia agentes da CIA na Anistia [Internacional]. (Não Whitney Ellworth, o novo presidente da American Amnesty.) Se ela está infiltrada pela CIA, então também há agentes do KGB.

Imagem de Joseph para o Coliseu: crânio de Argos

...

"Discutir a vida espiritual de uma pessoa de forma jornalística é impossível."

Reler *A morte de Virgílio* [de Broch]

"Clássicos + a Comunidade Internacional", Donald Carne-
-Ross, *Arion*, primavera, 1975

...

Tradições marítimas: minúcia e franqueza

2/11/79 Nova York

Dois dias bons de trabalho no conto, muito material, associações vivas, infinidade de detalhes. Mas a escrita não flui. É laborio-
sa demais, construída demais.

Quem está falando? Será que o problema (para mim) é que
estou escrevendo na terceira pessoa — com trechos de diálogo
entremeados?

Esprema a *naïveté* até ela sair. Vá mais depressa.

Lizzie: "Bem, a cortina baixou para ele, ou, como meus alunos dizem, o pano".
Deixando Barnard: "Não consigo suportar nem mais um
minuto, aquelas garotinhas horrendas entrando com suas histo-
riazinhas medonhas, e eu digo para elas: 'A palavra que você está
procurando é cortina e não pano'".

Plus sa change:

1728: Robert Walpole, primeiro-ministro, aplaudiu *A ópera*

dos mendigos de John Gay em seu camarote quando cantaram uma letra que o acusava de suborno + depravação. Ele chegou a pedir bis, e depois disso a plateia aplaudiu a *ele*.

República [de Platão]: "[*Numa democracia, o pai*] se acostuma a se tornar como o filho e a temer os filhos... O meteco [*estrangeiro residente*] é como um cidadão e o cidadão é como o meteco, e o estrangeiro é como ambos [*na margem:* (Ernst) Rhys]... O professor teme e bajula seus alunos... Os jovens agem como seus mentores mais velhos e competem com eles no discurso e nos atos, ao passo que os idosos são condescendentes com os mais jovens e se tornam triunfos de versatilidade e sagacidade, imitam seus pupilos a fim de evitar a impressão de serem amargos ou despóticos".

...

Projeto antigo: conto sobre a Mulher Messias ([*o filósofo francês Charles*] Fourier, [*o reformista social francês Barthélemy--Prosper*] Enfantin etc.)

O supermercado visual

A preocupação dos puritanos com a moda

...

Gíria da Costa Oeste: "clones" (homens homo[ssexuais]) e reprodutores (hetero[ssexuais])

...

28/11/79

Estou louca, muito louca — e talvez alguém consiga escrever sobre isso. Ninguém percebeu. Minha proeza ao disfarçar. Ando pelo meu apartamento, vasculhando sorrateiramente... Nenhum lugar é o lugar certo para meus pés. O tempo corre acelerado. Eu deito, eu levanto, eu caminho devagar, eu deito, eu durmo, eu levanto, e tudo de novo sem parar.

Filmes vistos em Berkeley (Arquivo de Film Pacific, n. 29 + 30)

**** Bruce Conner, *A Movie*
Kidlat Tahimik, *Pesadelo perfumado*
**** Rossellini, *Europa 51*
Bruce Conner, *Cosmic Ray*
Yves Allégret, *Une si jolie petite plage* [*Uma praia tão bonita*]
   (1949 — Gérard Philipe, Jean Servais...)
Boris Barnet, *Okraina* (1933)
[Andrei] Kontchalóvski, *Tio Vânia*
Bruce Conner, *Report*
* Douglas Sirk, *Palavras ao vento* (Rock Hudson...)
    " ", *Almas maculadas*
    " ", *Chamas que não se apagam*
   (estrelando Fred MacMurray)
Syberberg, *Die Grafen Pocci*

4/12/79

Deus, como dizem, teve de Se recolher para criar.
E o escritor?

A descrença contemporânea na obra-prima, isso é uma descrença na sobrevivência da grande arte...

A dificuldade de escrever o ensaio sobre Syberberg: todos os itens da descrição precisam ter uma ideia entre os dentes

...

Arte é a produção de eventos mentais em/como forma sensorial concreta.

Os *es* imploram

Besteiras   "com todo o ímpeto do avarento" (Pasternak)
Chocada

Aquilo de que não se fala: o(s) pequeno(s) impulso(s) patológico(s) por trás de muitos dogmas do modernismo (estética modernista). Por exemplo: o fascínio com grades e repressão, enrijecimento. [—] Mondrian

14/12/79

Lutando para atravessar o labirinto de Syberberg. Tenho uma ideia para um romance. Uma ótima ideia — me refiro a uma ideia para um grande livro ambicioso

[*Na margem:*] *romance sobre melancolia.* Afinal, esse é sempre o meu tema. Portanto estou sendo coerente. E algo sobre o que posso ser lírica + apaixonada.

Afresco, picaresco, Tudo.
Reler Panofsky — e [Günter] Grass.

Ler [*romance de Döblin*] *Berlin Alexanderplatz* — é maravilhoso. Ele era judeu. Sirk dirigiu sua única peça por volta de 1936 — por isso se meteu em encrenca

Sirk [*que SS encontrou; supostamente, isto é uma referência a algo que ele lhe disse*] falou de um poema de Goethe, "Divã ocidental-oriental", que Kafka gostava de recitar.

...

15/12/79

Meu primeiro romance é um retrato da Melancolia. Descubro ao reler o ensaio de Panofsky "Simbolismo + 'Melencolia' de Dürer"

"O humor da melancolia... era tido como coessencial com a terra + ser seco e frio; era relacionado com o rude Bóreas, com o outono, a noite, e com uma faixa etária de mais ou menos sessenta anos."

Não foi à toa que nasci sob o signo de Saturno: sem saber, eu sabia. Aos 27 anos, fui impelida a descrever alguém de sessenta + escolher para uma epígrafe: "*Maintenant, j'ai touché l'automne des idées*" ["*Agora cheguei ao outono das ideias*" — *Baudelaire*]

E agora?

Do peixe *gefilte* de minha mãe + copo de chá ao cardápio de substâncias químicas recreativas da vovó.

•

Abdul Hamid — deposto em 1909; o último sultão poderoso da Turquia; paranoico — construiu uma cidade de fantasia

1980

24/1/80

Um conto intitulado "Medo da guerra"

Almoço com [*a escritora americana*] Joyce Carol Oates, seu marido Ray Smith + Stephen K[och]. Stephen fala de sua atmosfera intelectual — sempre existe a atmosfera, diz ele. Não é verdade, digo eu. Mas existe sempre o céu, diz Stephen. Quem fica exposto ao tempo?, retruco. Não eu. Eu não fico exposta ao tempo. Tenho calefação central. Minha calefação central é a civilização ocidental — meus livros + fotos + discos.

Joyce escreve o tempo todo. Consegue meditar enquanto escreve. Diz que não tem nenhum sentimento. De que adianta sentir ansiedade? "Provavelmente vou seguir para minha morte como se estivesse numa esteira rolante", disse ela. Stephen disse que ela teve uma experiência mística aos trinta anos — em Londres: durou vinte minutos...

Daria para escrever sobre ela.

Entrevista c[om] Oates no livro de [Joe David] Bellamy [The New Fiction: Interviews with Innovative American Writers, *inclusive SS*].
Sua humildade.

Jantar noite passada com Wm. Burroughs (+ [*o escritor britâ-nico*] Victor Bokris, [*o poeta, fotógrafo e cineasta americano*] Gerard Malanga). Bokris nos perguntou, a mim e a Burroughs, sobre nosso "famoso" encontro com Beckett há dois anos em Berlim. "Muito respeitoso", respondeu Burroughs. Mais tarde, ele disse: "Beckett não precisa de nenhuma entrada de dados. Tem tudo lá dentro".

O método de compor de J. C. Oates: — frases ou parágrafos. Depois corta — depois numera os fragmentos + arruma...

Joseph disse: se algo se move, não pode ser arte. Balé? Entretenimento superior. Veja o Micha [*amigo e benfeitor de Brodsky, o dançarino Mikhail Baryshnikov*]

Sou feminista militante mas não militante feminista. (D[avid])

...

[*Na margem:*] *Estética: pode ser muitos espaços + muitos tempos simultaneamente*

...

3/2/80

Syberberg —

... De Caligari a Hitler a *Hitler* [de Syberberg] — a que S. aspira. (Cinefilia hiperbólica: ele começa como um filme — agora ele termina como um filme.)

S. acha que resgatou Wagner de Hitler. Verdade?

S. leva a sério a escatologia do nazismo.

Os eventos têm um peso espiritual que nada tem a ver com o peso da história

14/2/80

Ideia de D[avid]: uma história do tipo *Tristam Shandy* sobre um mentiroso patológico. Tom confidencial — Muda a história de sua vida a cada capítulo

28/2/80

Raimonda diz sobre C[arlotta]: "Ela tem uma relação muito desinteressada com a vida. O resultado bom disso é que ela nunca é vulgar, nunca é trivial. O lado ruim é sua ligação c[om] os outros."

Tema na lit. am[ericana] do século XIX (Melville, James): o inocente que provoca o desencadeamento de impulsos destrutivos — por ser inocente.

(Cultura como crise)

10/3/80

Ensaio maravilhoso de Döblin sobre fotografia + morte — escrito como prefácio para o livro de Sander: Benjamin + sensibilidade de poeta.

Obras simbolistas: *Locus Solus* [de Roussel], *O grande espelho* [de Duchamp], *L'Age d'or* [*A idade do ouro*, de Buñuel]

Ouvi *O caso Makropulos* [ópera de Leoš Janáček] dez vezes nos últimos três dias. Quero dirigir a montagem, sei como fazer — como *Come tu mi vuoi* [*a peça de Pirandello Como tu me queres, que SS dirigiu no teatro Stabile di Torino*].

A leitura está saindo do controle. Estou viciada — preciso me desintoxicar... É um substituto da escrita. Não admira que eu ande tão ansiosa nos últimos dias.

... A escritora não tem de escrever. Ela precisa imaginar que ela *deve* escrever. Um grande livro: não é endereçado a ninguém, ele conta como um excedente cultural, ele advém da vontade.

15/3/80

Lacanianismo: ele fornece uma linguagem pesada para nós tentarmos penetrar.

...

certezas insípidas

Homem cego que começa a praticar o paraquedismo — fone nos ouvidos, recebe instruções de alguém no solo (instrutora) — ele quebra a perna. Na segunda vez pulou segurando um peso de chumbo na ponta de uma corda de seis metros para que soubesse com dois segundos de antecedência que ia tocar no solo. Ele disse que jamais se atreveria a saltar de paraquedas se enxergasse.

...

Mesmerismo = reestruturação da vontade

Artista inglês — Edward Ardizzone (acabou de morrer)

...

O homem cego não queria ouvir falar de cores, não queria que descrevessem as coisas para ele. Muitas vezes ia ao cinema. "Você foi?" "Por que não?", respondeu. "Mas não fui ao balé. Não quero ir, a menos que a música seja muito boa." Ele recuperou a visão depois de dois anos. Microneurocirurgia no NIH [*o National Institute of Health em Bethesda, Maryland*]. Agora é curador de uma galeria no Soho [*Nova York*]. "É claro, não tenho gosto nenhum. Não sei nada sobre arte. Mas sei o que vai vender, o que o público gosta."

Wallace Stevens disse, de um poema, que ele é o grito de sua ocasião

...

O passado como uma câmara de horrores — e uma grande escola de personagens e de liberdade social.

A linguagem comum é uma sobreposição de mentiras. A linguagem da literatura deve ser, portanto, a linguagem da transgressão, uma ruptura de sistemas individuais, uma demolição da opressão psíquica. A única função da literatura reside na descoberta do eu na história.

...

Tsvetáieva disse que Pasternak parecia um árabe *com* seu cavalo

...

... "Você está andando em cima da minha história" (alguém que interrompeu o outro)

Ritmo de excessos sexuais (mundo homossexual masculino)

...

kenosis > esvaziamento

...

O filho precisa deixar o paraíso. Ele/ela sente nostalgia? Na verdade, não. Descrever depressão (usando o ensaio de [*o crítico suíço contemporâneo Jean*] Starobinski) depois dizer: eles chamavam isso de nostalgia. Fim do contraste entre melancolia e euforia.

26/3/80

Barthes morreu.

E David está apaixonado. "Hoje ela está Greta Garbo." Quando uma pessoa está romanticamente apaixonada, a outra em geral é Garbo.

27/3/80

(no telefone; ele está em S[an] F[rancisco]) agora Syberberg quer montar uma super-*Parsifal*, na cabeça de Richard Wagner.

Utopia = morte

Filme um sistema de pensar, um cosmo
Problema da utopia

Desistir da vida (mulheres, amor) pela utopia — vale a pena? Não. E no entanto a única...

Meu sistema técnico: percorrer a civilização ocidental (paraíso, inferno) — nunca se pode fazer isso no palco

Ideia/conceito simbolista de "analogias"

Base da única cena que Syberberg não filmou: as baladas de Heine, *Die Zwei Grenadierie* [*Os dois granadeiros*] [— *na balada*] dois soldados [*recordam*] Napoleão (Hitler)

"Cosmologia glacial" de Dietrich Eckart...

28/3/80

"É o nosso destino. Nosso computador é feito assim."
(Syberberg)

Uma peça de um ato. "Dois Sócrates" — os dois Sócrates ficam no palco ao mesmo tempo. Duas celas contíguas. Cada um com seus discípulos. Um bebe cicuta, o outro vai embora.

29/3/80

... Ela não pode ser incomodada. Está recebendo uma sentença...

Um apartamento é o desenho do eu da pessoa. Meu(s) apartamento(s) é (são) sobre exclusão — aquilo que foi conquistado.

Um cenário de teatro é alusivo ou ilusivo.

Giotto é alusivo.
O cenário de teatro mais famoso de todos os tempos — o Teatro Olímpico de [*o arquiteto renascentista italiano Andrea*] Palladio em Vicenza é alusivo (pode ser um templo, uma igreja, qualquer coisa)

Cenários do s[éculo] XIX são ilusivos

Um ensaio sobre a periodização histórica

Século > geração > década

...

30/3/80

... A unidade do poeta é a palavra, a unidade do prosador é a frase.

...

Quando aquilo em que tínhamos esperança redunda em nada, revivemos. — [*a poeta americana do século XX*] Marianne Moore

Sexualmente alerta...

3/4/80

Barthes

As pessoas o chamavam de crítico, por falta de um rótulo melhor; e eu mesma disse que ele foi "o maior crítico que já surgiu...". Mas ele merece o nome mais glorioso de escritor.

Sua obra é um esforço de autodescrição imenso, complexo, extremamente cuidadoso.

Por fim se tornou um escritor de verdade. Mas não conseguiu se purgar de suas ideias.

7/4/80

Arte (artistas) inventa a ideologia da modernidade —

A ideologia da modernidade nega o fato (existência contínua) da classe. Põe o espetáculo em lugar de uma totalidade mais complexa

Arte retrata a ideologia — pode-se mostrar (ao examinar a arte) — sua incoerência

Na década de 1860, [*os escritores de diário franceses Edmond e Jules de*] Goncourt lamentavam a morte de Paris (a Paris deles — das décadas de 1830, 1840)

Prazer: uma mercadoria, uma (sub)cultura

Espaços novos, espetaculares —extremamente capitalizados — dia nas corridas, jogo de futebol, piquenique, passear de bote, andar de bicicleta no campo.

Espaço de prazer agora institucionalizado

...

12/4/80

Um ensaio s[em] ideias: descrição + modulações de descrição

A masculinização da homossexualidade — os h. não mais alienados; não se identificam mais com a cultura (contra a natureza). Ser h. não viabiliza mais uma atitude crítica em relação à sociedade. Agora os h. afirmam alguns dos piores + mais convencionais gostos desta sociedade: sexismo (ódio às mulheres), consumismo, brutalidade, promiscuidade, dissociação emocional.

Não alienados, mas (autoisolados em guetos). A ideia de que experiência boa é experiência extremada. Daí, drogas são *necessárias*. De que outra maneira seria possível dançar música de discoteca por oito horas seguidas ou praticar abominações sexuais tão dolorosas?

Woolf, *Diário* (19 de abril de 1925): "A pálida estrela do Pederasta está em ascensão há tempo demais".

E Sartre! [*Ele morreu no dia 15 de abril.*]

...

25/4/80

...

Fotografia como esclarecimento, desmistificação, alucinação. As duas coisas.

Joseph:
Sob Stálin: não censura mas apagão.
A bota do Estado pisando no freio, retardando o "progresso"
    da literatura — para enfeitar esse intervalo.
O conde Von Metternich ao ler um poema de Heine: "Excelente. Confisquem todos os exemplares imediatamente".
Escolha tradicional — pôr o aparato mnemônico em movimento — + nunca mais você vai poder desligá-lo.

•

[*As entradas seguintes não têm data, mas nitidamente foram escritas em abril ou maio de 1980, quando SS estava trabalhando em seu ensaio sobre Canetti.*]

[*Um quadrado traçado em torno disto:*] Despojamentos

(Num caderno de notas, resgatar o que foi despojado dos contos + ensaios)

Ele era um arquiteto, agora é um "projetista de lojas".

...

"Não sou corajosa. Acontece apenas que não permito que o fato de ter medo me impeça de fazer coisas que eu não tinha medo de fazer."

•

[*A entrada seguinte é intitulada "Um casamento" e SS traçou um quadrado em torno do título. Parece ser uma referência sem data ao seu casamento com Philip Rieff.*]

A loucura é o legado dele. Claro, eu não sabia disso quando me casei com ele. Eu tinha as expectativas mais elevadas sobre ele. Uma centena de aspirações arcaicas que me deixavam estupefata. Eu era jovem. Os átomos aromáticos e oleosos da juventude escondiam seu rosto de ossos salientes.

Quando você tirou a camisa, fiquei chocada [*SS escreveu a palavra alternativa "perturbada"*] com o rolo de gordura na sua cintura. Tremendo quando passei os braços em redor de você. Era como abraçar o chão.

A tentação do espírito é uma coisa terrível. Orgulho, luxúria reprimidos. O desprezo pelo instinto. Fácil sentir-se superior aos outros. Eles não são tão puros quanto nós.

Nosso casamento, nosso sagrado casamento. Todo mundo é infiel. Logo nós não seremos.

Mas nós *éramos* puros.

Você parecia muito mais velho que eu. Fiquei constrangida com isso.

Observando acidamente o declínio de tudo — maneiras, linguagem. Programas de TV vulgares. Filhos que respondem [*alternativa: "falam com insolência"*] aos pais. Alunos que escrevem "*it's*" em vez de "*its*".

•

A sordidez sexual + cinismo dos franceses no século XIX (Flaubert, irm[ãos] Goncourt) — a estupidez + provincianismo dos ingleses — a selvageria + sofrimentos da Rússia

...

Cultura alemã é a expressão mais alta da cultura ocidental... (portanto eles não tiveram instituições políticas liberais)

A tarefa da arte é formulada pela *filosofia* na Alemanha. É por isso que toda arte alemã conduz a Wagner. Nada é *grande* o bastante > > > Eles eram os mais avançados, a cultura mais profunda na Europa (filosofia, erudição + música)

Hipócrita moral
Hipócrita emocional

•

O tema predileto do aforista: ele mesmo
Caderno de escritor

Lichtenberg não era ativamente misógino

•

...

[*Sobre Canetti:*] Pré-Guerra: Três traduções de Upton Sinclair (1930 & 1932 — 25 e 27 anos de idade): depois *Auto de fé* (1935); ele tinha trinta anos! — depois um ensaio sobre Broch (1936), ele tinha 31; foi apresentado como um discurso. Diz que o escritor é (1) original; (2) resume uma era; (3) se opõe a seu tempo. Termina: escritor quer respirar.

Canetti é o escritor que nega os últimos 150 anos de pensamento — e também nega a história — o protótipo do intelectual europeu da velha escola. No interior dessa obra curiosa se encontram — escondidos + expostos — todos os problemas da consciência.

"Le grand absent" é a história

[*Um quadrado está traçado em torno disto:*] Mente como Paixão: Notas sobre Canetti

Todas as seções têm peso igual portanto forma de notas é lógica

...

Quando indagado, Duchamp dizia que não fazia nada, que era apenas um respiradouro.

C[anetti] é um sobrevivente,

A ideia de Duchamp: homem totalmente libertado — ele não precisava mais ter uma carreira, construir uma reputação, acumular poder...

A massa suprema é a massa dos pensamentos de uma pessoa. Assim como existem massas rápidas + lentas, existem pensamentos rápidos + lentos.

26/4/80

O ensaio sobre Canetti é sobre a admiração...

O amor aos livros. Minha biblioteca é um arquivo de desejos.

Cuidado com o uso incorreto de "*presently*" [neste momento] + "*hopefully*" [com esperança]

Duas ideias — "a ideia da vocação artística, do artista que renunciou às ambições mundanas a fim de se dedicar a valores que não podem ser alcançados pela sociedade comercial" e a ideia de iconoclastia cultural ou artística, a alienação do artista da sociedade, a arte como arte de transgressão, contestadora, de vanguarda — essas ideias se fundiram. Ambas parecem irrelevantes ou irreais, hoje em dia, para a maior parte dos artistas.

Mas são escarnecidas pelos críticos de arte. Mas não são a mesma coisa.

Anotações antigas (1960) que acabei de achar:
Califórnia é a América dos Estados Unidos
Moralidade = confiabilidade

...

Ensaio: (?)
O aforismo. O fragmento — tudo isso é "pensamento de caderno"; são frutos da ideia de manter um caderno de anotações.

É possível traçar a história do pensamento/arte em relação a formas de transcrição: carta manuscrito caderno de anotações.

O caderno de anotações se tornou uma forma de arte (Rilke, livro de Lizzie [*Noites insones*]), uma forma-pensamento (Barthes), mesmo uma forma filosófica (Lichtenberg, Nietzsche, Wittgenstein, Cioran, Canetti).

Declínio da carta, ascensão do caderno de anotações! Não escrevemos mais para os outros; escrevemos para nós mesmos.

Por quê? Parcimônia? Não desperdice as frases bonitas e a sabedoria de alguém com outra pessoa — um destinatário distante que talvez não tenha a cortesia de guardar a carta.

Guarde você mesma!

Economizar ideias.

A *persona* de um caderno de anotações é diferente. Mais insolente (não vamos pensar nos lamuriadores!)

Aforismo. Aforismo retrata o pessimismo aristocrático [*Na margem:*] escárnio, frio. Alt[ernativa]: aforismo retrata pessimismo e rapidez.

Aforismos [de Canetti] são pensamento concentrado.

[*Na margem:*] Ler Canetti recorda Montaigne, Gracian, Chamfort, Lichtenberg e (entre os contemporâneos) Cioran — a mesma sabedoria, essencialmente: uma sabedoria de pessimismo.

Aforismos são ideias vadias.

Aforismo é pensamento aristocrático: é tudo que o aristocrata está disposto a nos dizer; ele acha que você capta depressa, sem esmiuçar todos os detalhes. O pensamento aforístico constrói o pensamento como uma corrida de obstáculos: espera-se que o leitor apreenda rapidamente e siga em frente. Um aforismo não é um argumento; é polido demais para isso.

Escrever aforismo é usar uma máscara — uma máscara de desdém, de superioridade. Que, numa grande tradição, oculta (molda) a busca secreta do aforista por salvação espiritual. Os *paradoxos* da salvação. Ficamos sabendo no final, quando o ponto de vista amoral, ligeiro, do aforista se autodestrói.

Exemplo: Gracian, que conclui seu livro sobre o cortesão observando que o cortesão deve, logicamente, ser um santo; ou Wilde, cujo brilho, boa parte do tempo, parece ser Nietzsche sem o sentido trágico, termina com a infame sabedoria mortificante de *De Profundis*.

29/4/80

A citação < > a viagem
Silêncio
As três ideias com que eu tenho o mundo.
Cada um precisa das outras duas.
Não posso substituir uma sem trocar as outras duas.

[*Na margem:*] *Viagem a Hanói*, "Passeio sem guia", "Projeto de uma viagem à China", "Interrogatório"

Ficções construídas a partir de citações —

O mundo percebido como uma antologia de citações (os ensaios sobre fotografia)

Contos que terminam com uma afirmação de silêncio [—] "Dr. Jekyll", e *O benfeitor*

[*Na margem:*] *Morte em questão* termina com uma visão da morte como um museu de citações. Tema da citação nos ensaios sobre Godard + Benjamin, + em "Projeto de uma viagem à China"

Citação, para mim, é minha continuação da ideia de "O fragmento" — a primeira descoberta da sensibilidade modernista {irmãos Schlegel [*August e Friedrich*], Novalis}

Na Rússia, as pessoas esperam que o poeta tenha a última palavra. (Em nenhum lugar a literatura tem tanta importância.)

"Não, primeiro me diga", falou o exilado húngaro, "entre a verdade e a justiça, qual você escolheria?"

"Verdade."

"Certo", disse ele.

Tout est là [*Tudo está aí.*]

É *preciso* se opor ao comunismo: ele nos pede para mentir — o sacrifício do intelecto (e a liberdade de criar) em nome da justiça. (E, por fim, da ordem.) Pense em [*o romancista e, tendo se tornado apologista de Stálin, publicista russo Iliá*] Ehrenburg, que conscientemente sacrificou seu talento.

Comunismo significa a criação de uma burocracia muito mais opressiva do que capitalismo.

Não existe o que se chama comunismo. Só o nacional-socialismo. — Foi isso que venceu. (O nacionalismo é a força política mais impressionante do s. xx). A linguagem fascista foi derrotada — a linguagem comunista sobreviveu + tornou-se a retórica (+ a bandeira de conveniência) da maioria dos nacionalismos, dos povos ex-colonizados.

Hitler perdeu. Mas o nacional-socialismo — *n* minúsculo, *s* minúsculo — venceu.

Não é possível tornar-se inglês, francês, alemão; a pessoa é...
Mas você se torna americano.
Um país inventado, não natural.

Um país em que toda relação é um contrato, inclusive a família, e pode, para o desgosto de qualquer um dos partícipes, ser rompido. De fato, deve ser.

A mãe de [*a ensaísta satírica americana contemporânea*] Fran Lebowitz: "Mas tudo que você diz é uma promessa". A visão judaica protestante.

Na Itália, uma promessa é mais do que um plano, uma declaração de intenção. Fica entendido que é possível mudar de ideia.

30/4/80

Um modernista entusiasta? Um modernista involuntário?

Romance simbolista: exame do interior de uma fantasia

A primeira coisa a compreender é que os americanos nunca sofreram. Que eles não conhecem o sofrimento. (Eu, no jantar, noite passada [com] Heberto + Belkis Padilla [*o poeta cubano exilado e sua esposa*].

Fazer listas de palavras para dar espessura ao meu vocabulário ativo. Ter diminuto não apenas pequeno, chiste, não apenas brincadeira, mortificante, não apenas constrangedor, engodo, não apenas falso.

Eu podia fazer um conto com diminuto, chiste, mortificante, engodo.

Elas *são* um conto.

2/5/80

Conto sobre um poeta (Joseph!) muito menor (moralmente) do que sua obra

Joseph defendendo o xá [do Irã], e a tortura, ontem no almoço (no Silver Palace [*um restaurante chinês de Nova York onde SS e Brodsky comiam muitas vezes*]) c[om] Stephen + Natasha [Spender] e David. E agora releio [*o poema de Brodsky*] "Cantiga de ninar de Cape Cod".

...

6/5/80

Sim, um ensaio sobre o pensamento aforístico! Outro final, amarrando. "Notas sobre Notas."

Com a epígrafe de Canetti (1943). "Os grandes escritores de aforismos dão a impressão de que todos se conheceram muito bem".

A gente se pergunta por quê. Será que a literatura de aforismos nos ensina a mesmice da sabedoria (como a antropologia nos ensina a diversidade da cultura)? A sabedoria do pessimismo. Ou deveríamos antes concluir que a forma do aforismo, de pensamento abreviado ou condensado ou vadio, é uma voz historicamente colorida que, quando adotada, sugere inevitavelmente certas atitudes; é a evidência de uma temática comum?

A temática tradicional do aforista: as hipocrisias das sociedades, as vaidades dos desejos humanos, a superficialidade + tortuosidade das mulheres; a simulação do amor; os prazeres (e a necessidade) da solidão; + as complexidades dos processos de pensamento próprios.

Todos os grandes aforistas lutam para assumir o fardo do pessimismo, da desilusão — alguns com mais suavidade (menos ferocidade) que outros.

Todos notam as falsidades + hipocrisias da vida social. E muitos dos grandes aforistas (Chamfort, Kraus) são não só condescendentes como desdenhosos com as mulheres; muitos são fascinados pelos seus próprios processos mentais + processo mental em geral (Lichtenberg, Wittgenstein).

[*Na margem:*] Gosto pelo paradoxo, hipérbole

O pensamento aforístico é um pensamento impaciente: por sua mera brevidade ou concentração, pressupõe um padrão superior...

A arrogância característica do pensamento aforístico. Uma pose? Um estímulo?

...

... A exceção mais notável (ao fato de que a maioria dos

grandes aforistas foram pessimistas), Lichtenberg, [que] seguia antes os modelos ingleses de escárnio da loucura humana que os modelos europeus: ele encarava a si mesmo como um inglês adotivo e declarava que o senso comum, que ele considerava caracteristicamente inglês, era a maior virtude da mente.

[*Na margem:*] Os ingleses são mais frios (Wilde, Auden)

[*Na margem:*] O tema predileto do aforista: ele mesmo; Lichtenberg não é ativamente misógino.

Outra exceção entre os grandes aforistas é [*o escritor e pintor da Mauritânia* Malcolm de] Chazal — nem otimista nem pessimista. Porque é um naturalista.

Canetti compartilha o escárnio da loucura humana com a principal tradição europeia — a misantropia e a misoginia, endêmica na tradição aforística.

O aforismo é tido, em geral, como um produto do distanciamento, uma espécie de arrogância da mente. Em Canetti, como em Cioran, o aforismo é o dom (produto) adequado para a mente superapaixonada do eterno estudante.

Montaigne, que criou o ensaio moderno — também foi um aforista?

...

Os médicos que escrevem...

9/5/80

Nijinski não era um intelectual. Era uma ideia. ([*A crítica de balé americana*] A. [*Arlene*] Croce)

Ensaio de Canetti — é um texto de ficção sobre "Canetti" — o meu Kien [*o herói trágico do romance* Auto da fé *de Canetti*]. *Nesse* sentido, sobre mim.

A única resenha sobre *Sob o signo de Saturno* seria o oitavo ensaio — um ensaio que descrevesse a mim como eu descrevi os outros. O *páthos* da avidez intelectual, a colecionadora (a mente como tudo), melancolia & história, arbitrando a proposição moral versus esteticismo, e assim por diante. O intelectual como um projeto impossível.

Se existe um tema unificador da minha obra ele é ingênuo. O tema da seriedade moral, da paixão. Um humor, um tom.

Tenho de desistir de escrever ensaios porque isso inevitavelmente acaba se tornando uma atividade demagógica. Pareço ser a portadora de certezas que eu *não* tenho — não estou nem perto de ter.

18/5/80

Varsóvia cheira como uma cidade inglesa na década de 1950. Carvão —

Jarek [*Anders — tradutor de SS para o polonês, seu amigo e, durante essa viagem à Polônia, guia da cidade*]: "A regra num país como a Polônia é: 'Nunca confie em ninguém que tem poder'" —

"A União Soviética não é um caso de revolução que fracassou, mas de revolução totalitária que venceu."

Dois dos homens mais ricos na Polônia — milionários — são [*o cineasta Andrzej*] Wajda + [*o maestro e compositor Krzystof*] Penderecki. (E [Stanisław] Lem.)

[*O poeta polonês Zbigniew*] Herbert mora em Berlim Ocidental/ [*o poeta polonês Czesław*] Miłosz em Berkeley

Defesa da Igreja católica feita por Jarek. "Não acha que ela defende algo universal? Os valores morais?"

O "Palácio de Cultura + Ciência" construído pelos soviéticos — em 1956 — bolo de noiva — o nome de Stálin inscrito no topo está coberto por uma placa que repete "Palácio de Cultura + Ciência".

[*Na margem:*] Uma versão: má compreensão do Empire State Building. (Outro: Universidade de Moscou.)

Jarek: "Não acha que os Estados Unidos são a única esperança do mundo?".

Ilustrações de livro + pinturas de Edward Okun (1872-1945), à maneira de Beardsley

Não existem comunistas na Polônia, mas existem muitos policiais. Ninguém discute mais o revisionismo marxista.

...

Houve um pogrom em Kielce, na Polônia, em 1946.

Jarek fala sinceramente sobre "a brava Polônia"

Piotr falando sobre [*o crítico literário Artur*] Sandauer, "o judeu oficial" no governo — que tem o crédito de redescoberta de [Bruno] Schulz, mas não é verdade.

20/5/80 Casimierez [*Kazimierz, distrito de Cracóvia*]

... A ausência absoluta de paradoxo em Tolstói. (Estou relendo *Guerra e paz*.)

Ashbery [*o poeta americano John Ashbery, que fez parte do grupo de escritores com quem SS viajou à Polônia*]: "A privacidade da minha poesia não é uma privacidade pessoal. É uma privacidade exemplar".
"... Poemas entram e saem de foco."

Um ensaio sobre a Polônia: começa com descrição da planície polonesa, um país carente de fronteiras naturais. Depois cito [Witold] Gombrowicz (*Testamento*): um país (povo) destinado à inferioridade.

Cracóvia: bondes, teatro de vanguarda, poluição, cidade velha, turistas — Mais "conservadora" do que Varsóvia. Sede de Wojtyla [papa João Paulo II] por 25 anos.

Conversa sobre minha obra...

Cubismo literário > existir em muitos tempos + muitos lugares, vozes
Princípio do inventário [/] citação

...

Foi Flaubert quem (primeiro) falou: "Nada é maçante se ficarmos olhando por bastante tempo". Um século antes de Cage.

29/6/80 Paris

Jantar com Cioran: "Descobri que entre os esquerdistas não era permitido ser cético". Ao explicar por quê, mesmo quando era jovem — na década de 1930 —, ele não se sentiu tentado pelo comunismo.

Sobre a Itália: "Lá é o paraíso. É possível assassinar. É possível deixar o país".

...

Se esta sociedade não fornecesse tantas fantasias de violência, não haveria tanta gente interessada em sadomasoquismo. Verdade?

Romance como liberdade: as únicas regras que ele pode violar são internas — regras de sua própria feitura.

...

[*Na margem:*] *Instinto de sexo sujeito a vínculos idiossincráticos (fetichismos etc.) porque não é policiado — nenhuma instrução, nenhuma regra. Pense em como os papéis de gênero são policiados de modo extensivo.*

...

Surrealismo: aversão à vida cotidiana + ideias sentimentais sobre amor + solidão

Metalesbianismo de meados do século XIX, cultivado pelas solteironas de Boston. Olive Chancellor [*personagem de Henry James, no romance* Os bostonianos] etc.

...

Conto sobre Joseph: "Vox Clamantis"

"Qual o significado ético de todos esses saracoteios elegantes?", pergunta Irving Howe, recente convertido a Balanchine — + depois responde: "existem tipos de beleza diante dos quais a imaginação moral deveria sair de cena".
Bravo.
Comparar outro moralismo judeu. [*O empresário de balé e escritor americano*] Lincoln Kirstein: "O balé é sobre como se comportar".

...

23/7/80

Vida da arte > a vida além-túmulo da arte (por exemplo, Vênus de Milo, quebrada)

30/7/80

Escárnio, não piedade

...

[*Destacado:*] Grande tema o fim da paixão do Ocidente pelo comunismo. Fim de uma paixão de duzentos anos.